国家"985工程"建设项目：

西部经济社会发展哲学社会科学创新基地研究成果丛书

聂华林　王水莲　编著

区域系统分析

Quyu Xitong Fenxi

中国社会科学出版社

图书在版编目（CIP）数据

区域系统分析/聂华林，王水莲编著 . —北京：中国社会科学
出版社，2009.1
ISBN 978-7-5004-7344-2

Ⅰ . 区… Ⅱ . ①聂… ②王… Ⅲ . 地区经济－经济发展－研究
－北京市 Ⅳ . F127.1

中国版本图书馆 CIP 数据核字（2008）第 166554 号

责任编辑 郭晓鸿（guoxiaohong149@163.com）
特邀编辑 张冬梅
责任校对 刘 娟
封面设计 格子工作室
版式设计 戴 宽

出版发行 *中国社会科学出版社*
社 址 北京鼓楼西大街甲 158 号 邮 编 100720
电 话 010－84029450（邮购）
网 址 http://www.csspw.cn
经 销 新华书店
印 刷 华审印刷厂 装 订 广增装订厂
版 次 2009 年 1 月第 1 版 印 次 2009 年 1 月第 1 次印刷
开 本 710×1000 1/16
印 张 15.75 插 页 2
字 数 283 千字
定 价 28.00 元

前　言

　　本书是国家"985工程"建设项目——西部经济社会发展哲学社会科学创新基地（兰州大学）学术研究与区域经济学科建设的重要成果之一。经过三年多的建设，西部经济社会发展哲学社会科学创新基地在区域经济学等学科的理论研究上有了新的进展，本书也是区域经济学国家重点学科的理论研究的新成果之一。

　　区域系统是区域经济学的重要研究对象之一。区域系统概念在区域经济学研究中的出现是系统科学与区域经济学相互渗透的结果，也是人们运用系统科学的思路与方法认识区域的特征和研究区域经济问题的重要成果。应当说，区域系统概念和系统科学的研究思路与方法引入区域经济学研究之中，不但大大地丰富了人们研究区域经济问题的思路和方法，而且也大大地扩展了区域经济学研究的视野。

　　对区域系统问题的研究，从方法论上讲，既涉及分析的方法，也涉及综合的方法。系统分析是为了更好地系统综合，缜密的系统分析是更好地系统综合的前提。因此，区域系统分析就成为区域经济学研究的重要内容之一了。

　　另外，区域经济学还有一个重要的内容就是区域规划，区域规划过程具有典型的系统综合特征。具体地说，区域规划是一项综合性非常强的工作，既涉及一个区域的自然环境条件，又涉及一个区域的经济、社会等诸多要素，从时间跨度上又涉及过去与未来。可以说，区域规划工作是一项庞大的系统工程，需要通过运用多学科的方法对一个区域的形成的初始条件、发展状况和未来趋势进行系统的分析和研究。显而易见，区域系统分析既是区域规划的重要内容之一，又是区域规划的基础和前提。

　　从学科特点上看，区域系统分析主要是对区域的自然条件、资源禀赋、生态环境条件、社会经济发展背景以及对区域经济发展的影响进行全面的分析，探讨其相互作用的一般规律。

一般地，区域系统是由若干子系统构成的，主要是人口子系统、资源子系统、环境子系统、经济子系统和社会子系统等。本书就是按照区域系统的上述主要子系统为线索，对各个子系统的基本问题进行了比较详细的分析。

区域系统分析是区域经济学研究的一个新领域，它既是区域生产力布局和规划的重要内容和前提，也是区域经济发展战略研究与制定的基础和前提。事实上，要对一个区域进行有价值的系统分析，并不是一件十分容易的事，既需要相关的详细的背景资料，又需要研究者多学科的知识基础和掌握一定的技术方法，也需要研究者的相当丰富的工作经验。鉴于此，本书只是从原则与理论层面对区域系统分析的一些基本问题进行了探讨，不足与缺点在所难免，恳请同行专家予以批评指正。

本书的写作大纲是由聂华林和王水莲等根据自己对此问题的认识和研究体会共同讨论提出的，在读博士研究生王水莲承担了主要的写作任务（完成了25万字以上），书稿完成后由聂华林进行了补充、修改、审定和统稿。笔者的一些博士研究生和硕士研究生或参与了讨论或参与了资料收集工作，对他们的辛勤工作，笔者致以谢意。

本书在写作过程中还参阅了大量的相关文献，这些重要的文献对笔者都具有重要的启迪，对直接引用的文献都尽可能地一一注明出处，对参阅的文献在本书末都尽力逐一列出，但也可能忙中出错，有所遗漏，如有遗漏，实非故意，恳请原作者予以谅解。在此对本书所有直接引用或参阅文献的作者表示诚挚的感谢！对本书的构想也曾经与有关学界朋友进行过研讨和交流，他们也提出过许多建设性意见，使笔者大受裨益，对他们的帮助同样表示衷心的感谢！

本书的写作得到了兰州大学有关领导的热情支持，还得到了兰州大学"985工程"办公室、重点建设处、社会科学处和经济学院有关负责同志的大力支持，在此笔者表示诚挚的谢意！

本书的策划编辑和责任编辑郭晓鸿博士为该书的出版付出了非常艰辛的劳动，她认真负责的工作态度使笔者备受感动，在此笔者同样表示深深的谢意！笔者还要感谢本书的封面设计者张革立美编，她独树一帜的设计风格，使本书大为增色！

聂华林

2008 年 5 月 26 日

于兰州大学抚荔斋

目　录

第一章 导 论

第一节 系统与区域系统

一、系统的内涵

(一) 系统概念和特征

系统 (System) 一词最早出现在古希腊语中，随着研究领域的不同，人们对系统的定义多有不同，其主要观点有：

在韦氏 (Webster) 大辞典中认为"系统"是有组织的或被组织化的整体；结合着的整体所形成的各种概念和原理的综合；由有规则的相互作用、相互依存的形式组成的诸要素集合，等等。

日本的 JIS (日本工业标准) 将"系统"定义为许多组成要素保持有机的秩序向统一目的的行动的集合。

一般系统论的创始人 L. V. 贝塔朗菲 (L. V. Bertalanffy) 把"系统"一词定义为相互作用的诸要素的综合体。

美国著名学者阿柯夫 (Ackoff R. L.) 对"系统"的解释是，系统是由两个或两个以上相互联系的任何种类的要素所构成的集合。

中国著名的科学家钱学森给出的对"系统"的描述性定义则是：系统是由相互作用和相互依赖的若干组成部分结合而成的、具有特定功能的有机整体。

系统具有下列三个基本特征：(1) 系统是由若干元素组成的；(2) 元素间相互作用、互相依赖；(3) 系统作为一个整体具有特定的功能。

罗森（Rosen R.）曾指出[①]，"系统"一词几乎从不单独使用，而往往与一修饰词组成复合词，如"自然系统"、"物理系统"、"生物系统"、"社会系统"等。这种使用方式的本身，就体现了现代科学体系的二维特征：修饰词描述了研究对象的物质特征，"系统"一词表征了所述对象的系统或整体特性即"系统性"。因此，对某一具体对象的研究，既要研究其物性，也要研究其系统性。

系统科学显著特点之一就在于它对于系统整体特性的强调，其核心思想为：（1）一个系统作为整体，具有其要素所不具有的性质和功能；（2）整体的性质和功能，不等同于其各要素的性质和功能的叠加；（3）整体的运动特征，只有在比其要素更高的层次上进行描述才有意义；（4）整体与要素，遵从不同描述层次上的规律。上述四方面概括起来便是我们通常所说的"系统整体大于部分之和"。

（二）系统的分类

在具体的研究中，为了方便有必要对系统进行分类。系统大致分类如下：

1. 自然系统和人造系统

自然系统的组成部分是自然物质，其特点是自然形成的，如天体、海洋、生态系统等；人造系统都是存在于自然系统之中的，为了满足人类的某种需要，人为建立起来的，如社会系统、经济系统等。

实际上，自然系统和人造系统互相影响和渗透，大多数系统都是两者的复合系统。在人造系统中，有许多是人们运用科学技术，改造了自然系统，例如，"人工生态经济系统"就是一个为了实现生态系统的持续性，以农业生态经济系统为基本点的、运用系统科学、生态学、生态经济学、经济学等基本原理的典型的人工生态经济系统。

2. 实体系统和概念系统

从系统构成要素的方式来看，系统可以分为实体系统和概念系统。实体系统是指由物质实体组成的系统，如自然界的矿物、生物、人群等；而概念系统则是由概念、原理、制度、方法、程序等非物质实体为主构成的系统，如管理系统，文化、教育系统等。

3. 静态系统和动态系统

---

① Rosen R.：Some comments on systems and systems theory. *International Journal of General-systerms*，1983，13（1），1—3.

从系统的状态是否随时间变化来考虑，系统可分为静态系统和动态系统。静态系统中决定系统特性的因素不随时间推移而变化，而动态系统中决定系统特性的因素随着时间的推移而变化。

4. 开放系统和封闭系统

从系统和环境的关系来看，可以将系统分为开放系统和封闭系统。开放系统是指能与外部环境进行物质、能量和信息交换的系统，如生态系统、商业系统、生产系统等。

封闭系统是指与外部环境不发生物质、能量和信息交换的系统，现实世界中并没有完全意义上的封闭系统，系统的开放性、封闭性与系统的静态和动态是一样的，都不是绝对的。

5. 简单系统和复杂系统

按系统复杂程度可分为简单系统和复杂系统。简单系统中组成系统的子系统（要素）数量较少，而且各个子系统之间的关系也比较简单，如一所学校、一个企业等。复杂系统是相对于简单系统而言的，其子系统的数量很多，关系也很复杂，如社会系统、文化系统等。在复杂系统研究的基础上，学者们又提出了开放的复杂巨系统的概念和理论。从简单系统到开放的复杂巨系统是系统论的一大突破，但探索的重点是从"复杂性"研究开始的。

6. 按对象划分的各种系统

根据研究对象的不同可以把系统分为社会系统、生产系统、农业系统、人口系统、交通系统等。

（三）系统的功能

任何系统都具有功能。系统的整体特性体现在功能上，即整体的功能不等于部分的功能之总和。一般来说，整体应具有部分及其总和所没有的新功能。功能是一种整体特性。子系统也具有功能，子系统的功能是指子系统对整体系统存续发展的作用和贡献。如果子系统是按照它们在整系统中的不同功能划分，按照各自的功能相互关联、相互作用、相互制约，共同维持系统整体的生存与发展，就把功能子系统的划分及其相互关联方式称为系统的功能结构。了解功能结构是把握系统特性的重要方面。

二、区域系统的内涵

（一）区域系统的概念

秦耀辰将区域系统定义为[①]：（1）区域系统由一组基本地域单元组成。这种地域单元在形式上表现为空间上的微元，如土地单元、农田、乡村聚落、城市居民区、工业区和新技术开发区等；在内容上则反映出一系列地理要素，如自然资源、环境条件、基础设施和基本生产活动形式等，这些要素在不同等级的地域单元里形成不同的组合。正是这样的基本单元的整合和互相作用，才构成区域系统。（2）区域系统按照秩、序、阈和层次等在空间和时间上排列，所以区域系统在空间和时间中的位置不允许颠倒、倒插和紊乱。这是由区域的客观属性所决定的。（3）在动态过程中，任何区域系统总有自发熵增的趋势，尤其像城市区域系统这类人文系统，熵增趋势十分明显。自发地发展必然导致紊乱，因此要求用规划的手段实行控制和管理。

为了讨论的方便，秦耀辰将区域系统（Regional System，RS）限定为，人的社会经济活动（MSE）与资源环境（RE）在不同等级地域上相互作用的结构、过程和功能的综合体。

上述对区域系统的理解，实质上表明，所谓区域系统就是指某一特定区域的人口、资源、环境、经济和社会等子系统，在物质、信息和能量的交换过程中，通过相互作用、相互依赖、相互制约而组成的具有一定结构和特定功能的复合系统，这也正是本书的主体思路。所谓复合系统是指由多个独立的子系统组成的系统，各子系统按一定方式存在着相互作用。复合系统不是多个子系统的简单叠加，而是子系统的复合。

作为复合系统，区域系统中的子系统相互作用和相互影响的关系强弱可以用复合度（P）指标来度量。该指标是关联系统 R_a 的标量函数，即：

$$P = P\ (R_a) \tag{1-1}$$

复合度大小表示区域系统各子系统间相互关联的强弱程度。

根据区域系统内复合度及正、负作用的强弱，可将复合系统分为：（1）弱关联型区域系统：是指复合度小、正作用与负作用都很弱的区域系统；（2）强关联型区域系统：是指复合度大、正作用和负作用都很强的区域系统。

---

① 秦耀辰：《区域系统模型原理与应用》，科学出版社 2004 年版，第 2 页。

由上述可知，区域系统发展的目标应是良性循环型区域系统，而要对区域系统内各子系统相互作用的机理、机制进行分析和研究，以一定的调控手段，使区域系统逐渐形成良性循环型区域系统，就有必要研究区域系统的协调发展问题，这也是我们在后面的章节中详细论述的问题。

（二）区域系统的空间边界①

区域既然为一个系统，那么，系统的边界划分是系统研究中首先要解决的一个问题。

系统论认为系统的整体性表现在系统同环境相接触时，出现的特殊的边界反应。这是由于系统内部要素与要素之间，有着特殊的相干性联系，这种联系使得每个要素在同外界环境相互作用时，表现为系统的整体作用来影响环境。结果，要素之间的相干性和要素同外界的非相干作用，便呈现出明显的差别来。当物质、能量和信息从外界进入系统，或者从系统内部输出外界环境时，在内外之间便出现功能的突变，这些突变点连成一个特殊的界面，这就是系统的边界。系统的边界在一定的条件下，起到保护系统的稳定的作用。

随着区域发展复杂程度加大，单纯从地理学的角度来定义区域的边界对区域系统的研究有很大的制约性。对区域系统的边界划分也应该遵从上述原则，即区域系统要素之间的联系和功能发生突变的节点的连线构成区域系统的界面。

总之，边界的概念是一种模糊和动态的概念，在一定的模糊程度下，边界是连续的，从本质上边界是随系统的发展而发展变化的，但是在一定的时期内边界所包含的系统内的要素、结构和功能等特征是相对稳定的，边界的形态也是基本稳定的。

（三）区域系统的组成要素

区域系统是由人口子系统、资源子系统、环境子系统、经济子系统和社会子系统所组成的一个多要素系统。要对区域系统进行详细分析，首先应对其组成要素进行分析。

1. 人口子系统

在区域系统中，人口子系统是区域系统的主体，是生产和消费的统一体，是整个系统的主体和核心因素，也是最积极、最活跃的因素，它能影响、控制

---

① 杨敏华：《区域经济发展系统及系统的发展——理念及方法探寻》，载《经济地理》1999 年第 4 期，第 22 页。

区域系统的发展方向、发展模式，最终能够影响到区域系统的发展程度和发展质量。

2. 资源子系统

资源是指在一定技术条件下能够为人类利用的一切物质、能量和信息的总称，包括自然资源、人力资源、技术资源和资金资源，其外延和内涵随科技的进步而不断扩大和深化，在本书中我们只讨论自然资源。资源系统是区域系统发展的重要物质基础，为区域系统的持续发展提供动力。

3. 环境子系统

环境是人类赖以生存和发展的物质条件的载体，既是人类生存的基本条件，也是发展经济的源泉。人类的经济活动，一方面源源不断地从环境中索取资源，将其转化为人们所需的各种有用产品；另一方面将未被利用的资源作为废物排入环境中。然而地球上的资源和环境承载能力都是有限的，当人们在经济活动中所产生的废弃物超过了环境的承载能力，使环境处于超负荷状况则可能降低自然生态系统的生产率，甚至使其失去对经济发展的永续承载力。这不仅会直接影响人类的生存和发展条件，也会直接影响生物资源的生存和永续。而生物资源能否永续又直接影响到人类的生存和发展。因此，人类对资源的利用，生产的发展乃至对废弃物的处理都应维持在环境的允许容量之内。

4. 经济子系统

"经济是一个复杂的组织系统，它组织商品生产，提供服务以及对商品和服务进行分配。"（Alan，1981）经济系统是区域系统的核心，其物质再生产功能为其他子系统的完善提供了物质保障，它在提高区域居民生活质量、促进资源合理高效开发、保护环境及推动社会发展方面发挥着巨大的不容忽视的作用。

经济子系统与其他子系统之间存在利益冲突和协调关系。一方面，各种非生产性投入（如环保、教育、消费等）会减少生产性投资，从而在某种程度上抑制经济增长；另一方面，增加其他子系统的投入有利于系统外在要素（人力资源、自然资源、环境质量等）质量的提高，在它们的推动下，有助于经济效益的提高。

5. 社会子系统

社会子系统主要包括政策体制、法律道德、文化教育、医疗卫生、社会保障等因素，是区域系统的保障。社会子系统的质量是整个系统实现协调发展的关键，合理的政治体制、良好的社会道德规范、稳定的社会环境和高质量的生活水平以及完善的社会服务系统是区域可持续发展的保证，也是其所追求的最高目标。人口、资源、环境、经济和社会子系统彼此相互联系、相互制约，共同组成一个统一整体。

（四）区域系统的特征

1. 复杂性

区域系统的复杂性，首先在于它的组成要素既大量又复杂。区域系统由为数众多的要素或子系统构成，这些构成要素或子系统有时很难认识清楚，而且每一个要素本身往往又包含很多因素，具有各种状态、各种表现；因素、状态、表现往往又有各种变态，变态又有大、中、小的不同程度。这就极大地增加了区域系统要素的复杂性。而在各种复杂的要素中，最为复杂的要素是人。人既是现实社会关系的产物，又是历史过程长期发展的产物，人的复杂性导致了区域系统的复杂性。其次，区域系统的复杂性还在于要素或子系统之间存在着复杂的相互作用和相互关系。在区域系统中，子系统之间发生各种各样的关系，这些关系可以是经常的、稳定的，也可以是不经常的、暂时的、偶然的；它们之间的相互作用，既可以是对等的、相应的，也可以是不对等的、不相应的。在区域系统中，每一种要素或每一个子系统都可以称为其他要素或子系统变化的原因，也可以是其他要素或子系统变化的结果；每个要素或子系统在改变其他要素或子系统的同时也被其他要素或子系统改变着。诸要素或子系统之间的因果关系交叉叠加、复杂化为诸要素或子系统之间互为因果的相互作用关系。再次，区域系统结构上的多层次性、多方面性也表示着它的复杂性。[①]

2. 整体性

尽管区域系统构成复杂，但其诸子系统和元素相互紧密联系，成为一个不可分割的、有机的统一体。任何一个子系统或要素的变化都要引起其他子系统、要素和（总）系统的变化。要使系统向某个方向或目标发展，需要诸子系统的协调。因为这一特征，在对区域系统进行调整、规划时必须全面、慎重。只有当区域系统内部协调时，产出效益才高，才能向良性循环的方向发展；否则产出效益低，甚至向恶性循环方向发展，与期望背道而驰。

3. 关联性

关联性主要有两个方面的含义：一是区域系统内部的组成要素之间相互联系。区域系统中人口系统、资源系统、环境系统、经济系统以及社会系统之间

---

① 王维国：《协调发展的理论与方法研究》，中国财政经济出版社 2000 年版，第 40—43 页。

相互联系、相互作用、相互制约，正是在这样的相互联系和作用之中，各个子系统的集合才表现出新的特殊功能，即区域的总体功能。二是区域系统同其外部的环境相互关联。正是区域系统与其外部环境之间的关联，才使得系统具有开放的性质，即开放系统，从而为区域系统向优势化发展提供必要条件。同时区域系统内部诸要素之间的关联，可以和系统的"开放"性质一道，共同保证区域系统的整体性。

4. 动态性

区域系统的状态不是一成不变而是随着时间动态变化着的，只有通过不断地运动和变化，区域系统才能完成与外界的物质、能量和信息的交换，建立新的稳定状态，实现整体的发展。但是这种稳态决不是静态，它是含有动态的一种运动状态。区域系统的动态变化表现在两个方面：自然方面和人文方面，由此形成了两种动态演化过程：自然演化过程和人工演化过程。

5. 适应性

区域系统是在一定的环境下存在和发展的，外部环境的变化必然会影响区域整体功能的正常发挥，因此，区域系统必须具有适应外界环境变化的能力，才能以最佳的状态去实现其既定的目标，我们把系统对环境的这种自我调节的应变能力定义为环境的适应性。对区域系统来说，没有对外部环境的适应能力，就没有生命力，更谈不上发展。

6. 层次性

由于组成区域系统的诸要素的种种差异包括结合方式上的差异，使得区域系统组织在地位与作用、结构与功能上表现出等级秩序性，形成和具有了质的差异的系统等级即层次结构。区域系统作为一个整体可以分解为一系列的存在层次结构的子系统，比如，区域经济系统可以分为工业、农业、商业、运输邮电服务业和建筑业五大部门，其中区域工业系统由可分为石油、化工、煤炭等若干子系统，而化工系统又可分为若干子系统。区域系统的层次结构反映了不同层次的子系统之间的从属关系或相互作用的关系。正是区域系统的层次结构，使得我们深入研究系统的功能并有效地进行控制和调节成为可能。

7. 区域性

区域系统总是与一定的区域相联系，不同的区域在经济发展水平、发展潜力、发展速度以及文化、教育事业的投资、资金宽裕程度等各方面肯定存在着明显的差异，如美国在经济实力、人力资本上的投资等要远远超出发展中国家的墨西哥很多倍，当然类似的例子我们还可以举出很多，这些事例表明对不同的区域系统要"具体问题具体分析"，要根据本区域的实际情况制定适合本区域的发展战略，切忌生搬照抄。

（五）区域系统的结构

1. 区域系统内部结构及相互作用机理[①]

区域系统结构要素可分为五个基本子系统：人口子系统（P）、资源子系统（R）、环境子系统（Ev）、经济子系统（Ec）和社会子系统（S），简称"P－R－Ev－Ec－S"。随着时间的推移，有的子系统退化，甚至恶化（如人口数量的快速增长、资源的匮乏、环境的破坏等），有的子系统会逐渐地得到改良。由于各个子系统的变化，它们之间的相互作用强度也发生变化。因此，不仅要关心各自的发展变化，还要研究它们各自的功能和相互作用机制。

2. 区域系统空间结构

区域是一个不断与外界进行物质、能量、信息交流的开放系统，为全面准确地概括和描述区域系统，还应考虑区域在地理空间上的相互作用。

区域在地理空间上的特征可以概括为：核心区、支持区和作用区，如图 1-1 所示。

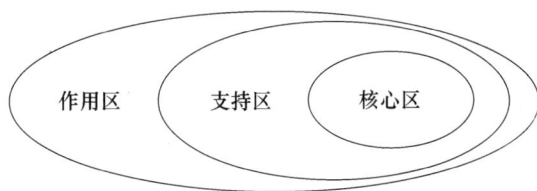

图 1-1 区域空间结构特征

核心区是区域政策、经济、文化、教育、交通和通信的中心和活跃区。它凭借自己特有且十分优越的自然和人文条件对其外围（包括其他区域）的强大吸引力，使得其外围的资源、资金不断流入核心区，同时它不断向外输出其产品、技术、资金和设备，扩散它的污染物。支持区包括核心区和与其相连的一定范围的环带区。它为核心区提供资源支持和初级产品，同时它是核心区的产品、技术、资金、污染物的扩散地或接受地。它与核心区的关系较为密切。作用区包括核心区和支持区及其区域活动所涉及的环带区。它仅仅是核心区和支

① 库向阳、李同升：《区域可持续发展系统结构及协调度分析》，载《西安建筑科技大学学报》2000 年第 32 卷第 2 期，第 132—133 页。

— 9 —

持区产品的市场，与核心区和支持区的关系较为松散。

区域间在地理空间上相互作用。在自由竞争的市场经济条件下，各区域分别以其核心区为中心，在支持区（不一定仅局限于本区域范围内）展开对资源的竞争，在作用区竞相销售各自的产品和转移相对落后的技术设备。这种关系在空间上表现为各区域作用区和支持区的部分重叠，在功能上表现为各区域在重叠区对资源和市场的竞争和掠夺。因此要求更高的区域组织管理、规范、协调各个区域的行为，使其在作用区和支持区保持竞争、协作和共享的关系。

第二节　区域系统分析

一、系统分析的内涵

（一）系统分析的概念

系统分析（System Analysis）是为了解决人类活动和社会系统中不断涌现出的许多复杂难题而发展起来的一种以人为中心、服务于管理决策的科学和理论。"系统分析"实质上就是他们在发展中总结出来的解决复杂问题的方法和步骤。20世纪60年代以后，系统分析被广泛应用于社会经济系统，系统分析方法与传统的制定政策的过程相结合，从而产生了一门新的综合性学科——政策科学。目前系统分析已广泛应用于社会、经济、资源、城市建设、工业生产、人口控制等诸多领域，在世界许多国家的不同层次、不同领域内的政策研究中获得了广泛应用，也成为各类组织管理系统中的一个重要活动内容。

系统分析具有以下基本特征：

（1）系统分析把研究对象系统尤其是复杂系统，看做是一个有机整体，并以系统内出现的问题状况为导向，重点研究系统的要素、结构及其发展变化的动态过程。正因为如此，学者们普遍认为，系统分析与运筹学的关系犹如战略与战术的关系，也正是因为这样，才使得系统分析在一些抽象层次较高、复杂度也较高的问题应用中，具有其他分析方式无法比拟的先进性。

（2）系统分析重点研究系统、子系统间的内部关联和系统与环境的外部关联。从系统的整体结构出发如实详尽地研究系统与环境之间以及系统内部各子系统之间的相互作用，分析各子系统间的相互关系及其动态变化过程，建立具有学习型组织功能的协调系统，正是系统分析的思考方式。

（3）系统分析是系统的目标与现状、计划与实施之间的中间环节，有利于帮助决策者进行有效的控制和管理，并且使系统按预期的目标运转。

（4）系统分析将系统科学理论与方法和现代科学技术的最新研究成果应用于管理决策之中，使其更加科学化、定量化、准确化。

二、区域系统分析及其原则

区域是一个多侧面、多层次而且相对性极强的概念，人们可以从多个角度来观察和分析各种不同的区域。区域的基本属性，就是美国著名区域经济学家埃德加·M. 胡佛（E. M. Hoover）所说的："所有的定义都把区域概括为一个整体的地理范畴，因而可以从整体上对其进行分析。"[1] 区域系统分析就是把区域作为一个整体的地域范畴，对其进行的系统分析。区域系统是由很多要素组成，这些组成要素之间相互作用，关系相当复杂。再者，由于系统的开放性，在与外界环境进行物资、信息、能量的转换过程中，区域系统和它所处的环境之间的关系也是比较复杂的，因此，在区域系统分析时，为了处理好各种关系，就有必要遵循以下一些准则：

（一）定量分析和定性分析相结合

定量分析是指采用数学模型、公式、数据指标等方式表示出来的分析方式，对那些诸如政治因素、心理因素、社会效果、环境污染所造成的某些影响等不易或不能建立数学模型，并不能用公式、数据指标等方式表示出来的指标，就要依靠人的经验或主观判断进行定性分析。因此，在系统分析的过程中，定量和定性分析要结合起来综合分析，不能顾此失彼，只有这样才能达到优化系统的目标。

（二）整体效益与局部效益相结合

由于区域系统是由很多子系统组成，我们当然希望每个子系统的效益都是好的，并且系统整体的效益也是好的，然而这只是我们追求的最完美的状态，现实世界中，要做到这一点却极其艰难。由于系统整体的性质不恒等于各组成要素性质的总和，整体的性质只存在于各要素的相互联系和相互作用之中。在

---

① 埃德加·M. 胡佛：《区域经济学导论》，上海远东出版社 1992 年版，第 220 页。

区域系统分析中，我们对系统的要求是区域整体效益的最佳化，并不苛求所有子系统都处于最佳状态，即系统整体效益最优，局部效益服从于整体效益。

（三）当前利益与长远利益相结合

系统的动态性说明系统状态不是一成不变而是随着时间以及外部条件的变化而动态变化着的，这就要求在区域系统分析中，不仅要考虑区域当前利益，还要考虑其长远利益。当然对一个系统方案来说，如果能同时顾及当前利益和长远利益，那肯定是最好的，也是最理想的。但是很多时候当前利益和长远利益并不一致，例如，人力资本投资、生态建设等，它们所产生的当前利益或许并不显著甚至为零或者负效应，但长远来看，其利益回报却是丰厚的，在弥补之前的损失的情况下，还可以带来人口素质的提高、科学技术的发展以及经济的飞速发展等。在类似这样的情况下区域系统分析就要坚持"立足长远利益，兼顾当前"的战略方针，当两者发生矛盾时，当前利益要服从于长远利益。

（四）内部因素和外部因素相结合

区域系统不仅受其内部的影响，还受到其外部环境的制约。其内部因素大多是可以控制的，而外部因素却是人为难控的，例如区域经济系统，它不仅受到经济系统内部的各种因素，如经济政策、产业结构等的影响，还会受到各种外部因素，如自然资源和环境、劳动力、资金、文化宗教等因素的制约，在这样的情况下，系统分析要求必须把内部因素和外部因素结合起来综合分析，以实现系统方案的最优。在综合分析内部和外部因素的过程中，在目前系统工程的教材中一般采用这样的处理方法：把内部因素选为决策变量，把外部因素作为约束条件，用一组联立方程组来反映它们之间的相互关系。

三、区域系统分析的特点

区域系统分析具有如下特点[①]：

（一）多学科性

区域系统分析的对象是复杂的大系统，这个大系统是许多学科的共同研究客体，有多种作用影响着区域系统的存在和发展。比如，在做能源方面的分析时，就必然涉及物理学、工程学、气候学、生物学、生态学、管理学、经济学、社会学以及环境学等学科的有关概念、理论和方法；在进行自然资源利用

---

① 吴殿廷：《区域分析与规划高级教程》，科学出版社 2004 年版，第 454—455 页。

方面分析时，则需要涉及土地资源、生物资源、矿产资源、水资源、生态学、水文学、气候学、地质学、经济学、管理学、环境学等学科的内容。因此，在进行区域系统分析和区域规划时，必须依靠多位专家的通力合作。

（二）定量分析和定性分析相结合

区域系统分析离不开数学模型，但因区域系统异常复杂，并不是所有要素及其变化都能量化。因此，在区域系统分析时，必须坚持定性分析与定量分析相结合。

（三）创造性

区域系统分析虽然具有多学科融合的性质，但它决不是多学科的简单叠加。在区域系统分析中，一方面应广泛吸取自然科学、社会科学各个领域已有的研究成果；另一方面要善于创造和总结，提出新问题，研究新领域，探索新规律，建立起自己的研究内容体系和理论、方法论体系，为区域开发和规划做出更大贡献。

四、区域系统分析的要素

区域系统分析的要素主要包括以下几个方面：

（一）目 标

在本书中定义区域系统分析的目标就是解决或改善区域子系统中的特定问题，促进各子系统之间的和谐，从而最终促进区域系统整体的优化。区域系统的目标是区域系统分析的出发点——系统分析的一切工作都要围绕系统目标进行，也是系统分析的归宿——系统分析的一切工作都是为了系统分析的目的服务的。

（二）可行方案

这里所说的可行方案与系统科学中所说的"可行方案"不是同一个概念。在本书中可行方案是指对区域子系统中存在的某个或某些特定问题，作者自己提出的经认真分析后的建议或主张，而不是系统科学中所说的为了实现或达到区域系统预定目标的若干种方式和途径，从某种意义上说，我们这里所说的可行方案只是系统科学中的一种"狭义"的可行方案。

（三）费用和效益

费用和效益在本书中也不再是系统科学中所提到的费用和效益，在本书中，费用和效益都是隐含在对特定问题提出可行建议或方案之前的分析之中的一些具体费用和效益，与系统科学中所指的费用和效益还是有一定区别的。读者阅读时可以完全跳过这一点而丝毫不影响对本书的理解，当然亦可在本书后面的章节中详细地比较两者之间的不同之处。

（四）模 型

区域系统分析的定量原则决定了模型必然是分析的首要工具。模型是对实际系统的抽象描述，通过模型可以将复杂的问题转化为易于处理的形式，从而加深对复杂问题的认识。

五、区域系统分析的简略示意图

对区域系统的分析思路是：首先将区域系统分为五个子系统，然后对五个子系统分别进行分析。其中，对人口子系统，我们重点分析人口系统的组成要素——人口数量、质量和结构；对资源子系统，我们主要从区域经济社会可持续发展的战略角度分析资源开发、配置和评价；对环境子系统，我们同样也是从区域经济社会发展的角度分析环境经济价值、环境问题、环境保护等方面；对经济系统，主要从系统结构角度分析经济系统空间结构和产业结构；对社会子系统，主要是分析社会系统要素——制度和文化。最后，在分析各子系统的基础上，分析子系统间的协调问题，如图1-2所示。

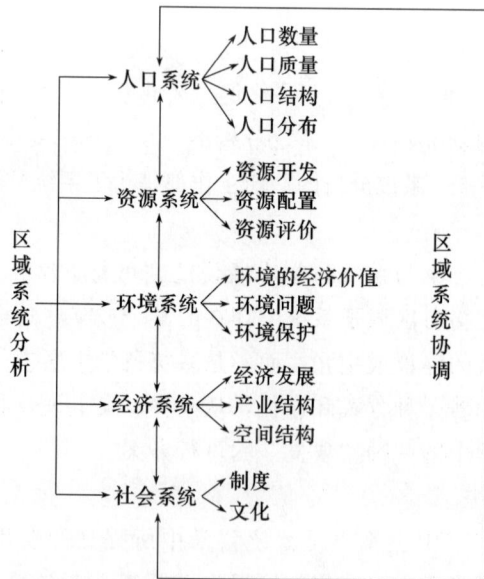

图1-2　区域系统分析示意图

第二章　区域人口系统分析

研究区域人口系统时，重点是对其数量、质量和结构进行分析。详尽和合理的区域人口系统分析有利于搞清楚区域人口数量、质量和结构的现状及其影响因素，从而利于分析区域人口数量、质量和结构对区域发展可能产生的影响，并为制定有区域特色的区域人口发展规划提供依据和决策支持。

第一节　区域人口系统的内涵

一、区域人口系统的概念和特征

区域人口系统就是活动在特定地域，具有一定人口数量、质量和结构，以特定方式相互作用、相互联系的人的整体。根据人口的群体性特征，区域人口系统可分为人的各种群体系统。各个群体可按数量关系、质量关系、结构关系、其他非经济关系和经济关系等分为各种数量形态系统、各种质量形态系统、各种结构形态系统、经济关系相联系的人口系统等。人的数量形态系统又可分为空间形态系统、时间形态系统。人的质量形态系统可按身体状况、文化知识水平、思想道德水平等构成关系，分成多种子系统。

区域人口系统有六大特性，即区域性、整体性、多层次性、非线性、长期动态性和复杂性、自组织性。

（一）区域性

人口系统具有明显的区域特性，它是在特定的空间地域内组合而成的。不同的区域，会有不同的人口特征和人口问题，因此，人口发展的政策和重点也就不同。例如，对于贫困地区的人口发展，教育和医疗是首要解决的问题，而对于城市尤其是大城市和特大城市地区的人口发展，老龄化和人口压力是首要解决的问题。

（二）整体性

整体性是区域人口系统的基本特性，整体性即非加和性，亦即在区域人口系统中，系统整体不等于各孤立的基本组成要素之代数和，其特性和功能也不等于各组成要素特性和功能的简单累加。因为区域人口系统的要素与要素之间，要素与整体之间都是有机联系和协同作用的。所有的人口特征、人口规律、人口功能都是在各人口基本要素的各种组合中表现出来的。如各年龄组人口死亡率相对稳定这一人口特征是在大量的分年龄组死亡统计的基础上显示出来的；人口转变规律是在不同时空的人口系统的出生率和死亡率的辩证运动中表现出来的；人口系统整体的物质资料生产功能是在整个社会的分工协作下完成的；等等。

（三）多层次性

区域人口系统从大的方面讲，包括人口数量、质量、结构等要素，而这些要素又由复杂的要素构成，形成子系统，每个子系统又由更次一级的子系统构成，依此类推，最后由基本要素构成。可以说，区域人口系统层次众多，结构庞杂，构成复杂的网状层次结构。

（四）非线性

在人口系统内部以及人口系统与资源、环境、经济和社会系统之间均存在着复杂的非线性关系，使得人口系统任何一个要素的变化都是多种因素综合作用的结果，从而表现出显著的非线性特征，即系统的输入与输出不成比例地变化，呈现出反直观结果。

（五）长期动态性和复杂性

从时间维来看，区域人口系统绝不是一成不变的。相反，系统各组成要素及其系统的输出，在不同时期都具有动态变化的特征。这种动态变化是人口系统内部及人口系统与资源、环境、经济和社会系统之间相互作用的过程和结果，它不仅反映在构成系统的各要素都处于变化之中，而且反映在整个系统行为都表现为长期的动态变化趋势，这种动态变化趋势取决于系统构成要素的动态变化、相互作用以及系统本身内在结构的变化。

（六）自组织性

人口系统是一个自组织系统。其组织者是人口系统自身，其动因是人口系统的需要。如，其微观组织形式家庭的建立是为了满足人口系统自身的性的需要和繁衍后代的需要；各种社会政治组织的建立是为了满足人口系统自身实现一定社会政治理想的需要；等等。

二、区域人口系统的结构

区域人口系统结构有多种划分法，为了突出人口的内外开放性，这里将其划分为内部结构和外部结构两大类。[①]

（一）区域人口系统的内部结构及其特征

区域人口系统的内部结构是区域人口系统内部各子系统之间及各子系统与区域人口系统整体之间的一种量的比例关系。区域人口系统的内部结构是从简单到复杂，从低级向高级发展的。最基本的结构是自然结构，即性别、年龄结构。随着社会经济的发展，先后出现了阶级结构、宗教结构、民族结构、城乡结构、产业结构，等等。本书讲的区域人口结构就是现代人口系统的内部结构。按照不同的标准可以将区域人口系统内部结构作不同的划分。为了突出区域人口系统的层次性，首先将其划分为表层结构和深层结构两大类。表层结构指区域人口系统各一级子系统之间及各一级子系统与区域人口系统整体之间的一种量的比例关系。深层结构是区域人口系统两级或两级以上子系统之间的一种量的比例关系。也可以说，表层结构是对区域人口系统每次按一个标准划分而形成的人口系统结构，深层结构则是对区域人口系统同时按两个或两个以上的标准划分而形成的人口系统结构。为了突出区域人口系统结构与功能的关系，表层结构又可以分为生产结构和非生产结构。生产结构中的子系统不能独立地进行社会物质生产，非生产结构中的子系统能独立地进行社会物质生产。人口再生产结构中的子系统不一定能单独地进行人口再生产，非人口再生产结构中的子系统则可以单独地进行人口再生产。

区域人口系统的内部结构具有以下三个共同的特点[②]：

1. 稳定性

内部结构的稳定性一方面表现为构成区域人口系统的各元素之间联系方式

---

① 罗孟秋：《人口系统论》，载《人口与经济》1990年第5期，第12—16页。

② 夏凡：《人口系统的特性、结构与功能》，载《人口学刊》1986年第4期，第30—31页。

的相对稳定性，另一方面表现为各种结构中数量分布的相对稳定。如，一定周期内的人口年龄结构总是呈现出持续的相对稳定，从人口的地域结构和社会结构来看，居住在城镇或农村的人口在一定时期内是相对稳定的，变化是有规则的，社会各阶层人口的数量，各职业、行业人口，各民族人口所占的比例，家庭平均人口等都有一定的相对稳定时期。当然，人口系统内部结构的这种稳定性是在系统的运动中表现出来的，各种结构由于受外界环境的干扰产生变化，会出现不稳定，但是当干扰消除，受影响的结构又会恢复到原来的状态，或者在新的基础上形成新的相对稳定的结构。从这个意义上讲，区域人口系统的稳定是一种动态稳定。

2. 多层次性和相对性

对区域人口系统内部结构而言，当我们把每一大类结构当做一个相对独立的系统考察时，更低一级的结构就成为它的子系统。这就说明，区域人口系统的内部结构是相对的，是多层次的，结构与层次只是相对于系统的等级而言的。把握了这一点，我们在认识和分析区域人口问题时就应该既重视区域人口系统结构之间的相关与协调，又注意各种结构的相对独立与丰富、复杂的内容，减少简单化和绝对化。

3. 开放性和变异性

区域人口系统是一个开放系统，它存在于特定的环境之中，总要与外界进行物质、能量、信息的交换，而区域人口系统的内部各结构在这种交换过程中，总是适应着与外界的输出输入，不断地改变、调整自己，这就是它的开放性与可变性。这一性质是区域人口系统与变化着的外界环境相互作用的必然趋势。坚持开放性与可变性的观点有利于加强环境变化对区域人口内部结构影响的研究和人口系统内部元素及各种结构相互作用的研究。

（二）区域人口系统的外部结构

区域人口系统的外部结构是区域人口系统整体与其各环境系统（区域人口系统的环境，是由自然的、政治的、经济的和文化的等各种因素综合而成。其中一些因素称为环境条件，而另一些因素称为环境资源。这是由各因素与区域人口系统的关系及作用决定的。所以，区域城镇人口系统的环境也是一个复杂的大系统。区域人口系统的环境系统可由三个有机联系的子系统组成，即自然环境子系统、社会环境子系统和经济环境子系统）间的一种量的比例关系。它又分为外部自然结构和外部社会经济结构两类。外部自然结构是区域人口系统与生态环境各系统尤其是自然资源各系统之间的一种量的比例关系，它可以用人均各种环境系统物量尤其是人均各种自然资源量来表示。外部社会经济结构指区域人口系统与其创造的各种经济财富和社会服务间的一种量的比例关系，可以用人均各种经济财富和社会服务量来表示。区域人口系统的外部结构也是从简单到复杂，从低级到高级发展的。随着社会经济的发展，一方面，人们可利用的资源种类越来越多，消费结构也越来越复杂；另一方面，人们对各种资源的探明量和消费量也越来越大。

三、区域人口系统的功能

在区域系统中，人口子系统的基本功能就是通过与系统环境发生物质、能量、信息和人口及劳动力的交换，对系统环境发生作用和影响，从而为区域系统整体发展提供具有一定数量、质量和结构的人口群体。按此观点可将其功能分为内部功能和外部功能。内部功能是人口系统内各子系统之间及各子系统与母系统之间的影响和功效，外部功能是指人口系统对其环境系统的作用和功效。

（一）内部功能

区域人口系统的内部功能主要包括人口再生产功能、语言功能、政治功能、经济功能、军事功能、宗教功能等，人口系统论主要考察上述功能中的人口再生产功能。

（二）外部功能

区域人口系统的外部功能指人口系统对其环境系统的作用和功效，包括物质资料的生产、消费功能和生态功能等。人口系统论主要考察上述功能中的物质资料再生产功能和生态功能。

区域人口系统内外功能之间的相互作用和相互影响，其发展比结构发展具有更强的同步性。

（三）区域人口系统功能与系统要素和结构的关系[①]

区域人口系统功能的强弱，既与系统要素有关，也与系统结构有关。对于一个结构既定的人口系统来说，如果组成系统的最基本要素——人口的数量适度、质量较高，那么系统的功能就强；反之，如果人口数量过多或过少、或人口素质很低，那么这个人口系统的功能就弱。这就是说人口的数

[①]　夏凡：《人口系统的特性、结构与功能》，载《人口学刊》1986 年第 4 期，第 32—34 页。

量、质量是决定一个人口系统功能的最基本条件。一个国家或地区要想提高本国或本地区人口系统的功能，首先就必须控制该国或该地区的人口数量，并提高质量。

总之，从区域系统的观点来考察，区域人口始终是作为一个整体存在的，一定的要素和结构是人口系统实现其功能的基础，而系统功能的变化又会引起要素和结构的变化，三者在发展程度上基本上是同步的，也就说，要素发展到什么水平，功能和结构也会发展到什么水平。反之亦然。不过，这是就一般情况或总体而言，在现实的区域人口系统中，由于人口系统功能还受政治、经济制度和人口政策的强烈影响，人口系统结构与功能的发展程度有时在一些方面和在一定程度上表现出不一致。

第二节　区域人口数量分析

区域人口数量从静态过程来看是指一定时间、一定空间内有生命的人类个体数量的总和，而从动态过程来看则是人口在时间上持续发展和空间上不断扩展的总和。人口数量是人口系统中一个十分重要的变量，人类认识人口最初也是从人口数量开始的。

一、决定人口数量的因素分析

（一）对生育的经济分析

1. 生育的度量指标分析

测量生育的主要指标是出生率和生育率。

区域人口出生率是指一定时期，区域内新生婴儿数与该时期总人口数的比率，出生率是反映区域实际人口出生水平的基本指标。出生率的高低直接影响人口增长速度的快慢，是研究和分析区域人口再生产趋势的重要依据。

所谓生育率也就是育龄妇女的生育率，是指一个区域生育的活产婴儿数与育龄妇女人数的比率，其中育龄妇女是指 15—49 岁的处于生育年龄的妇女。

生育率主要受人口政策①、经济变迁（收入的增加、更大范围的城市化等）、死亡率降低、妇女教育水平提高（Sabbarao 和 Raney 在 1995 年对发展中国家所进行的一项经验研究发现，影响生育率的最为重要的变量是女性上中学的百分比）、妇女在家庭以外拥有更多的就业机会等的影响。

群体生育率是对社会上（区域中）一个年龄或同一个年龄区间的妇女的实际生育状况进行考察，以一群或者一组育龄妇女为研究对象，并随妇女年龄的变动而变化，通过专题调查和回顾性研究获得出生数据。

生育率与育龄妇女在区域人口总体中所占比例的乘积也等于出生率，这也就是我们前面提到出生率受育龄妇女人数和生育率影响的原因，如果育龄妇女人数比例保持在高水平，就算生育率下降，人口出生率还是会难以下降。

2. 一个简单的生育决策模型

家庭在组织其资源时是理性的，因此，他们在作生育决策时也必然期望达到最大的满意程度，这是我们分析的基础。

实际生育率取决于家庭期望的孩子数量，以及达到期望子女数量所需投入的成本（Becker，1960）。父母对孩子数量的需求是对增加一个孩子的预期成本和收益进行权衡的结果。若增加一个孩子的预期成本等于或大于预期收益，父母就不会再期望增加孩子，此时的孩子数量就是家庭期望的孩子数。

增加一个孩子的成本可分为直接成本和间接成本两部分。② 直接成本是父母以现金或实物支付、直接花费在孩子身上的费用，具体包括：新生婴儿的分娩费用以及以后的衣食住行的花费；孩子接受教育的费用；孩子的医疗保健费用；孩子的文化娱乐活动费用；由父母支付或补贴给子女的婚姻费用等。直接成本主要受下列因素的影响：

其一，区域社会经济发展。社会经济发展水平较高的区域，人均收入水平也高，抚养孩子的直接成本同人均收入之间的关系是：直接成本会随着区域人均收入的增加而上升。

其二，家庭中子女的数量。就像企业生产活动会产生"规模效益"一样，养育孩子同样也有"规模效益"。孩子数量较多的家庭，其单个孩子的抚养成本较低。因为孩子多的家庭中，孩子的玩具、衣物等共享可以节约经济开支、

---

① 观察 20 世纪 70 年代初以前中国城镇生育率下降模式，可以发现人口政策在城镇地区降低生育率的效力并不明显。

② 杨云彦：《人口、资源与环境经济学》，中国经济出版社 1999 年版，第 78 页。

父母在养育较大孩子的过程中可以得到更多养育孩子的经验，从而降低诸如疾病等对家庭带来的经济损失。

其三，区域的社会风俗习惯。不同的风俗习惯可能要求父母为孩子的婚姻准备不同的嫁妆、聘礼，或者为孩子代办婚礼，这都会影响抚育孩子的直接成本。

间接成本是指因生育、抚养和培训一个新增的孩子，父母失去的自身受教育和工作的时间以及获得收入等的机会成本。间接成本具体包括：母亲妊娠期间和哺乳期间所损失的工资收入，母亲因照料孩子失去的受教育和工作的时间，由此失去的获得经济收入的机会；母亲怀孕和哺乳期间父母的流动性减少而损失的经济收入；由于照料和抚养一个新孩子，父母及其他家庭成员失去的闲暇时间和消费时间，甚至有可能导致家庭消费水平下降的损失。在人口学家看来，时间对于父母来说是稀缺资源，抚养孩子的间接成本在表现形式上是时间的损失，所以也称为时间成本。

家庭增加一个孩子的预期收益包括几个方面：一是孩子的收入或者通过照顾兄弟姐妹、做家务等对家庭的贡献。子女尤其是男孩子，重要的收益还包括提供父母年老和生病时的经济保障和照顾。在某些制度环境条件下，如果农村土地依据人口的变化重新分配，生育孩子的一项重要收益也许是可以从村里得到收入或资产的转移。除了经济收益外，增加子女的收益还包括孩子为父母直接带来的快乐和感情上的满足感。

一旦家庭对期望的孩子数量做出了决策，实现这个决策的可能性及实现该决策所需的成本就影响着家庭实际的生育。虽然对家庭来讲，生育意愿的实现受生育能力、避孕药具和服务的可获得性、可靠性、质量及成本等的影响，但家庭生育意愿的决定性影响还是受父母尤其是母亲的文化程度的影响，因为提高父母的文化水平可以增加其避孕知识，从而减少寻找适当可行的避孕方法的成本。[①]

（二）对死亡的经济分析

死亡的测量指标是死亡率。死亡率是指区域中的死亡人数同区域总人数的比率，它是反映一定时期内区域人口死亡强度的指标，同时死亡率还反映区域经济、社会、医疗、保健等的发展程度和人口增长速度。死亡率又有粗死亡率

---

① D. 盖尔·约翰逊：《经济发展中的农业、农村、农民问题》，商务印书馆 2004 年版，第 170—171 页。

（Crude Death Rate，CDR）、特殊死亡率、婴儿死亡率（Infant Mortality Rate）、标准化死亡率（Standardized Mortality Rate）、生命表（人口学中把同期出生的一批人随着年龄的增长而陆续死亡的人数列成一种表格，称为死亡表，同时由于这种表也反映着这批人的整个生命过程，所以又叫生命表。生命表是一种能够综合反映人口死亡水平的指标，它可以用来计算平均预期寿命）和平均预期寿命（life expectancy）。

死亡率的高低既受社会经济因素如区域经济生活水平、社会经济结构、人口的职业、文化教育、饥荒、医疗卫生水平、婚姻状况等的影响（一般来说，社会经济发展程度越高，死亡率越低），也受非社会因素如遗传、性别、年龄构成、自然环境等的影响，在数量的表现上具有某种规律性，曲线呈 U 形。那些迄今仍保持高死亡率的区域，幼年人口的死亡率高，或者劳动力人口的死亡率高，而这两者均是一种社会性的浪费。

死亡率的下降会产生两种影响，一是使人口规模增大，二是使人口质量改善。但是，人口规模增大可以直接实现，而人口质量改善则必须以经济发展为后盾、出生率同时下降才有可能。若死亡率下降，而经济发展跟不上，就会加重人口压力，在这一点上，死亡率下降就含有使人类生活恶化的悲剧性讽刺意味。

虽然死亡率和出生率同是人口变化的基本变量，但如今发展中区域的死亡率也已下降到发达区域的水平，或者正向那个水平下降，所以并不具有比出生率更重要的意义。

（三）人口迁移

1. 人口迁移的含义及测量指标

人口迁移不同于人口流动，它是人们以定居为目的跨越一定地理空间的移动现象，是人口居住地永久性的改变，包括区际人口迁移和区域内人口迁移。居住地的改变是指居住地社区环境的变化，如从农村到城市的迁移。"永久性"改变是指居住某地在半年或一年以上者。总之，人口迁移是改变社区环境并相对永久性地改变居住地的人口空间移动。

人口迁移按时间长短可分为永久性迁移和临时性迁移；按照空间范围（这里是区域）可分为区域内迁移和区际迁移；按迁移方向可分为由农村到农村的人口迁移，由农村到城市的人口迁移，由城市到城市的人口迁移和由城市到农村的人口迁移。以上是最常见的划分方法，除此之外，还可按迁移原因划分为原始性迁移、强迫和强制性迁移、自主迁移、从众迁移等四大类；根据迁移目的和动机可分为谋生求职性迁移和非谋生求职性迁移；根据迁移者就业性质可分为产业性迁移（以就业为移动目的）与非产业性迁移（无职业目的的移动，或给予政治、军事、宗教目的的人口移动）；根据社会组织情况可分为自发性与计划性迁移、有组织与无组织迁移；等等。

2. 人口迁移的特征

人口迁移具有以下特征：（1）人口迁移行为和迁移距离呈负相关关系。（2）具有阶段性特征。作为增长极的规模较大的工商业中心城市，其通过回流效应吸引周围地区（一般是距离增长极较近的城镇）的人口迁入，同时，这些城镇相对于距离中心城市较远的乡村来说也可以说是次一级的增长极，因此，就可以吸引乡村的人口迁入，从而可以弥补城镇人口迁入中心城市留下的空缺，如此形成整个社会的迁移全景。反过来，当增长极出现扩散效应时，人口向外扩散也是由近及远逐步外迁。（3）主迁移流和与之流向相反的逆迁移流同时并存。逆迁移流规模较小，是因主迁移流而产生的反向补偿性迁移。（4）迁移主要是农村人口向城市的迁移，城镇人口迁移倾向相对较弱。（5）迁移具有选择性，主要表现为对年龄和性别的选择。（6）技术发展如工商业的发展、交通运输工具的不断发明和运用等，使人口迁移规模呈现增加的趋势。

3. 影响人口迁移的因素

第一，迁出地的推力因素，主要有生存环境和人为因素两方面。自然环境的恶劣、自然资源的枯竭和严重的自然灾害等人类生存环境因素会直接促使人口迁移；战争、政治动荡、饥荒、宗教等人为因素也可以推动人口迁移。

第二，迁入地的拉力因素。拉力因素主要是迁入地的劳动力需求和迁出区域与迁入区域之间收入水平和生活水平的差距等经济因素。经济因素是人口迁移的主要动机，迁入区域经济发展强劲势头和美好前景或者一些新的矿藏、水利、土地等资源的开发不仅形成了巨大的劳动力需求，可以使个人摆脱贫困或者失业，而且还造成了区域之间收入水平的差距以及发展机遇的不同，使个人为了发财致富或更好的事业发展前途而迁移到经济发展较好的区域。

第三，中间障碍因素，主要为迁移地和原居住地之间各种中间障碍因素，如距离、迁移成本、制度等。限制和制约人口迁移的制度性因素有很多方面，一般来说，不同国家之间对人口迁移的制度性的限制和制约要比一个国家内部对人口迁移的制度性的限制和制约严格得多，这也就是为什么人口在国与国之间流动性弱于在一国内部的流动性。限制和制约一国内部的人口迁移的制度性因素有很多方面，但总体上比国与国之间要少很多，而这些制度性因素主要与国家在工业化进程中所采取的经济发展战略密切相关。

第四，迁移者个人因素如迁移者的年龄、性别、敏感程度、与外界的接触方式等。

4. 人口迁移的经济后果

人口迁移所具有的空间上的不平衡性和结构上的选择性对迁入和迁出区域产生多方面的影响。

对人口迁移来讲，它不仅影响迁入和迁出区域的人口数量、性别比例、年龄结构、生态环境等，其经济后果尤其值得关注，主要表现在对迁入和迁出区域的资本、劳动力供给、产业结构、消费结构等产生的复杂影响上。

移民所产生的社会效应同样不容忽视，人口移动在实现均衡的过程中由于不断打破旧有平衡，从而会引发多层面的摩擦。这一社会整合过程虽然长期内有助于增强区域社会活力，但短期内则可能带来一系列的社会问题，如文化冲突和犯罪等。从一种文化背景流入另一种文化氛围中的人口，价值观念和生活方式的差异迫使其在冲突中进行调整，同时其生活方式和价值观念对迁入地的土著居民也会产生影响。这种多种文化的交流与融通，既能形成富有生机的移民文化，也能导致社会冲突。一般来说，处于少数地位或带有落后文化背景的移民更有可能采取调整自身生活方式和价值观的途径，主动或被动地适应迁入区域的生活方式而被同化。如果移民数量较多，则可能会将自己的文化强加给迁入区。在迁入地，土著居民对具有相对先进文化背景的移民可能采取友好或是倾慕的态度，而对由落后文化区迁入的移民则更多采取歧视甚至敌视的态度。[①]

二、人口数量增长与区域发展

（一）人口数量增长的原因分析

人口数量增长的原因主要有两种：

一是人口的自然增长，即在给定时期中区域人口的出生数与死亡数之间的差额，其常用的衡量指标是自然增长率。自然增长是区域人口增长的主要方式，主要受出生率、生育率、死亡率的影响。此外，人口增长惯性对自然增长

---

① 杨云彦：《中国人口迁移与城市化问题研究》，《中国人口发展评论：回顾与展望》人民出版社2000年版，第94—95页。

的影响作用也不容忽视。所谓人口惯性是指人口再生产过程中，人口群体保持原有增长或减少趋势的特性。正是这种惯性的存在使得区域妇女生育率已降到甚至低于人口更替水平时，原有的人口增长趋势仍将持续一段时间，这种惯性来源于人口的年龄构成。岁数较轻的年龄结构和较大的育龄妇女比重，使得人口生育率不能因政策、技术等对生育率的有效抑制作用而很快下降，总的人口仍将保持增长趋势。[①]

二是人口机械增长，主要是由人口迁移引起的。区域人口的机械增长是指区域人口的净迁入，即迁入人数与迁出人数的差，常用机械增长率来表示。所谓机械增长率就是指一定时间内（通常为一年）区域净迁入人数占总人数的比例。净迁入人数大于零，说明区域总人口数增加，机械增长率为正；净迁入人数小于零，说明区域总人口数减少，机械增长率为负。

（二）人口数量增长对区域发展的影响[②]

人口作为一种社会存在，其数量增长虽然受到区域资源、环境、经济和社会发展的制约，但是人口数量的增长又会对它们起反作用。

1. 人口数量增长对资源、环境发展的影响

发展中区域是研究人口数量增长对资源、环境的影响的重点区域，也是目前研究人口增长对资源、环境影响的热点区域。对发展中区域而言，其几乎所有资源的人均拥有量都低于发达区域人均拥有量水平，即使是储量占明显优势的资源，也由于其人口众多而使人均拥有量与发达区域相比处于劣势。随着人口的过快增长，发展中区域的人均资源拥有量不断下降，资源危机日益深化并逐渐成为发展中区域经济社会发展的重要制约因素。这种过快的人口增长，不仅限制了科学技术的发展，而且破坏了人类与生态环境的平衡。这种不平衡引发和导致了区域有限资源的耗竭，破坏了资源再生的基础，严重的甚至可以完全毁灭资源再生的希望。

一般来说，随着区域人口数量的增大，在人均消费水平不降低甚至上升的前提下，将会导致物质总需求的急剧增大，例如食物、水、燃料、住房、道路以及其他物质产品的需求。这种需求的增大通过两条途径影响到区域内的资源和环境状况。一条是间接的影响，即通过对经济投资提出更多的要

---

① 崔功豪等：《区域分析与规划》，高等教育出版社1999年版，第26页。
② 童玉芬：《人口在区域可持续发展中的作用与地位探讨》，载《人口学刊》1999年第4期，第3—9页。

求，以扩大经济活动规模来满足这些增长着的需求压力，经济规模的扩大进一步导致对资源的需求和环境的压力。在这种情况下，矿产资源、能源以及土地、生物资源的需求都会增加，在技术水平较低的情况下，往往会导致对资源的掠夺式开发和严重的环境污染，从而加重环境的退化。这种影响在发展中区域尤为突出。需求增大对区域内资源、环境状况的另一条影响途径是通过人的直接物质需求带来的环境压力的增加，例如居住占地、生活用水的增加，生活中的排污的增加等。

2. 人口数量增长对区域经济、社会发展的影响

人口增长对区域经济增长的作用，体现在三个方面：

一方面是通过为区域经济增长提供必要的劳动力发生作用。一定数量的人口群体，不仅构成经济增长的动力，刺激经济的不断发展，而且也是经济活动过程中必不可少的劳动力来源。人口作为劳动力的资源库，可以提供源源不断的劳动力。当劳动力的需求大于供给时，人口的增加将有利于经济产出的增大，即所谓规模经济效益，劳动生产率也可以得到提高。但当劳动力的供给超过了经济的需求时，意味着劳动人口与生产资料的数量不相适应，没有足够的生产资料供他们使用，这样不仅不能提高劳动生产率，还会导致劳动生产率的下降。此外，在这种情况下还不利于劳动力质量的提高，并大大阻碍产业结构和技术结构的优化调整，制约着产业结构向高级化演进和资金、技术密集型高效益产业的形成和发展。而且农村大量剩余劳动力的存在，还会延缓农业采用新技术和规模经营的进程。若人口再增加，对经济的促进作用就会大大降低、消失乃至变成为负作用。例如，增加就业压力、加剧失业、扩大贫富差距等。

人口对区域经济发生作用的另一条途径是通过知识的增长引起的[①]。知识的巨大增长可以通过提高全部人类劳动生产率的增长来实现促进区域经济增长的目的，而知识的增长一部分应归因于人口增长。区域人口增长从两方面导致知识的增加。首先，区域人口越多，既定的知识进步所能带来的利益也越大，因此，人们就更有动力投资更多的时间和精力于创造新知识之上。其次，区域人口越多，就有更多有能力做出巨大发现或者增加知识的个人。今天的我们与一个世纪或一千年前的人相比并不是更聪明或更有智慧，而是因为我们拥有了数量更多的人，在天才分布不变的情况下，也就有了更多的有能力推进知

---

① D. 盖尔·约翰逊：《经济发展中的农业、农村、农民问题》，商务印书馆 2004 年版，第 260 页。

识进步的个人。而今，我们不但有更多的人可以从事知识的创造，而且随着农业生产率的改进、城市的扩张，以及在过去两个世纪发生的真实人均收入巨大的增长，我们已经创建了专门机构来推进和传输知识，即大学、研究所和实验室，包括公立和私立的机构。而一个世纪或一千年前的人也并不是没有具备才智、时间、好奇心和精力从事知识创造的个人，而是因为受当时人口数量的影响，使得这样的个人的数量有限。而且，当人口的精力不得不大量用来生产食物和生活的其他必需品时，只有相对微不足道的时间能用于生产知识。

人口对区域经济发生作用的第三条途径是通过消费引起的。人口作为消费者，是市场的主体。假定人口具备对某种商品的购买力，那么一个地区的人口数量越少，他们对区域内部和外部的某种商品的需求量也越少，造成消费市场规模就小，消费需求不足，同时，人口数量少，还会使资本的有效需求难以提高，这些都将影响区域生产规模的扩大，不能形成规模收益递增。[①] 而人口数量越多，消费需求越大，就会影响积累和扩大再生产的投资，最终影响经济产出。因为人口增加后，基本的物质需求会随之增大，而要满足这些需求，就必须从经济产出中拿出相当份额用于直接消费，相应的区域投资积累减少，速度减慢，扩大再生产的能力降低，进而影响到区域生产规模的扩大。因此人口数量的增长过快，就会对经济的发展产生一定的阻碍作用。但是这种阻碍作用是有前提的，它取决于社会所能提供的消费基金与人口在一定消费水平下实际需要的消费基金的对比。

人口数量的增长对社会发展也有相当大的关系和作用。社会发展的最终目的是满足人们的基本需求，并且提高人们的生活质量。人口增长过多过快，劳动力资源供大于求，必然使劳动力价格下降，失业严重，人均收入下降或长期停滞不前，影响人们生活水平的提高。人口增长过多过快还会加速人口向城市迁移，导致城市人口迅速膨胀，出现过度城市化或滞后城市化，使城市化质量下降，并引发出诸如交通拥挤、住房紧张、环境污染、治安混乱等一系列城市社会问题。同时人口数量所造成的失业问题，使社会不稳定因素增多。人口过

---

① 规模收益有两种类型，一种是社区或城市的规模收益，城市的发展就说明了聚积效应的优势，它把相关的经营活动聚集到一起，使专业分工成为可能。当农村经济为主导时，经济活动的专业化将受到限制，虽然在农业中也会出现经验的积累，但是专业分工的重要性是随着城市的发展和工业化的发展而不断增加的。只有在农业生产率得到提高和人口增长的情况下，大城市才能得到发展。规模收益的第二种类型与企业的规模有关。正如亚当·斯密（Smith，1937）所指出的那样，劳动分工与专业化是市场规模的函数，而人口规模是决定市场规模和从事生产性活动的企业规模的主要因素之一。

快增长，还会延缓人口质量的提高，导致社会道德和观念的恶化，从而增加社会管理的难度。

（三）区域发展对人口数量增长的影响

人口数量的变化受多种因素的制约，除经济因素外，还有政治、法律、思想、宗教、伦理道德、风俗习惯、资源、环境和生理等因素。但在诸多因素中，只有经济因素是根本的因素，经济的发展与变化，最终影响和调节着人口的数量。

人口数量增长与经济增长之间不是简单的关系，把它们之间的关系看得太简单可能导致严重的政策性错误。[①] 人口数量增长和经济增长之间相互联系、相互依存、相互渗透和相互制约。经济增长对人口数量的增长起着决定性影响，主要表现为：一方面，经济增长通过生产、分配、交换和消费等社会再生产环节，渗透到人口数量增长的各个方面，决定着人口数量增长的方向和过程，并推动人口数量的增长；另一方面，经济增长还决定着人口的自然变动和社会变动。其对人口自然变动的决定作用主要表现在对家庭、婚姻形式变化的决定作用，决定人口再生产条件和生产条件从而影响人口出生和死亡。其对人口社会变动的决定作用主要表现在使人口的受教育机会及程度提高，从而使劳动者就业结构和就业机会发生变化。此外，经济增长对人口迁移也具有决定性影响，人口迁移的动力、能力及地区的选择，归根结底都取决于一定的社会经济条件。

三、适度人口与人口控制

（一）适度人口的概念和特征

讨论区域人口的规模是否适度不但要考虑经济因素，还要综合考虑区域的资源、环境承载力和社会发展状况，否则就很难对适度人口给出准确的定义。鉴于此，我们给出的定义为：所谓适度人口是指区域可持续发展下的人口容量。对可持续发展而言，人口不足与人口过剩都不是其人口目标。因为，人口过剩难以确保可持续性，而人口不足则不能保证发展所需要的人力资本及消费需求（对这一问题我们将在下文予以详细论述）。这样，可持续发展对人口的要求便会形成一个区间，在这个区间里的人口数量可以保证人类社会在不影响

---

① D. 盖尔·约翰逊：《经济发展中的农业、农村、农民问题》，商务印书馆 2004 年版，第 246 页。

资源、环境代际可持续性的基础上，使区域经济社会发展得到最大限度上的保证。我们说这种人口规模是适度的。再进一步，我们对适度人口作出的定义为：在保护区域资源环境的可持续性的基础上，使物质资本和人力资本得以增殖的人口规模，它是在不降低未来的发展能力情况下的可以承载的最大人口总量。

区域可持续发展下的人口容量，顾名思义，就是区域可持续发展战略要求的人口容量，它既包括适宜的人口数量和人口增长率，也包括适宜的人口结构（年龄结构、性别结构、城乡结构等）以及人口质量等条件。不同的区域，因为社会、经济发展水平不同，资源、环境基础各异，实现可持续发展所要求的人口容量也不一样。因此它具有很大的区域差异性，必须具体区域具体对待。在同一区域，可持续发展下的人口容量是该区域追求的理想人口或目标人口；在不同的历史发展阶段，有对应于当时区域可持续发展要求的人口容量，因此适度人口具有动态的变化特征。此外，对同一时期而言，适度人口有一定的阈值，并不是唯一的适度状态或最优值。因此，所谓适度人口实际上是相对的，而不是绝对的。

（二）与经济适度人口和生态适度人口的联系和区别

1. 与经济适度人口的联系和区别

区域可持续发展下的人口容量（适度人口），是以区域可持续发展为目标所确定的一种适宜的人口规模。而经济适度人口是用于分析人口数量和经济之间适宜关系的一个概念，它指能使经济产出或收益达到最大的人口规模，也就是说，在这个人口规模基础上，无论是增加人口数量或减少人口数量，经济产出或收益均小于该规模时的经济产出或收益，这时的人口规模就是经济适度人口。适度人口与经济适度人口有着较大的相似之处，具体表现在二者研究目的的相似性上。经济适度人口研究的目的就是在理论上揭示这种适度人口的存在，并力图运用于现实。而研究适度人口，也是基于这样一种考虑，即对于一个区域来说，应该存在一种人口规模，在这种人口规模下最有利于区域可持续发展战略的实现。但是适度人口与经济适度人口也有区别，具体表现在以下几方面：（1）二者的衡量标准不同。经济适度人口是以经济指标作为衡量的标准，而适度人口则将区域的可持续发展作为唯一的标准。（2）经济适度人口一般只涉及人口数量、规模和增长速度等方面，而适度人口不仅包括了规模特征，还涉及人口的质量、结构，是一种全面考虑人口各方面要素的适度人口。（3）方法不同。经济适度人口的研究主要从用经济学的边际效益或福利经济学方法进行研究，而适度人口研究则因为涉及经济、社会、资源、环境等多种复杂要素，必须以系统的综合的方法加以研究。

2. 与生态适度人口的联系和区别

生态适度人口是一个内涵比较丰富的概念，不同的学者有不同的理解和表述，甚至有人直接把它等同于适度人口，因此对于一个区域的生态适度人口的估计往往存在着巨大的差异。我们在这里引用国际生态学会的定义，即世界对于人类的容纳量，是指在不损害生物圈或不耗尽可合理利用的不可更新资源的条件下，各种资源在长期稳定的基础上所能供养的人口数量（H. 里思艾，1983 年）。生态适度人口与适度人口的联系和区别表现在以下几方面：（1）生态适度人口是适度人口的一个上限，但它不等于适度人口。生态适度人口基本上是从生态环境角度出发的一个概念，它本质上是从资源环境条件对人口数量的一种限制。人口数量一旦超过生态适度人口，就会对资源环境造成过大的压力，使发展不可持续。因此，要研究适度人口，必须首先确定生态适度人口。（2）生态适度人口主要是针对人口规模而言的，其研究也仅仅是从人口总量及其变化上进行。而适度人口研究则不仅包括对人口规模的研究，而且包括对人口质量、结构等方面的研究，与生态适度人口相比，其更能全面或较为全面地反映人口复杂现象的丰富特征。（3）生态适度人口研究基本上是从某些单一因子或某单一方面研究人口的容量，很少涉及对区域总体状态的判断及总体状态优化下的人口容量，忽视构成区域系统的人口、资源、环境、经济、社会之间的联系。而适度人口则是从区域系统整体要求出发而得到的综合的人口规模，是一种能全面反映人口诸多方面因子与区域系统要素综合作用、协调发展下的人口规模的研究。

（三）适度人口与人口数量控制[①]

在研究适度人口时，最直接的问题是，适度人口能否自动实现？令人遗憾的是，这个问题的答案通常是否定的，因为由家庭自主决策的人口供给规模与适度人口之间存在着偏差，这也是为什么要对人口采取数量控制的原因。下面，我们首先来分析一下适度人口与人口供给间的偏差问题。

1. 适度人口与人口供给的偏差

对于商品而言，它的供给量是由厂商决定的，其产量决定的依据是边际成

---

① 宋旭光：《可持续发展的人口数量论》，载《中国人口科学》1998 年第 5 期，第 38—43 页。

本与边际收益相等。对于人口的供给而言，它虽然不能用与商品生产一致的方法去估计出生人口，但作为一种生产要素的供给，从客观上看，它也是有成本与收益的。而人口的供给者，家庭在决定人口供给量的时候，通常不可避免地将所要供给的孩子的成本收益关系进行权衡。可以说，从微观上说，人口供给量的形成要取决于家庭的成本收益判断。一般来说，一个家庭决定提供孩子的数量反映了这样一种规律，即当养育孩子成本高于父母得自子女的收益时，家庭会决定不再生育孩子。当然对这种成本收益的范围概括必须是全面的，否则必将引起对该理论的反对意见。比如，"孩子成本"不仅要包括与育儿相关的一切直接支出，还要包括育儿的机会成本（如父母因为生育、养育子女而失去的就职机会、受教育机会）等。而"孩子收益"则要包括：子女为家庭提供的劳务、将来为家庭提供的收入、对父母的赡养、对继承感的满足、对家庭乐趣的创造等。

通过人口供给的成本收益关系分析，实际上可以解释许多生育行为。比如说，"越穷越生"现象，它与其说是一种愚昧的循环，倒不如说是一种理性的选择。因为由于贫困地区生活条件的不完善，其孩子成本是相对低的（育儿直接支出与父母的机会成本都较小），同时由于自身的贫困，父母对自己的生活保障无法把握，只有把全部的未来收益希望寄托在"多子多福"上来，他们对儿女赡养的期望很高，这使对"孩子收益"的期望值很高，从而使孩子收益高于孩子成本。这自然会增加家庭人口规模，这种情况下的"养儿防老"的心态是理性的。又比如，生育中的"男孩偏好"现象，即家庭一直要生育到男孩才停止生育。这种现象是由一些实际问题和传统观念的影响，使一些人对生育男孩的收益评价相当高，以至于认为可以弥补其他一切成本。他们认为，生育男孩则意味着净收益为正值，而不在乎有多少成本支出。所以说，人口供给要由家庭成本收益关系来决定，这种规律是可信的，且比较符合实际情况。

2. 人口数量控制

人口偏差有两种表现形式：一种是家庭人口供给大于可持续发展的人口容量变化，我们称之为正偏差；另一种是家庭人口供给规模小于可持续发展所能接受的人口容量变化，我们称之为负偏差。负方向的偏差是向经济适度人口的一种回归，这种偏差是有益的，它可以促成区域的可扩展发展；而正方向的偏差是造成人口问题乃至人口危机的主要原因，正是这种正偏差的存在，才使得对人口供给数量进行主动干预（人口控制）变得更有必要。在这里我们所说的人口控制是一种狭义的人口控制，它不包括客观因素对人口数量的制约，如自然力量、战争、贫困等，它是对人口数量采取的一种人为的主观上的控制。人口控制的类型主要有以下几种：

（1）政策控制

政策控制是一种通过自上而下颁布有关政策和法令控制生育的方式。从实践上来看，凡是采取生育控制政策的国家，其人口压力都有了显著的降低，尤其是我国，成果更是明显。

政策控制方式是外在的，强制性的，某种程度上说，政策控制是不得已而为之的，是一定历史阶段的产物，最终必将为更新的、更符合人性的方式所代替。大量的经验事实表明，在农村地区降低生育率、并将其保持在一个相对较低的水平，需对社会经济政策作如下改变[①]：（1）显著改善农村地区中学的质量，并提高女孩接受中学教育的百分比；（2）建立具有吸引力的农村地区养老金计划，确保农村居民参与这项制度能得到正的收益率；（3）改变限制人口迁移的政策和制度，以使农村家庭能够从农村向城镇地区迁移（Johnson，1994）。从农村迁入城镇地区的家庭会很快适应和接受城镇地区的生育模式，这些家庭的生育率也会随之降低。[②]

（2）发展经济

发展经济是控制人口数量的有效途径。这主要是因为下列三个原因：

第一，经济发展改变人们生育孩子的成本和收益，这种改变对人们生育行为的影响比人口政策直接得多，现实得多。

第二，经济发展，更新了人们的生育观念。经济发展，使人们的生活方式和劳动方式发生变化，进而引起人们的思维方式、心理状态和思想观念的变化。

第三，经济发展降低了人口供给的风险。人口供给的风险性很大，尤其是在经济落后时期，家庭不得不以增加人口供给数量来降低收益上的风险。

---

① D. 盖尔·约翰逊：《经济发展中的农业、农村、农民问题》，商务印书馆 2004 年版，第 253 页。

② 虽然已经有数以百万计的农村居民迁移到城镇（至少是暂时的迁移），但其中的绝大部分是离开农村家庭的已婚男性。虽然户籍制度依然限制农村人口向城市的迁移，但是，对家庭迁移最重要的可能是住房问题。至少到最近，雇用移民的那些单位只给移民提供最基本的住房，而不解决其家人的住房问题。而移民在城镇工作得到的工资很多时候又不足以为其家人提供住房。只有城镇工资把移民家人的住房问题考虑在内时，农村到城镇的家庭迁移才会大量出现。

第三节 区域人口质量分析

一、人口质量的内容及其衡量指标

（一）人口质量的内容

人口质量也称人口素质，是指一个国家或地区的人口总体，在一定的生产方式下，所具有的认识世界、改造世界的条件和能力，是个体人口质量和社会人口质量的综合，其高低一方面取决于生物遗传因素，另一方面取决于社会环境。其差异不仅仅在于先天的遗传因素，更主要的是取决于社会制度和社会生产力水平。主要包括人口总体的身体素质、文化技术素质和思想道德素质三方面的内容。

1. 人口的身体素质

人口的身体素质是指人口总体的身体发育情况、健全程度、体质强弱、耐力优劣、寿命长短、智力高低、动作灵敏度等身体健康状况、大脑机能状况以及生命周期。人口身体素质是人口质量发展的自然前提和基础，它主要受遗传等先天因素以及营养、地方病等后天因素的影响。

2. 人口的科学文化素质

人口的科学文化素质，主要是指人们通过各种形式所获得的文化知识、科学技术水平、生产经验和劳动技能、经营管理才能等。这是人类在认识和改造自然和社会发展过程中长期积累的知识、技能和经验的结晶，是人本身逐步形成的认识和改造世界的能力，是人口质量高低的主要标志，是人口质量的核心。区域经济的振兴、科技发展、社会进步都取决于人口科学文化素质的提高。人口科学文化素质主要受教育方面的因素影响，而区域人口的文化教育水平受区域经济发展水平、人们的生活消费水平、区域产业部门对技术的需求、社会所能提供的教育机会等的直接影响。区域间科技与教育发展的不平衡，是区域人口文化技术素质存在差异并最终影响区域发展的主要原因。

3. 人口思想道德素质

人口的思想道德素质是从人们的思想意识来考察人口质量的，主要包括人生观、道德观、思想品质、传统习俗等，具有民族性、继承性、渗透性、层次性，对人们认识和改造世界的能力发挥有着重大的作用，是人口素质的灵魂。它渗透于人口的文化素质和身体素质之中，起着精神支柱的作用，是衡量区域文明程度的重要标志。思想素质虽然是人口素质中最重要的一个方面，但也是最难评价分析的一个方面，目前关于人口的思想素质大多处在定性分析方面，因为对人口思想素质的认识需要有一个较长期的考察体验。通常可用一个区域的刑事犯罪率、社会风气等来判断人口的思想素质。

（二）人口质量的衡量指标

衡量人口质量的指标分为直接指标和间接指标，其中直接指标主要有：平均预期寿命和长寿水平、残疾人口所占比重、青少年身体发育指标、教育水平指标、死因指标。其中，平均预期寿命是反映一国或一个地区经济发展水平和医疗保健卫生状况的指标。青少年身体发育指标是指青少年人口每十年平均身高、体重增加的速度，是反映人口的发育状况和营养水平的指标。教育水平指标主要有两类：一是反映教育流量的指标，包括各级各类学校招生数、在校学生数、毕业生数、每万人口在校学生数以及与此相关的相对指标。二是反映教育存量的指标，包括每万人口中的大学文化程度的人口数；15 岁以上人口中的文盲人口数；各年龄组人口的平均受教育水平以及与此相关的指标。死因指标是反映人口总体健康水平的指标。[1]

间接指标也叫人口质量的物质指标，它是与人口质量的高低成正相关的指标，反映了一国或一个地区为提高人口质量所提供的社会条件。主要有以下几类：医疗卫生和保健的普及程度，人口食物构成和营养状况指标，人均住房面积，体育运动事业的普及程度，环境监测状况及污染指数等，教育经费在国民收入中所占的比重，学生教师比，科研机构的门类、数量和水平，图书、报刊出版发行量，广播、电视覆盖率等。其中，人口食物构成和营养状况指标是指每人每天的热量、蛋白质供应量或每年人均消耗指数、人均占有粮食数量和卫生用水状况。[2]

人类发展指数（Human Development Index，HDI）是联合国开发计划署在其《1990 年人类发展报告》中首次提出并逐步得到完善的，旨在测量发展中国家摆脱贫困状况的程度，由此取代单纯依靠收入指标衡量发展与福利水平

---

[1]　参见佟新：《人口社会学》，北京大学出版社 2006 年版，第 310—311 页。

[2]　同上书，第 311—312 页。

的做法。实际上，人类发展指数已成为衡量世界各国或地区人类社会发展程度的统一尺度。由于 HDI 指数中包含了人口身体健康和文化教育方面的指标，因此，常被用来作为人口质量的测度指数。HDI 指数的计算，继承了生命质量指数的一些重要思路，最初由平均预期寿命指数、成人识字率指数和按购买力平价计算的人均 GDP 指数这三个指标的算术平均值算得。后来，为了克服生命质量指数改造中的不足，又加入平均受教育年限指标和成人识字率指标，共同反映一国或地区的文化教育水平，其中成人识字率的权重为 2/3，平均受教育年限的权重为 1/3。目前这一指标已成为人们普遍关注和引用、具有一定权威性的衡量一个国家或地区发展水平的工具，也广泛被人们借用来衡量人口质量。

二、人口质量与人口数量的关系

人口质量与人口数量之间的关系为：

（一）人口质量对人口数量产生控制作用

人口质量对人口数量产生的控制作用首先可以从家庭生育决策过程中对孩子的数量与质量的选择上得到解释。对父母而言，孩子的质量和数量之间存在着替代关系，父母会将对孩子所增加的大部分支出用于增加孩子的质量来替代增加孩子的数量，从而获得最大效用。而且世界各地的现实情况也说明了这样一个事实，即随着经济的发展，人口质量提高，生育水平下降。而且目前众多的研究也证明了人口质量的提高和生育水平的下降之间至少是互为变量、高度相关的关系。其次，人口质量的提高尤其是科学文化素质的提高，有利于抑制人口增长。因为科学文化素质的提高，其一是最直接的结果就是推动社会经济的发展，从而推动人口质量的进一步提高；其二是有利于实现晚婚晚育和优生优育；其三是妇女文化程度的提高，意味着其家庭地位、社会地位和就业率的提高，而这些将促使其减少生育。

（二）人口质量对人口数量是相互影响、相互促进的双向运动

人口质量的提高，尤其是科学文化素质的提高有利于减少人口数量。而人口数量的减少，在区域国民收入一定的前提下，对较小规模的人口的基本教育、卫生、健康方面的需求满足程度就比较容易达到较高标准，从而进一步保证人口质量的持续提高。

三、人口质量与区域发展

（一）人口质量对区域发展的影响

1. 人口质量对区域资源、环境的影响

从环境保护和合理利用资源的角度看，随着人口素质的提高，人们不仅具有更先进的环境保护意识，也会发明和掌握更多的环境保护技术和资源合理有效利用技术。这对于资源环境对发展的持续支撑能力的提高将具有最直接的意义。可见，资源环境的持续性离不开人口素质的提高。

2. 人口质量对区域经济增长和社会发展的影响

人口质量对区域经济增长的影响主要有两个方面，一是通过影响人口数量间接影响经济发展，二是通过人力资本直接对经济发展产生影响。对第一方面，我们在"人口质量与人口数量的关系"中已详细论述，这里主要论述第二个方面，即人力资本对经济发展产生的影响。

所谓人力资本就是后天通过投资与卫生保健、教育、培训以及干学而获得的身体（包括智力）、技术、文化（包括价值观念）三方面的素质。理论和大量的实证分析表明，人力资本取代物质资本成为现时经济增长和经济发展的主要动力，是人类社会实现全面发展的基本要素。人力资本主要通过以下几方面来影响区域经济增长：

第一，人力资本具有特殊的生产功能。人力资本之所以与经济增长之间存在着密切关系，或者更具体地说，是决定经济增长的重要因素，关键在于人力资本具有特殊的生产功能。从生产过程角度看，人力资本具有要素和效率两个方面的生产功能。

人力资本的要素功能是人力资本必不可少的先决条件和投入要素，因为任何资本和资源在现实生产活动发挥作用的过程中，都离不开与之相应的劳动者技能和科学技术知识的运用；而且，要开发更多的资源、利用更多的资本，同样需要科学技术的应用和具有相应知识技能水平的劳动者的努力。所以说，在现代经济增长中劳动者平均技术水平和劳动效率，以及科学技术知识的储备和运用都是关键因素，而这两个因素都需要通过人的素质来实现，通过人的活动来发挥，也就是它们都要通过人力资本作为载体。作为生产要素的劳动力一方面直接对经济增长做出贡献，另一方面又通过科学和技术进步来促进经济增长。人力资本的提高促进科技进步，而科技进步是人力资本规模收益保持不断增长的根本原因。

人力资本的效率功能是指人力资本自身的生产效率，它是参与劳动过程的劳动者劳动能力、性质和特点的综合反映，是提高生产效率的关键所在。人力资本主要通过两种途径提高生产效率：其一是人力资本投入的增加可以提高人力资本自身的生产效率。在同一生产过程中，技术熟练程度高的人总是要比技术熟练程度低的人具有更高的生产效率，因为前者接受了更多的学习、培训等。其二是人力资本投资增加可以提高其他生产要素的生产效率。人力资本的效率功能一方面体现在使其他生产要素边际产出的增加上，另一方面也体现在使单位产出的投入成本下降上。人力资本投资增加可以节约其他生产要素，这对于建立可持续发展的生产模式、对于缺乏物质资本的国家而言，都具有重要意义。由此可见，人力资本增加对经济增长的作用。

第二，人力资本具有知识效应，包括知识进步的需求效应、收入效应及替代效应三个方面。知识进步的需求效应是指在经济发展中有用的新知识必然要求与之相适应的物质资本或劳动技能，或者两者都需要。知识进步的收入效应是指受过教育或培训的具有更多知识与能力的人，由于具有更高的分辨能力，能随时随地抓住投资获利的机会，使其在有效率的资源配置中获得收益的上升。通过对教育收益的研究发现，一个人所受教育的年限与他所获得的收入成正比的关系。而收入水平基本上反映了劳动生产率水平。知识进步的替代效应是指用人力资本来补充和替代其他生产要素，通过知识进步来增加资源，从而克服经济发展中自然资源、物质资本与"原生劳动"之不足，保持经济的健康发展。

第三，人力资本具有自我积累特性。机器设备会因使用和技术改进而发生有形或无形的损耗，而这些损耗都需要物质资本的投入来补偿。人力资本虽然也会因技术的老化和身体的衰老而发生无形损耗，但不同之处在于人力资本的载体是人，具有自我丰富、自我发展的个性，这就使人力资本在使用过程中伴随着知识的增长和更新、经验的积累、能力的开发和个性的完善等一系列的自我积累，使个人所拥有的知识存量得到增长、能力得到提高。社会的人力资本存量也就会随着个体人力资本的积累而增多，其蕴涵的能力即社会生产能力就会呈现出倍增的扩张之势。这种能力的运用可以推动经济快速增长，而且由于人力资本的提高主要源于后天的社会教化和人力资本投入，而人自身的潜能是无限的，知识积累亦具有无限性，因而人力资本的积累和发展在动态上同样也是无限的。

第四，人力资本具有外部效应。个人通过脱产的正规或非正规教育而获得的是一般性的知识，这些人力资本能产生内部效应，即对投资者本身的生产率的贡献，表现为人力资本投资与积累使投资者自身收益递增。通过"干中学"而获得专业化知识，这些人力资本能产生外部效应，又叫溢出效应，即对投资者以外的要素的生产率的贡献，表现为人力资本投资与积累使其他生产要素的收益递增。

通过上述可知，经济增长是人力资本不断积累的结果，人力资本是经济增长的引擎。人力资本的生产力不仅体现在人本身的生产潜力，而且还渗透和体现在物质资本生产力和环境资本生产力的各个方面，改善物质资本和环境资本的质量，从而使三种资本之间保持良好的配合和运行状态。

社会发展的目标就是实现人的全面发展，而人的全面发展的核心就是人的素质的全面提高。因此，人口素质的提高与社会发展的目标是一致的，是社会发展目标得以实现的必备条件。人口素质提高的过程也就是社会发展目标的实现过程。

（二）区域发展对人口质量的影响

1. 资源、环境对人口质量的影响

资源对人口质量影响主要表现在对人口身体素质的影响上。一方面，丰富的自然资源经过加工，可以为人口提供各种生活资料，满足人口生存所需要的各种营养。另一方面，丰裕的自然资源还可以通过为人口提供直接与生活相关的居住和道路用地、生活绿地等，提高人口生活的质量，有利于人口的健康；环境对人口质量的影响也是体现在对人口身体素质和思想道德素质的影响上。好的环境状况不仅可以使人们身心愉悦，有利于抵抗各种疾病的侵袭，延年益寿，而且还会使人们受外界美好环境的影响而自觉地提高自身的思想道德素质。

2. 社会经济发展对人口质量的影响

首先，社会经济发展水平直接影响人口身体素质的高低。人口的身体素质如何，主要是受先天因素和后天因素影响，又是同社会经济发展水平直接相联系的。一国的经济发展水平是该国人民生活水平、食物构成以及健康状况的客观基础。经济发展水平高，人均国民收入也就相对高，人们的食物构成较合理、营养较充足，从而使反映人口身体素质状况的各种指标，如平均预期寿命、健康率、平均智力商数等都向好的方向发展。相反，经济发展水平低，人均国民收入也就相对较低，食物构成不合理，营养不足，从而使反映人口身体素质状况的各种指标低下。

其次，与人口身体素质一样社会经济发展水平直接影响着人口的科学文化素质。社会经济发展水平越高，人的科学文化素质越高；反之，则相对较低。据估计，人类全部知识的一半是最近 15 年获得的。如果把 1750 年人类的知识量作为 1，那么，到 1900 年便增加到 2，1950 年增加到 4，1960 年增加到 8；20 世纪 70 年代，是每五年增加一倍，到 80 年代每三年或更短的时间增加一倍。这种趋势随着人类经济发展水平的提高必将继续保持下去。[①] 由此可见，人类知识量的倍增时间是随着社会经济的发展而不断缩短的，这充分体现了社会经济的发展对人口科学文化素质的影响和制约。

四、提高区域人口质量的途径

在知识经济时代，拥有知识、信息、技术的人成为知识经济的先决条件。人口质量是区域经济发展的重要源泉，是影响区域综合竞争力的首要因素，提高人口质量不仅有利于区域经济和社会发展，对个人自身也有着重要的意义。但是，提高人口质量是一项十分重要的战略任务，这项任务涉及众多部门，由于其效果并不是很快就能表现出来的，所以容易被忽视，以致不能奏效。为此，要重点从以下几方面长期、细致地做好这项工作。

1. 大力发展区域经济，为提高人口质量创造物质条件

一个国家或地区的经济发展状况，是提高人口素质的物质条件。要提高人口素质，必须大力发展区域经济，以创造良好的物质条件。

第一，提高人口身体素质，需要有一定的物质条件。人们的食、衣、住、行水平的高低和医疗保健事业的发展状况，直接关系人口的身体素质。食物的数量充足、构成科学、营养丰富，能使人身强力壮、健康聪明。反之，则会使人营养缺乏、体弱多病、智力缺损。提高人口的身体素质，需要有丰富的食物和良好的营养，要有充足的先进的医疗卫生设施，还要有增进人体身心健康的各种文化、体育娱乐场所，并不断改善人们的生活条件及居住和工作环境。这就需要发展经济，创造更多的社会财富。

第二，提高人口科学文化素质，需要创造物质条件。随着人脑的智力的物质基础不断扩大，对物质条件的需要在不断增加，这样又促进了人类知识的加速增长。由此可见，要提高人口的文化素质，就需要创造许多物质条件。发展

---

① 梁自鸣：《人口经济学》，广东高等教育出版社 1989 年版，第 109 页。

教育事业、提高人口的教育水平，也需要有各种物质条件。普及科学文化知识，发展先进的科学技术，提高人口的科学知识水平，更是需要有各种优良的设备条件。

第三，提高人口的思想道德素质，也要有一定的物质基础。人的社会存在决定人的意识。社会经济的发展变化，必将引起人的思想和道德的发展变化。先进的思想和道德，一般来说，总是建立在先进的经济基础之上的。不重视发展经济基础，脱离实际的过高要求，往往不能持久。在一定的经济基础之上，要做好政治思想教育工作，也要有一定的人力、物力和财力。可见，大力发展经济，是提高人口思想道德的物质条件。

2. 普及优生优育及医疗保健

优生学是以人类遗传学和医学遗传学为基础，并运用遗传原理和方法来改善人类遗传素质的一门科学。它是 1883 年由英国博物学家高尔顿提出并建立的。这门学科的本来含义是"生健康的孩子"或"遗传健康"。利用优生学的原理和方法，去改善人的遗传素质，就可以生育健康聪明的孩子，从而提高人口质量。

医疗卫生保健服务可以提高目前和未来人口的质量。它所形成的健康不仅可以减轻或消除疾病对人类的侵袭，而且能够维持、恢复甚至增强人力资源的劳动能力，还能提高人类的各种潜力，提高人力资源的生产效率。此外，医疗卫生保健还可以作为教育（下面将讲到）的有益补充，寿命的延长和更加充沛的精神和体力，再加上增加收入的可能性，促使劳动者更多地投资于自身的培训和提高技能。[①]

医疗和卫生保健主要包括由政府提供的卫生服务、由劳动者所在企业提供的医疗保健服务、日常消费中保持身体健康所需的营养、改善对人类健康状况有利的其他各种条件。

3. 大力发展教育事业，提高教育水平

教育包括三个方面：一是由父母进行的作为家庭代际教育的非正规教育，二是由各级教育机构进行的正规教育，三是对劳动年龄人口进行的成人教育。

作为人力资本投资的重要方式，教育直接影响国民经济的可持续发展。发展教育，应从以下几个方面着手：（1）加大教育的投资力度，尽可能地构建覆盖全民的基础教育网络，把公共教育投资的重点放在基础教育之上。（2）加强素

---

① 西奥多·W. 舒尔茨：《论人力资本投资》，北京经济学院出版社 1990 年版，第 229 页。

质教育。（3）改善教育体制。教育体制应根据区域的具体情况，以市场为导向，贴近经济发展和社会需求，从而高效使用教育投资，刺激私人投资教育的积极性。（4）构建多元的教育投入机制，动员家庭、企业和社会力量共同提高人口质量。（5）发挥政府的主导作用。政府对于教育的主导作用不可忽视，私人企业或家庭往往对教育会有不足的投入，国家以税收财政的方式支持教育的普及与发展，在政策上具有鲜明的导向作用。同时，政府还可以运用经济手段借助市场"看不见的手"的作用来调节民间和私人教育供给的方向、规模和结构。

4. 加强思想道德建设

提高人口素质尤其是思想道德素质，必须加强思想和道德教育，搞好精神文明建设特别是思想建设。进行思想道德教育，要按照人的思维发展规律，采取行之有效的生动具体形式，做耐心细致的疏导工作。

5. 引进人才

所谓人才，有三个含义：（1）有才能，具有超过他人的才干和能力。至少在某一方面独具专长，胜过他人。（2）有远见，至少在专长方面有远见卓识，对问题的了解比一般人深入；有较强的分析和判断能力，善于透过现象看本质，善于抓住事物的变化规律和发展趋势。（3）有开拓精神和创新能力。有所发现，有所发明，有所创造，独具一格。由此可见，各种类型的人才不仅有数量表现，而且有质量表现。引进的人才由于自身具有较高的素质，从而可以直接提高引进区域的人口质量。此外，这些高素质的人才还可以对周围的人通过传播其所拥有的知识或技能而直接帮助他们提高自身的素质，从而最终提高区域整体人口的素质。

第四节　区域人口结构分析

"人口结构，又称人口构成，是人口学的一个重要范畴。"[①] 所谓人口结构是指依据人口所具有的各种不同的自然、社会、经济等特征或属性，把人口分成的各组成部分所占比重及其相互关系。依据自然特征，人口结构主要有男女

---

① 刘铮、李竞争：《人口理论教程》，中国人民大学出版社 1985 年版，第 149—150 页。

性别结构和年龄结构；依据社会经济特征，人口结构包括产业结构、职业结构、文化结构、民族结构、宗教信仰结构等；依据地域特征，人口结构包括自然地域结构、行政区域结构和城乡结构等。本节主要选择几种对区域经济和社会发展有重要影响的几种结构进行分析和探讨。

分析人口结构具有重大社会经济意义，主要体现在以下几个方面：其一，人口结构可以作为评价区域经济社会发达程度以及是否能实现可持续发展的工具性指标。其二，人口结构与人口数量和质量是一个不可分割的整体，人口结构可以影响人口再生产模式，从而对人类经济社会发展前景产生影响。其三，能动地调整人口结构，通过人口系统因素的变化影响社会系统、经济系统，从而对资源环境系统产生影响，可以确保人类经济社会向可持续发展方向迈进。

一、人口的自然结构

（一）人口的性别结构

人口性别结构大致可以分为四种类型：（1）性别比基本平衡，但男性略高于女性。主要是那些年龄结构轻并且人口再生产呈增长型的区域。（2）性别比基本平衡，但男性略少于女性。主要是年龄结构老化的发达区域。（3）性别比例失调，男性人口远少于女性人口。主要是受战争和移民等重要社会变迁影响的区域。（4）性别比例失调，男性人口远多于女性。主要是自然增长率高，并且重男轻女，流行溺女婴风俗的区域，如印度、利比亚等国家。

影响人口性别结构的因素是多方面的，主要有生物学因素（人的自然属性）、社会经济因素（人的社会属性）、文化因素和政治因素。人口性别结构是这些因素综合作用的结果，同时与他们形成互动关系，相互影响，相互作用。

第一，生物学因素对人口性别结构的影响首先决定了受胎和出生人口的性别原始差别，即出生婴儿性别比，而出生婴儿性别比状况构成了各年龄段人口性别比的基础，决定着一个区域总体的人口性别结构。其次，生物因素使得女性基因具有比男性基因更强的抵抗疾病侵袭的能力，致使人口死亡率产生两性差异，女性死亡率低于同龄男性，从而造成人口性别比的变化，影响人口的性别结构。

第二，社会经济因素对人口性别结构起着制约性作用。首先，人口迁移对性别的选择性，会使区域人口性别构成发生变化。比如，劳动力的跨区域迁移同经济建设所需劳动力相联系时，则人口迁移多以男性为主，这就会在一定程度上导致迁入区人口性别比例偏高，而迁出区人口性别比例偏低。如果劳动力市场大规模需要服务行业人员的话，这时迁移多以女性为主，这又使迁入区性别比例下降，而迁出区性别比例上升。另外由于有些经济部门中，如重工业、林业、建筑业等，男性劳动者要多于女性劳动者，所以，在一些新开发地区、林业和重工业占很大优势的地区，经济活动人口的性别比例往往偏高。相反，在纺织、手工艺制品等行业中，妇女劳动者人数比例又比较大，使得这些行业集中的地区人口性别比例往往偏低。其次，社会经济因素通过一定的经济发展条件如医疗条件、医疗供应和社会保障制度以及一些社会意识形态对人口的性别结构发生影响。经济发达的区域人口的性别比例较低，而不发达区域则由于医疗设施条件落后和生活水平低下，同时社会保障制度不健全，加上教育水平落后所导致的对女婴的歧视，以及一些重男轻女的社会意识等等，都造成了其人口性别结构中男性多于女性，性别比较高。

第三，文化因素对人口性别结构的影响主要是通过人们的性别价值观和生育观来实现的。不同区域形成的不同文化，形成人们不同的性别价值观和生育观。

第四，政治因素对人口性别的影响主要有两方面：一是社会的平等状况。那些女性处于从属地位的区域，由于女性难以享受到平等的医疗、社会保障和生存权利，死亡率高于男性，区域的性别比例较高。二是战争。大规模的战争往往会带来大量男性人口的死亡，从而导致人口的性别比例偏高。

性别比例过高或过低所造成的性别结构失调将会导致一系列社会经济问题，如使孩子成长环境异常，从而不利于孩子形成健全的性格和习惯；造成劳动力市场供给失衡；造成婚姻积压现象；使单亲家庭增加、离婚率上升等，这些不仅会使人口本身的正常发展受到影响，还会影响社会安定和经济生活的效率。如果人口的性别结构与年龄结构的失调同时发生，将会进一步加剧对经济的不良影响。因此，我们必须从社会、经济、文化等导致人口性别结构失衡的本源出发，从制度建设治本、政策措施治标两方面来引导和重塑人们的生育观，从而解决和治理人口结构的失衡问题。

（二）人口的年龄结构

人口年龄结构是指各年龄或年龄组人口在全体人口中所占的比重，通常用百分比来表示。可以用1岁、5岁或其他特定的年龄分组来表示人口的年龄结构。以1岁作为年龄组距，分别计算各年龄组人口的年龄结构，是最基本的分组，而且该方法对人口数量统计有重要意义。以5岁作为年龄组距，按0—4

岁，5—9岁，10—14岁……依次来划分人口年龄组，计算人口年龄结构，这种计算方法可以清晰地显示出人口年龄结构的总体格局和变化。根据实际需要，单独从总人口中划分出特定的年龄组来分析人口年龄结构的方法可以看出人口结构的许多特征。

人口年龄结构是人口结构中的基本结构之一，有年轻型、成年型和老年型三种类型。研究人口年龄结构时，人们常把人口的年龄结构和性别结构综合起来使用，称为性别年龄结构，并用人口年龄金字塔直观反映人口的性别、年龄结构和未来发展趋势，如图2-1所示。

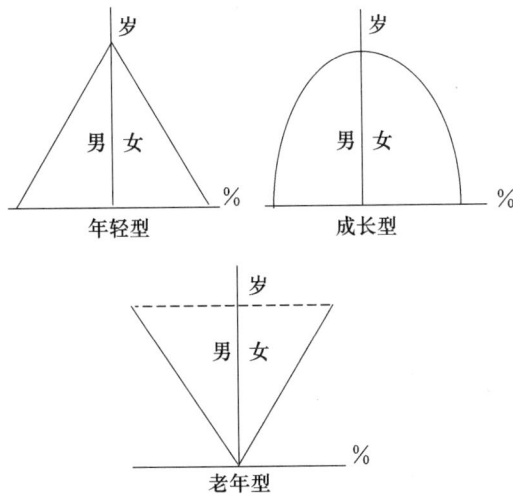

图 2-1 人口年龄金字塔与人口年龄结构类型

在图2-1中，横轴表示男性和女性人口比例，纵轴表示年龄或年龄段，分别表示了三种典型的人口年龄结构类型，其中上窄下宽的三角形，意味着少年儿童人口比较大，人口结构为年轻型，其人口未来发展趋势是稳定地增加。上下相当，但顶端较尖的塔形，说明各年龄组人数差别不大，但高龄人口急剧减少，人口结构为成年型，人口的发展趋势也较稳定。上宽下窄的倒三角形，意味着中老年人口比重大，人口结构为老年型，人口未来发展有收缩趋势。

影响人口年龄结构的因素主要是出生率、死亡率和人口迁移。

对于特定的封闭区域而言，出生率和死亡率的不同结合必然导致其不同的人口年龄结构：出生率高而死亡率低，必然使区域总体人口中少年儿童所占比重较大，中老年人所占比重较小，人口结构年轻化。这种情形多出现在经济落后或者正处于起飞阶段的区域。现代死亡控制技术的引进使得这些区域的死亡率大幅度下降，而出生率却由于没有得到有效控制，继续保持很高的水平。出生率低而死亡率也低则会导致老年人口在总体人口中的比重较大，人口结构老年化。这种情况多发生在经济发展程度较高的区域，如美国、瑞士等国家。

人口系统的开放性，决定了人口的迁移和流动的必然性。人口迁移和流动对人口年龄结构的影响，是由于不同年龄人口的迁移率不同而造成的。由于人口迁移和流动的年龄明显集中于 15—35 岁年龄区间，以青年人为主，所以对迁出区域而言，其青年人口的比重必然有所降低，而迁入区域则刚好相反，典型的例子就是我国目前农村劳动力向城市的大批流动，使得农村地区青壮年比重严重下降的事实。而且，这种迁移还会对迁出和迁入区域的生育状况产生影响，使迁入区域参与生育的人数增多，迁出区域参与生育的人数减少。由此可见，迁移会使迁出地的人口年龄结构变老，使迁入地的人口年龄结构变轻，影响的程度视迁移量大小而定。

人口年龄结构对区域经济社会发展的影响主要表现在以下几个方面：

第一，人口年龄结构通过抚养指数即被抚养人口同区域劳动年龄人口的比例对区域社会经济产生影响。劳动适龄人口承担社会生产劳动所创造的劳动，除了养活自身以外，还要扶养老人和少年儿童，这就要求劳动人口和被抚养的人口之间必须有一个适当的比例，即抚养指数必须与区域社会经济发展相适应。抚养指数过高，生产者和消费者的数量相差悬殊，不仅会降低人们的生活水平，还会使扩大再生产难以实现。

第二，不同的人口年龄结构形成不同的社会需求，从而对区域社会经济产生影响。不同的年龄结构对社会文化教育设施、医疗卫生和社会保障、物质消费结构等的需求不同。

（三）区域人口老龄化

区域人口老龄化是人口年龄结构的一种变化，是指在区域人口总体中老年人数不断增多和比重不断上升的现象与过程。按照联合国的标准，65 岁及其以上人口比例达到 7% 以上，60 岁及其以上人口比例达到 10% 以上，便属于人口老龄化的范围。

一般来说，人口老龄化主要是由于生育率下降导致老年人口比重上升或死亡率下降和人口存活年龄延长导致老年人口比重增加所造成的。人口老龄化不是老年人口绝对数量的增加，而是老年人口相对于少年儿童比重的增加，是人口年龄结构的相对变化。人口老龄化是现代社会人口转变的必然结果，意味着个体衰老的比例增加，正日益受到社会和学术界的重视。

人口老龄化会产生一系列经济社会问题，如提高了抚养指数，加重了家庭、企业和社会的负担，使保险金给付、医疗保健等公共支出上升，社会的投资结构和消费结构发生变化，社会生产性资本减少，从而在某种程度上降低未来的经济增长率，影响区域竞争力；使劳动参与率下降和劳动力供给不足，引发新的老年贫困人口的出现；等等。如何减轻老龄化速度，从而缓解老龄化对老年人自身生活和社会经济的影响，是一个迫切需要解决的问题。对此，首先我们应当看到人口老龄化是社会经济发展到一定阶段人口再生产模式发生转变的必然产物，是必须经历的人口过程，我们应当采取积极的态度，迎接或做好迎接老龄化社会的挑战。其次，由于人口老龄化是人口年龄结构的相对变化，只要增加新生人口数，老龄化现象就会缓解，因此可以用鼓励生育的办法来减轻人口老龄化的威胁。此外，建立可持续运转的社会养老保障机制、适当调高退休年龄也能减轻人口老龄化的威胁。

二、人口的产业结构

（一）人口产业结构的分类

人口产业结构是指在区域国民经济各部门和各行业人口的就业（或在业）人口之间的比例关系及其相互关系。对人口产业结构的分类我们在这里主要采用三次产业分类法。国际上一般将经济活动中的农业（包括林、牧、渔业）部门划分为第一产业；将采掘业部门，加工工业部门，电力、煤气和供水部门及建筑业部门称为第二产业；将商业和服务业部门、交通运输业和邮电业部门、金融保险业部门、公共和社会服务部门称为第三产业，用以研究各部门经济发展速度、人口就业状况及其对人口产业结构的影响。

（二）人口产业结构类型

从区域角度看，随着第一产业经济活动人口向第二产业和第三产业转移，便会形成与之相对应的人口产业结构类型，即传统型、发展型和现代型三种人口产业结构，见表2-1。

表 2-1　人口产业结构类型和经济活动人口在各产业中的人口比重

	第一产业	第二产业	第三产业
传统型人口产业结构	50％以上	25％左右	25％以下
发展型人口产业结构	16％—49％	26％—40％	26％—49％
现代型人口产业结构	15％以下	35％左右	50％以上

传统型人口产业结构是指经济活动人口在三个产业中的比重按照第一产业、第二产业、第三产业的顺序依次降低的结构类型。在这一类区域和社会中，农业是基础部门和主导部门，手工业、商业和运输业还很幼小，只是作为第一产业的附庸而存在。这种产业结构是自然经济的产业结构，商品经济不发达，地区间经济联系很少，组织的有序程度很低，内耗极大，所以长期停留在原始落后状态，发展缓慢。

发展型人口产业结构是指第二产业经济活动人口比重高于第一产业和第三产业的结构类型。这种产业结构根据第一产业和第二产业经济活动人口比重的高低又可以分为两种：工业化前期产业结构和工业化后期产业结构。其中，工业化前期产业结构类型是指第一产业经济活动人口比重高于第三产业。这种产业结构表明区域已经脱离了传统社会，开始了工业化进程。具体表现为：第二产业迅速增长，而且在地域上不断集中，农业仍处于落后状态且增长缓慢，最后第二产业就业人数超过第一产业。由于第二产业是一个社会化的庞大的物质生产部门，它的发展必然要求第三产业与之相适应，特别是要求商业、运输业、金融保险业的迅速发展。因此，从第一产业中解脱出来的劳动力除进入第二产业外，还大量进入第三产业，最终出现第三产业经济活动人口比重高于第一产业，形成工业化后期产业结构。

现代型人口产业结构是指经济活动人口比重按照第三产业、第二产业、第一产业的次序依次降低的结构类型。这种类型是后工业化社会的典型模式，它表明区域工业化已经完成或基本完成。在这一时期，第二产业生产量增加不再以要求相应的追加劳动力为前提，甚至还从传统的夕阳产业中排挤出多余的劳动力，而新兴的高技术产业又不能将其全部吸收。而且，农业劳动生产率提高也进一步解脱出劳动力。这些多余的劳动力多数为第三产业所吸收，使其超过第二产业而成为最大的就业部门。

（三）人口产业结构的影响因素

影响区域人口产业结构的主要因素有：

第一，区域经济和科学技术的发展水平。科学技术进步及其成果的应用程度在调整经济活动人口在各产业部门间的重新分布中起着极其重要的作用。一方面，科技进步可以提高各行业的劳动生产率，促进人口三次产业结构的发展与演进。另一方面，生产技术结构的进步与变化还会直接引起人口部门结构的相应变动。科学技术的发展导致新工艺、新技术的出现，会产生新的产业部门，同时使原有技术、工艺的产业部门衰退；科学技术在各部门应用程度的不同，使得各部门发展速度不同，普遍采用新技术的部门，劳动生产率高，需要的经济活动人口数量少，否则，就相反，因此也会带动经济活动人口的流动。

第二，消费结构和消费水平。生产决定消费，同时，消费对生产也有反作用。生产的终极目的就是为了消费。社会消费的新倾向、偏好和发展趋势等社会消费结构变化，是投资方向、产业结构调整和经济活动人口流向的重要指示器，从而对能满足社会总体消费需求结构要求的新的人口产业结构的形成具有重要作用。消费结构比例直接影响消费资料产业部门的发展，并间接影响给消费资料产业提供生产资料的产业部门的发展。消费水平的高低决定了饮食费用所占比重的大小，饮食所占比重越小，文化、娱乐等方面的支出比重越大，第三产业越发达，从而也能带动人口在产业的流动。区域之间的经济联系等经济因素都会影响产业结构产生变化，带动人口在各个部门和行业间变动。

第三，区域经济发展政策和产业政策、资源区际配置机制和区域经济管理体制等政策体制因素也可以调整人口的产业和职业结构。在技术构成一定的情况下，经济政策提倡和扶持什么产业，什么产业占用的经济活动人口比重就会大些，反之就会小些。例如，我国经济发展过程中实施的产业结构优化升级政策，就是要提高服务业比重，加快先进制造业的发展，从而使第三产业从业人数比重增大。

除上述因素之外，区域的自然资源、地理环境因素、历史文化背景、政治法律环境与发展机遇等也会不同程度地影响着人口的产业结构。如科威特因受自然条件的限制，其第一产业规模很小，从业人口比重也低。而我国的香港则由于占据了有利的地理位置，商贸、金融保险、转口运输等服务业高度发达，使其第三产业从业人口比重很大。

三、人口的城乡结构

（一）城乡结构概念

人口的城乡结构是指区域人口总体中城市人口和农村人口所占的比例关系，一般以城市化水平作为衡量人口城乡结构的指标。所谓城市化就是乡村人口不断转变为城市人口的过程，它表现为人口向城市的集中、城市数量的增加、规模的扩大以及城市现代化水平的提高，是社会经济结构发生根本性变革并获得巨大发展空间的体现。

（二）影响城乡结构的因素

由于一些经济和社会因素，人们到城市居住或者谋求职业。而农村经济的发展使大批农村劳动力从农业中游离出来，当工业发展起来时，农村人口大批移居城市，转向非农生产，这些因素一定程度上推动了人口的城市化进程，也因此改变了城乡结构。

第一，农村方面的因素。农业技术的进步、生产的专业化、机器设备在农业生产中的广泛使用，充分发挥了农业生产条件和生产经营者的技能，使农业劳动生产率得到大幅度提高。较少的农业劳动人口就可以生产出较多的农产品，满足社会需要，从而为农业和农村人口向城市转移创造了前提条件——农村存在着大量剩余劳动力，当然也有相当一部分人是为了追求高收入而到城市就业，这些都是促使人们由农村向城市迁移的"推力"，正是在这些推力的作用下，城市人口比例增加，而农村人口比例减少，使城乡结构发生变化。

第二，城市方面的因素。城市工业、商业以及服务业等的迅速发展产生了对劳动力的大量需求，提供了很多的就业机会。城市交通运输、通信以及文化设施比较完善，科学技术比较发达，受教育机会高于农村。城市经济发展水平高于农村，收入也比农村要高，且生活丰富多样，生活质量好等这些因素都会对农村人口产生"拉力"，加快城市化进程。同时，城市发展过程中所出现的诸如交通拥挤、环境污染、失业人口多等"城市病"则对城市化进程起到一些消极作用。

第三，城乡关系。城乡市场尤其是城乡劳动力市场的发育和联系以及城乡关系政策也会影响城乡结构。逐步统一城乡劳动力市场是农业人口转化为工业人口、农村人口转化为城市人口的中间环节，而随着经济的发展和农业劳动的转移，政府是否采取开放的城乡人口自由转移的政策：如消除城乡之间在住房、就业、社保、教育、医疗、税收、财政和金融等方面不公平与二元化的政策和制度，实现政策的统一和制度的公平；进一步深化户籍制度改革，完善流动人口管理，引导农村富余劳动力平稳有序的转移；在统一城乡劳动力市场的过程中，加强引导和管理，形成城乡劳动者平等就业的制度等同样是影响人口转移的关键。

（三）城乡结构对区域经济社会发展的影响

合理的城乡结构将会促进经济发展。这种城乡结构是在农业生产效率不断提高的基础上，在城市工业、服务业等产业的集聚发展等拉力因素作用下，逐步向城市转移农村剩余劳动力，使城市规模扩大、城市数量增加，形成内部结构合理、功能完善、分工协调的城市体系，不仅优化第一产业结构，促进农业的规模经营，提高农产品的商品化程度，而且还通过城市聚集效益、规模效益、分工效益等促进第二、三产业的发展，使城市化进程也与经济发展相协调，互相促进，实现城乡良性互动。

不合理的城乡结构，一是由于劳动力不能自由流动，大量的农村剩余劳动力人口没有出路，城市化滞后于工业化，城市的集聚效益和规模效益得不到很好的发挥，所引发的农业副业化、工业分散化等"农村病"造成的；二是由于大量的农村人口盲目向城市迁移，却并没有伴随着城市产业结构的转变，城市化发展水平超过工业化发展水平所引发的城市失业严重、交通拥挤、城乡差别扩大等"城市病"造成的。它不仅使工业化和城市化的推进不能适应农业和农村发展的需要，严重影响工业和城市对农业和农村发展的辐射与带动作用，进而制约农业和农村发展，而且还会由于企业和资本流动性的缺乏，农民收入下降、需求不足，使城市市场饱和与工业生产相对过剩的矛盾更加突出，影响产业结构的优化升级，阻碍工业化的进一步推进。此外，城乡二元结构还会造成城乡间资本流动性的差异，居民收入水平与消费水平等城乡差距不断拉大，长此以往，社会就难以实现文明进步，社会稳定也会受到影响。

第五节　区域人口的分布分析

一、人口分布的内涵

人口地理学对人口分布概念的理解，一般有广义和狭义之分。狭义的人口分布仅指人口数量的空间分布及其地域差异；广义的人口分布是指人口发展过程在地理空间中的表现形式，不仅指人口数量在空间的分布状况，还包括其他人口现象如人口结构、人口质量等在空间的聚集和扩散，即人口的再生产、人口的素质、人口的自然结构、人口的社会经济结构、人口的城乡结构、人口的迁移活动等等方面的空间表现形式及其历史变动统统囊括在广义的人口分布的概念中。在这里我们研究的主要是狭义的人口分布。

人口分布有动态分布和静态分布两种表现形式：动态人口分布是指一定地域、某一时间序列的人口分布状况；静态人口分布是指一定地域、一定时点的人口分布状况。

人口分布具有下列特性[①]：

第一，不均匀性。人口分布主要受自然资源、环境、经济、社会等多种因素的制约，由于不同地区之间自然条件和经济发展水平等因素存在着明显差异，所以人口在区域内的分布也相应呈不均匀分布状态。不均匀性是区域人口分布的一个最基本的属性。

第二，稳定性。人口分布的稳定性是指相对于社会经济的发展变动而言，人口分布的变化十分缓慢，甚至可以说，在一定意义上具有某种惰性。它是人口分布能够得以维系现状、保持现状连续性的重要原因。

第三，均衡变动性。人口分布虽然变化极为缓慢，具有很大的稳定性，但这并不意味着它不发生变化。事实上，人口分布总是要随着其影响因素、尤其是社会经济发展水平及其地区差异的变动而变动，而且在总的趋势上又总是沿均衡化方向变动。这种均衡化变动包括两个方面：一是相对于土地面积的均衡

---

① 王桂新：《中国人口分布与区域经济发展》，华东师范大学出版社 1997 年版，第 13—14 页。

化变动，亦即自然均衡化变动；二是相对于广义生活水平的均衡化变动，亦即经济均衡化变动。随着科技进步和社会经济的发展，人们利用自然、改造自然的能力不断提高，人口分布的范围不断扩大，因此人口分布的变动将相应趋向自然均衡化；如果区域间经济收入和生活水平的差异很大，人口迁移等平衡作用就会使这种差异不断缩小，即就会发生使这种经济收入和生活水平差异不断缩小、逐步趋近的人口分布的经济均衡化变动。现实人口分布的变动，就是这样表现为自然均衡和经济均衡之间的不断变动。

不均匀性、稳定性和均衡变动性是人口分布的三个基本属性。不均匀性是"静态"人口分布的基本属性；稳定性是"动态"人口分布保持现状连续性的基本属性；均衡变动性则是反映人口分布变动之自然取向和根本趋势的基本属性。

区域系统分析中对人口分布的分析，主要是对影响人口分布的原因，人口分布与区域发展的关系等的分析。

二、影响人口分布的因素

（一）自然因素

自然因素对人口分布的影响是自然环境和自然环境对人口分布的影响两部分，它是人类赖以生存和发展的基础，对人口分布起着非常重要的作用。

自然环境主要是通过为人类提供精神上的享受和满足，提高人类的生活质量，增强人类的健康来对人口分布施加影响。在其他条件相同的前提下，人们总是倾向于选择自然环境状况好的区域生活或工作，而远离自然环境状况较差的区域，而且良好的自然环境状况比恶劣的自然环境状况更适合人口的发展，因此，就会使自然环境状况好的区域人口分布较密集，而自然环境较差的区域人口分布较稀疏。但是，自然环境对人口分布的上述影响在很大程度上还是受制于区域经济发展水平。经济发展水平越高的区域，即使其环境质量低于另一经济发展水平很低的区域，人们多数还是会受经济人假设的影响而倾向于选择经济发展水平高的区域，除非该区域环境状况会明显对人体健康产生威胁。这也就是经济高度发展区域为何较经济发展落后区域人口分布密集的原因，尽管有时候前者环境质量远不如后者。

（二）社会经济因素

区域经济发展对人口分布的影响主要体现在以下两方面：

第一，区域经济发展水平决定该区域的人口密度和人口容量。首先，经济发展水平不同决定了生产活跃程度的不同。经济发展水平较高的区域，一般也是生产活动较为活跃的区域，其所能提供的就业机会就多，对劳动力的吸引力也就越大，该区域人口容量较大，人口密度也就越高。如日本、中国的深圳和上海等。其次，经济发展水平不同，意味着区域产业部门结构的不同（因为区域经济发展水平是产业结构转化机制的外在综合映像），而不同的产业部门结构对人口密度有很大的影响。大凡第一产业部门占主导地位的区域，人口分布相对稀疏和均匀；而第二、第三产业部门占主导地位的区域，人口分布则多是较为密集的状况。再次，经济发展水平不同会形成区域间居民生活水平和工资福利的差别，而这两者对人口的吸引和排斥作用很明显，使得人口往往从生活水平低和工资福利差的区域向生活水平高和工资福利好的区域转移，从而使前者人口分布变稀疏，后者变密集。最后，经济发展水平不同，也会形成与经济发展相配套的交通运输等基础设施的不同，使得人口向基础设施先进的区域集中，从而使该区域人口变得密集。

第二，生产布局在地域上的延伸和扩大，新的经济区域的开拓，可以决定人口分布的延伸和扩展，形成新的人口聚集区。如，随着科学技术的进步，很多区域工业的部门结构和地区结构出现新的不平衡，煤炭、冶金、纺织等老工业部门及与此有关的工业区出现了明显的衰退和停滞，以致居民不得不迁往其他区域，与此同时，一些新兴的工业区人口却大量增长。再如，在荒凉的地区发现了新的矿产、能源等，随着对这些资源的开发，必然在该地区形成人口密集的居民点。

当前的人口分布状况是过去历史时期长期演变的结果，即人口分布有其历史继承性。正常情况下，在一个连续的时间内，人口密度状况、分布状况等均作一定幅度的递变，由过去和现在的人口分布状况可以预测将来。但是人口分布状况还有突变性，正常的人口分布历程常常受到战争、灾荒、重大经济政策和人口政策等社会因素的影响和干扰。

三、人口分布与区域发展

（一）人口分布与生态环境

人口本身具有社会属性，社会属性使人口对自然资源的消耗不同于一般的动物。通过社会经济活动，人类不仅极大地扩展了利用自然资源的范围和程度，而且也极大地改变了资源利用的深度和广度。

不同的社会经济发展阶段，人口分布对自然资源的影响不同。在生产力水平较低时期，人口分布一般是以资源分布为导向的，自然资源丰富、自然环境好的区域有利于发展生产，人口的承载力高，人口分布密度也较大。但是由于生产力水平低下，这一时期，人口的空间分布一般是比较稀疏的，人口分布密度与区域资源环境的承载能力基本上是吻合的。随着生产力的发展，区域经济发展水平对人口分布的牵引作用越来越大，那些经济发展水平高的区域，其优越的居民生活水平和工资福利等，吸引大批人口迁入，导致本区域人口分布密度变大，使得区域人口分布密度与资源环境的承载能力开始发生错位，集中表现为区域内人均资源拥有量的明显减少。此时，人口分布对不能或很难在区域间进行调解的可再生资源，如土地资源、淡水资源等的压力会明显突出（由于不可再生资源一般比较容易在区域间进行调解，因此人口分布对其压力不显著），体现在可再生资源耗竭速率的加快，甚至造成对资源的破坏。

区域人口分布与区域资源环境的承载能力的错位表现为区域人口分布的数量或者低于区域资源环境的承载能力，或者高于区域资源环境的承载能力。但是，这种错位在更多的情况下表现为人口分布数量高于资源环境的承载能力。[①] 当区域人口分布数量在其资源环境的承载力之内时，人口和环境之间会形成一种良性循环，相互促进。反之，当区域内人口分布数量高于其资源环境的承载能力时，便会对环境造成破坏或污染，这种情况在生态脆弱地区和工业发达地区尤为显著。对生态脆弱地区而言，其人口的承载能力远远低于平原和丘陵地区，人口分布过密的直接后果就是环境遭受破坏；对工业发达地区，其原本向环境排放的污染物就多于非工业地区，若人口分布过密，生活污染物的产生量和排放量就会随之增加，对环境污染会起到一种叠加作用，使环境污染更加严重。而且，随着人们生活水平的提高，消费水平随之提高，生活废弃物排放量增加，这种叠加作用还会加强，使环境污染更加严重。

（二）人口分布与社会经济发展[②]

人口在地理空间的聚集，是社会经济系统内部分工协作的规模经济效应和外部人、财、物流动与环境干扰影响引起人口—经济系统自组织生成催化的结果。在生产力水平较低时期，以平面垦殖为主体的小农经济时代和自然经济基础，决定了人口的空间分布较为稀疏，其对社会经济发展的影响也并不明显。

---

① 蒋志学：《人口与可持续发展》，中国环境科学出版社 2000 年版，第 131—133 页。
② 毛志锋：《适度人口与控制》，陕西人民出版社 1995 年版，第 266—271 页。

随着生产力的发展，区域经济发展水平对人口分布的牵引作用越来越大，以人力资源为先导的人口分布密度逐步地持续加大。于是，以工业据点、交通信息枢纽、文化政治中心为基础或特色的城市网络滋生、形成和发展。城市网络的形成和发展，一方面使人力资本同相应规模的资本资源和技术水平紧密结合，既产生不同规模的经济输出，又因专业化、区域化、社会化分工合作带来规模效应和效益，从而加速了经济发展；另一方面，充裕的社会物质财富和剩余产品，即可容纳较多的人口，促使人口的增长和乡村人口向城市聚集，又因消费需求动力，大大刺激经济发展和其他满足人口生活消费与生命力培养的各项事业的发展。简言之，人口在空间的聚集效应显著地推动了经济发展，继而促进交通、信息传导、文化教育事业的发展，同时亦促使人口的扩大再生产，加剧人口的聚集。但是，需要注意的是，人口分布具有一定的惯性，不会在短期内随经济发展水平的变化而变化，往往会明显落后于生产力的发展和生产布局的改变。所以，一些国家和地区的人口密度大小并不与经济发展水平的高低成正比。

一定地域空间上的人口分布密度达到一定程度，就会产生扩散趋势。这是因为：①社会、经济和自然环境氛围条件综合集成的人口容载极限迫使人口在聚集到一定程度时必须进行空间扩散；②经济发展的内涵要求实行资本、技术的集约生产。特定地域的人口在向空间进行扩散时，依据资源和资本规模，重新聚纳生产人口和消费人口，逐步形成不同等级的经济发展中心。

第三章 区域资源系统分析

区域资源系统分析的对象主要是资源的开发利用、配置和评价，及其与区域经济发展的关系。对区域资源系统进行分析有利于明确区域资源禀赋的现状和配置能力，有利于合理配置资源和提高资源开发利用效率，并最终为区域资源管理和规划提供决策依据。

第一节 对自然资源系统的再认识

一、自然资源系统的内涵

（一）自然资源和自然资源系统的含义

自然资源作为被人类利用的自然物质要素，通常包括各种矿产资源、土地资源、生物资源、水资源、气候资源等。联合国环境规划署将自然资源定义为：在一定的时间、地点条件下，能够产生经济价值，以提高人类当前和未来福利的自然环境因素和条件。资源是由人所发现的有用途和有价值的物质，有量、质、时间和空间等多种属性。由以上定义可以看出，资源是一个动态概念，人类社会生产力水平、信息、技术和相对稀缺性的变化都能把那些在以前不能为人类利用或没有价值的物质转化为宝贵的自然资源。[1]

对自然资源的分类，目前尚不统一。从不同的角度，根据不同的目的可将自然资源划分为不同的类型。如根据自然资源的形成条件、组合情况以及与其

---

[1] 阿兰·兰德尔：《资源经济学》，商务印书馆 1989 年版，第 12—13 页。

他要素的关系，可将其分为矿产资源、气候资源、水利资源、土地资源、生物资源。根据自然资源的国民经济用途可将其划分为农业资源、工业资源、服务业资源；根据自然资源供给和需求之间的关系，可将其划分为恒定性资源、可再生资源和不可再生资源三类。最后一类的划分从自然资源的可持续利用的角度出发，为人们合理利用和保护自然资源提供了依据，具有非常重要的经济学意义。

1. 恒定性自然资源

可再生的自然资源也叫无限的自然资源或不枯竭的自然资源。如太阳能、风能、潮汐能、地表径流、大气、气候、地热与温泉等，是由宇宙因素或星球间的作用力在地球的形成和运动中形成的。

2. 可再生性自然资源

可再生性自然资源主要是一些在自然条件下可以通过繁殖、生长实现自我更替的生物资源和其他一些具有自我更新特点的非生物资源，如森林、草原、土壤等。

3. 不可再生性自然资源

不可再生性资源本身没有自我循环生长能力，由随着人类的利用而日渐消耗减少的自然资源组成，循环回收，重新利用，如矿产资源中的金属矿、核燃料、化石燃料等。

自然资源系统是一定地域、空间上相互联系、相互制约着的自然资源要素所组成的有机集合体。自然资源系统是一个开放的复杂巨系统，具有很多种类的子系统并有层次结构，各子系统间的关联关系很复杂，整个系统及各个子系统是开放的。组成全球资源系统的岩石、土壤、空气、水和有机界等诸要素，作为统一整体寓于地球各个圈层之中。每一要素并不是彼此孤立、静止地存在着，而是在发展变化着，且相互渗透、相互影响和相互制约，同处于复杂的自然界中。岩石圈、水圈、大气圈和生物圈等是资源系统的载体或组分，各圈层相互连接、叠加、耦合，构成统一而不可分割的自然资源系统。

（二）自然资源系统的功能

自然资源系统具有三方面的功能：自生长功能、自组合功能和自恢复功能。所谓自生长功能是指自然资源系统在远离人类的干预和作用下，具有自我生长、自我发展的功能。自然资源系统的自生长功能是显而易见的。

所谓自组合功能是指自然资源在没有人类干预的情况下，其构成要素具有自我组合、形成有机整体的能力。

所谓自恢复功能是指自然资源系统在其他系统或人类的干预下遭到局部破坏时所具有的自我恢复能力。但是其自恢复能力不是无限的，超过了一定的限度，就会适得其反，使其自恢复功能不能得以发挥，反而破坏了自然资源系统，这是我们应当极力避免的。[①]

（三）自然资源系统的特征

自然资源系统具有以下几个基本特征：

1. 系统性

自然资源的系统性是指构成自然资源系统的各子系统之间、各子系统内的各要素之间相互联系、相互制约，构成一个整体系统，任何一个要素发生变化，都会引起一连串的反应，进而影响到整个自然资源系统。同时自然资源系统还与外部条件、环境互相影响，即使是不可再生资源，其存在也受周围条件的影响，特别是当它为人类所利用时，又会对周围的环境产生影响。人类对自然资源的开发与利用，不仅影响着环境，还使自然资源和人之间构成了一个相互关联的大系统即人类—资源系统。自然资源的系统性要求对自然资源必须进行综合研究，把开发、利用自然资源同保护、配置自然资源统一起来，全面开发。

2. 区域性

自然资源的区域性是指资源分布的不平衡，其数量和质量在空间分布上依地理位置、环境不同而存在着明显的区域差异，并有其特殊的分布规律。自然资源的区域性还表现在某些资源的分布可以跨越区域，成为区域间的共享资源。但同时这种区域性差异也是区域经济发展不平衡的主要原因之一，经济发展水平的差异又造成人均资源消耗的差异，进一步加剧资源的区域性差异。

3. 稀缺性

自然资源的稀缺主要是相对于人类需求而言的，是指自然资源的数量供应与人类不断增长的需求存在矛盾，即用经济学的观点看自然资源存在稀缺性。同时，资源稀缺也同样还表现在资源结构的组合上。任何一项生产活动都是多种生产要素的组合，并要求资源结构与之相适应。某种资源短缺而又没有替代资源时，该资源的短缺就会成为限制因素，对其他资源的利用造成不利影响。从供需角度来看，资源稀缺有绝对稀缺和相对稀缺两种。自然资源的总需求超过总供给所造成的稀缺为绝对稀缺；自然资源的总供给尚能满足总需求，但由

---

① 吴宝华、刘庆山、吕锡强：《自然资源经济学》，天津人民出版社 2002 年版，第 34—36 页。

于分布不均而造成的局部稀缺为相对稀缺。在区域的尺度上，资源稀缺并不是全球自然资源达到了极限，而是在很大程度上归咎于全球自然资源分布的不平衡、国际经济秩序的不合理、内部经济—社会体制不相适应、经济发展水平存在差异、分配不公、环境问题以及其他的政治、军事文化等原因。

4. 公共性

自然资源是全社会、全人类共有的财富，原则上不能限制任何人享受其所提供的生态、社会服务，同时任何人对某些资源的享受也不会影响他人的享受。但由于自然资源的有限，当消费不受限制时，最终会导致消费的抗争。

5. 变动性

自然资源系统同世界上的万事万物一样，处于不停的运动和变化中，当然这也是系统本身所具有的特性。区域自然资源是历史发展过程的产物，以后还将处于不断的发展变化中。自然资源系统自身的变化速度很缓慢，具有渐进性，甚至不易被人察觉。但是一旦人类活动对其施加影响，则缓慢的系统变化可能会加速，甚至很激烈。任何事物都具有两面性，人类对自然资源系统施加的影响也不例外，它有正面影响，如退耕还林、研发新品种、建立人工生态系统等；但也有负面影响，如工业废水污染、过度放牧造成草场退化等。因此，对自然资源要根据系统发展变化的规律，对之实施科学的管理，才能使系统向良性循环发展演变。

二、自然资源与区域经济发展

自然资源对区域经济增长的正效应主要表现在五个方面：

（一）自然资源是人类生存繁衍和区域经济增长的物质基础和条件

自然资源是一切劳动资料和劳动对象的第一源泉，是区域生产力的重要组成部分。任何生产活动都需要一定的要素投入，其中的劳动对象既包括了自然界提供的可直接用于生产的自然物如地下矿藏、天然水域中的鱼类等，也包括自然物的加工品如矿产品、原油、棉纱等原材料。生产活动除了需要一定的投入要素外，还需要一定的生产条件如交通运输条件、动力条件等等。而这些基础设施的建设和发展在一定程度上仍依赖自然资源：能源工业要依赖煤炭、石油、水力、天然气、太阳能、风能、地热等；交通运输业主要依赖于土地、河流、海洋等。

（二）自然资源的质量和数量影响区域产业结构调整

区域产业结构首先要受制于区域的自然资源状况。区域内某种自然资源的数量多，利用该自然资源发展生产的规模就有可能大，自然资源的种类多，围绕不同的自然资源进行生产和深度开发的产业群就多。相反，一个区域自然资源的数量越少，对区域生产发展规模的限制也就越大。自然资源质量的好坏影响自然资源开发的难易及开发效益的高低。所以自然资源的质量和数量往往决定着区域产业发展的方向和内容，是选择区域发展模式的依据之一。

（三）自然资源丰裕度会影响区域劳动生产率

劳动生产率，一般以劳动者在单位劳动时间内所生产的产品数量来表示，或是用单位劳动产品所消耗的劳动量来表示。它反映的是人与自然、人与物的关系，是反映人们在生产过程中认识和利用自然界能力的一个综合性指标。劳动生产率的变化取决于自然条件。一般来说，在其他条件相同、自然资源优劣不同的情况下，人们即使花费了等量劳动，劳动生产率也是不同的。许多资源丰裕的国家或地区，其社会劳动生产率往往都比较高，能有利地促进其经济增长。如刘易斯所指出的，在其他因素相等的条件下，人们对丰富资源的利用会比对贫瘠资源的利用更好。

（四）自然资源禀赋影响区域劳动地域分工

无论是人们进行生产投资还是企业进行生产区位的选择，在选择劳动最少而获得产品最多的经济发展方向时，必然要考虑不同地区的自然资源特点，选择自然资源禀赋最好的区位来考虑投资生产经营。自然资源禀赋的差异影响着区域的生产活动，进而影响着区域间的社会劳动分工。

（五）自然资源影响区域经济发展的水平和方向

资源可以促进资源所在区域经济的快速发展，同时加强区域之间的分工合作，提高区域经济的竞争力；资源产业的发展不仅可以扩大自身的发展规模、为企业创造更多的利润或积累自身发展所需资本，而且还可以通过产业关联效应，推动或带动其他关联产业的发展，改变产业结构体系，提高产业结构整体效应，促进资源经济发展。资源经济发展所产生的生产规模扩大、经济效益提高、产业结构改善等会促进整个区域经济的快速健康发展。同时，各地区自然资源禀赋也直接影响着不同地区工业投资的重点和投资的分配比例，并在很大程度上决定了各个地区经济发展的水平和方向。

自然资源虽为经济发展所必需，但却并不是经济发展的必要条件。因为自然资源只是为经济发展提供了某种可能性，这种可能性能否变为现实，以及在多大程度上变为现实，还受许多中间环节制约，诸如开发者的技术素质，管理水平以及资源本身开发利用的难易程度等。历史和现实也向人们昭示了这样一个道理：区域自然资源的丰裕与区域经济发展的程度并无直接的因果关系，也就是说自然资源并不是经济发展的决定因素，在某种程度上，自然资源还会对区域经济增长带来负效应。

第二节　区域资源开发分析

资源是区域经济的重要生产要素。一个区域所拥有的资源种类多少、数量大小和质量优劣，已成为决定其经济实力、发展潜力、人民生活水平的重要因素。而资源开发利用的广度、深度及其合理程度，则反映了该区域生产力的水平和所处的发展阶段。资源短缺和人口剧增、环境恶化构成当今人类面临的三大严重问题。因此，要正确处理资源开发与区域经济发展的关系，必须合理、高效地开发和利用资源，以促进区域经济社会的发展。

一、资源的价值

自然资源具有以下三种价值：

（一）经济价值

自然资源具有经济价值，可用马克思的劳动价值论来说明。按照这一理论，人类的抽象劳动是价值的唯一源泉，价值量的大小由社会必要劳动时间决定。自然资源是天然之物，在一定限度内，可以自然地更新、再生、恢复和增殖，称之为自然再生产。但随着人类活动的强化，自然再生产已不能满足人类的需要，人类必须付出劳动，使它具有社会再生产的性质。因而，自然资源的价值即为其在自然再生产能力之上，人类为维护、恢复、增殖自然再生产所应付出的必要劳动时间。此外，特定地域内的自然资源还可以通过为该地域内人口的生产活动和生活提供物质和原材料，由此产生经济效益，而且该经济效益可以在国民收入账户中直接反映出来。从这个角度来讲，自然资源也具有经济价值。一般来说，自然资源的经济价值被称为"现实价值"。

（二）生态价值

生态价值是潜在的价值，体现的是间接使用价值，这种潜在价值是由自然资源的效用性及稀缺性决定的。自然资源的效用性是指自然资源的使用价值。自然资源的稀缺性包括三方面的内容：一是人类活动使某些自然资源数量减少、枯竭和耗尽；二是自然资源和自然条件的贫化、退化和质变；三是自然资源的生态结构、生态平衡被摧毁和破坏。自然资源的稀缺性决定了其不能无限地提供给人类加以利用。为了实现区域可持续发展，必须在认识自然资源稀缺性的基础上明确其相应的价值。自然资源的有用性和稀缺性使其自身蕴涵着潜在价值，这部分价值起着人与自然的联结作用，我们称之为生态价值。

（三）社会价值

自然资源的社会价值主要包括审美价值和科学价值。自然资源可以为人类提供美好的景观，如能缓解现代城市人群紧张情绪的风景名胜，能提供社会文化利用价值的自然保护区、文物古迹等。这些美好的景观体现了自然资源满足人类精神文化方面的价值。同时，自然的属性及其发展规律也是人类认识的永恒主题。为了满足对物质生活的需要和人类自身的求知欲与好奇心等精神需要，人类从事科学研究、探索自然规律、学习大自然的智慧。因此，自然资源具有永恒的科学研究价值。

自然资源的经济价值、生态价值和社会价值是统一的、不可分割的整体，三者相互联系，相互制约。一种自然资源的总价值可以形式地表示为它的经济价值、生态价值和社会价值之和。

二、资源开发成本与效益分析[①]

（一）资源开发成本

为了使潜在的资源变成现实的可供人们直接利用的资源，或者使资源的横向使用范围扩大，纵向使用范围为加深，必然要对其进行开发。而在资源开发的过程中，人们必然要付出自然资源开发的成本。一般来说，资源开发的成本主要有经济成本、生态成本和社会成本。

经济成本就是在资源开发过程中，开发单位直接或间接投入的诸如人力、物力等经济方面的代价的价值表现，表现为会计成本和机会成本。

---

① 王子平、冯百侠、徐静珍：《资源论》，河北科学技术出版社 2001 年版，第 134—145 页。

生态成本也叫环境成本，是指因资源开发所造成的环境破坏或生态恶化而给社会带来的经济的及社会的损失。

社会成本是指资源开发过程中造成的景观、人类健康等方面的损失，这些损失难以进行计量，通常采用影子工程法来估计。

（二）资源开发效益

资源开发虽然会付出一定的成本，但同样也会获得一定的利益，这也是人类进行任何经济活动的直接目的。资源开发同样会产生经济效益、生态效益和社会效益。

经济效益就是资源开发过程中经济上的产出与投入的比值或差值。比值大于1或差值大于0，资源开发才有经济效益。经济效益是资源开发的直接目的和根本动机。

生态效益是指人们在开发资源时引起生态环境的变化而带来的收益。生态收益有正负之分，对区域来说，开发资源应当追求正的生态效益，尽量减少或者杜绝负的生态效益。

社会效益是指因某种资源的开发而对区域社会产生的积极影响，它同样有正负之分。比如，烟草资源的开发，一方面为国民经济发展做贡献，产生正的社会效益；另一方面又危害人体健康，产生负的社会效益。

对不同区域而言，资源开发的程度不同，其开发的成本和取得的效益也不相同。发展中或落后区域由于科学技术水平有限，对有些资源可能并不能直接进行开发，更不用说投入到实际的社会经济生产中了。即使是对可开发利用的资源，由于其开发利用中存在着不确定性和随意性，资源尤其是可再生资源互相匹配不协调，技术水平低下所导致的资源开发缺乏科学合理性，加上资源价格不够健全，对资源开发利用缺乏系统性的管理，这些因素都会使得以资源为导向的产业发展处于初级层次，使资源的横向使用范围变小，而且纵向使用范围也不深，最终造成资源的大量浪费，这不仅使其开采成本大大高于发达区域，而且还会带来负的生态效益和负的社会效益。同时人们意识中长期存在着自然资源比较优势观点，重视资源开发的经济属性，忽视社会属性，在经济利益的驱使下，对自然资源进行掠夺式开发，这种行为不仅导致自然资源的枯竭和生态环境的破坏，而且还使短期内资源开发所取得的某些经济效益被资源开发中的浪费和破坏所带来的开采成本以及由此带来的其他社会成本的大幅度增加所抵消，资源开发的收益大大低于发达区域。因此在资源开发中，落后区域应树立生态经济理念，依靠科技处理好资源利用和投入的关系，实现产业融合与区域自组织发展，并根据本区域的实际情况，对资源进行深度开发和综合开发，综合考虑各种资源的不同开发特点、不同开发条件以及资源的不同开发用途等各方面的问题，实现投入少、综合利用效率高、社会经济活动中的环境污染少的开发模式，加快区域开发和经济发展。

三、资源合理开发利用的原则

（一）区域经济、社会和生态效益相结合的原则

在资源的开发利用中，应力争以最少的劳动和物化劳动消耗，为全社会提供更多的使用价值，这是进行资源开发利用研究的根本目的。开发利用资源还必须与区域资源的性质相适应，这样才能做到低成本、高收益。各个区域现有的经济基础、交通运输状况、劳动力多少、民族构成等社会经济条件不同，都会影响和限制着区域资源的开发和利用。因此，要立足区域资源的实际状况，选择具有较大潜力的资源进行利用，并不断向开发利用的深度和广度进军，做到既充分利用资源，又取得最大的经济收益。资源的社会效益要求资源开发的重点应是那些社会急需的、影响国计民生的资源。开发资源要把经济、社会和生态效益结合起来，将自然资源利用的当前利益和长远利益结合起来，不能以掠夺自然资源、破坏生态环境、不顾社会效益的做法去单纯追求经济效益，而应该再重视经济效益的同时，兼顾社会效益和生态环境的改善，从而促进区域经济的可持续发展。

（二）因地制宜，合理布局，充分发挥区域资源优势的原则

由于地域分异规律的作用和影响，各个地区所处的地理位置、范围大小、开发利用历史等在空间分布上的不平衡性，使得自然资源分布具有明显的地域差异，不仅不同区域同一种资源在数量和质量上存在差别，而且不同区域的各种资源在自然资源品种组合上也同样存在着差异。这两个方面的差别，都会对自然资源的利用产生重大影响。因此，应按照本区域资源的种类、性质、数量、质量等实际情况，采取最适宜的方向、方式、途径和措施，来开发利用本区域的资源。重点发展与本区域资源优势相适宜的生产部门和产品，以此形成具有区域特色的专业化经济区，充分发挥其对区域经济的发展带动作用。

（三）统筹兼顾、综合开发和综合利用相结合原则

开发利用其中的任何一种自然资源时都不可避免地影响到其他自然资源，产生连锁效应，这种影响有时是积极的，有时是消极的。自然资源的这一生态

特点要求人类在开发利用自然资源时，要充分考虑到资源的生态联系、结构特点、赋存方式和环境条件，不仅要正确处理局部与全局的关系，使局部利益服从全局利益，还要进行综合开发和综合利用，以便使物尽其用，减少资源的浪费，提高经济效益，改善自然环境。特别是在工业污染物中，绝大部分是未能得到充分利用的自然资源，开展综合利用不仅可以防治环境污染，而且还可以变废为宝，化害为利。

（四）开发与保护相结合的原则

自然资源是生产力运行的基础，是人类生存和发展的基础，因此必须合理开发利用区域自然资源，充分发挥自然资源的优势和潜能。另一方面，在开发自然资源的同时，必须有效地保护自然资源，保护自然环境，保持自然界的自身净化能力，从而保持自然界再生资源的再生或更新能力，因为自然资源的开发与再生产能力在客观上必须保持适当的比例，这是不以人的意志为转移的客观规律。如果不按照这个规律办事，过度开发自然资源，就会给经济增长带来困难。

（五）节约利用和高效利用原则

任何区域，在扩大资源的开发规模、开发新的资源为经济建设服务时，都应注意节约使用现有资源，提高现有资源的经济利用效率，因为即使是资源丰裕区域，若不加限制开发或浪费利用资源的话，也会不利于资源的可持续利用，更不用说那些资源原本就贫乏的区域。因此，对资源利用，不仅要采用多重利用、回收利用、循环利用的办法延长现有资源的使用期限，推迟其枯竭期，而且还要应用生态学的系统性、整体性观点和互利共生原理建立起资源节约型产业，在城乡布局、城市布局、企业布局、产业配套以及各种投入产出之间、生产消费与生活消费之间的循环中合理配置生产力，达到彼此互利共生，最大限度地节约资源。不仅要采用先进技术，增加资源的加工层次，使之由粗加工向深加工转化，而且还要进一步深化经济体制改革，建立和完善市场机制，使自然资源能够在市场力或有调控的市场力的作用下，配置到利用效益最好，对区域经济增长和国民经济整体增长最具支持作用的产业和企业中，切实提高资源配置效率。[①]

（六）改造与适应相结合的原则

一些自然资源虽然可供人们直接利用，但是要想使各种资源发挥尽可能大

---

① 杜发春：《民族经济发展论纲》，中国物价出版社 2000 年版，第 11—13 页。

的作用，需要对其进行改造，即建立新的、优越的人工生态系统，为区域生产发展提供更好的条件。但是改造资源毕竟不是一朝一夕的事情，而且人们改造自然的能力也有一定的局限性，因此，对目前尚不能改造的资源，要千方百计地去适应，使之为人类造福。

（七）可持续利用和有偿利用原则

资源的合理开发利用要求在资源开发利用中必须考虑资源的可持续利用问题。资源要实现可持续利用必须达到最低安全标准，[①] 同时还要考虑代际公平问题，即开发利用资源，不仅要考虑当代人的利益，而且必须兼顾后代人的需求，要使后代人和当代人在发展方面有平等的机会。这就要求资源开发利用时，既要实现资源开发利用量的最大，又要保证资源的持久利用。可持续利用原则要求人类在开发利用可再生资源时，既要考虑到人类现在的需要，又要考虑自身的生存与发展，以为人类永续服务。因此，区域在开发利用可再生资源时，必须注意保持消耗量低于或等于生长量、输出量小于或等于输入量。例如对土地这一可再生资源的开发利用，应重视用地和养地相结合，才能保证土壤生态系统的良性循环及土壤肥力的永续利用。

四、资源合理开发利用的保障措施[②]

资源的合理开发利用是促进区域经济社会发展的基础性环节。实践也证明，盲目地开采和利用自然资源，必然会造成两方面的结果：一是区域生态性的贫困；二是区域经济结构的老化。在区域资源的开发利用过程中，必须注意结合区域的实际情况，科学合理地开发和利用自然资源，而合理开发利用资源，就必须做到在资源开发利用中实现经济效益、生态效益和社会效益的统一，在保护自然资源和环境的前提下，以最少的资源投入，得到尽可能多的优质产品，充分发挥自然资源的潜力。但是大多数发展中或经济落后区域受技

---

① 最低安全标准是鉴于生态供给阈值以及生态系统的不可逆性，为实现资源的可持续利用而提出的一个概念，它可以应用到项目评估或经济决策之中。在生态供给阈值以内，生态系统或可再生资源具有自净和恢复能力，使人类可加以持续利用。然而，一旦超过这个阈值，则生态系统或可再生资源的净化或吸收能力将萎缩或丧失，造成永久的损失，以至于人类必须支付一定的额外费用，才能补偿其不良后果。当继续利用资源或生态系统的收益与为保证后代的利用而付出的费用相等时，就达到了资源可持续利用的最低安全标准。

② 梁吉义：《自然资源持续开发利用系统的优化构想》，载《系统辩证学学报》1998 年第 2 期，第 61 页。

术、资金等方面的限制，使得资源并没有得到合理的开发利用。对经济落后区域，资源开发应采取下列有效的措施：

（一）从根本上消除资源比较优势观，树立自然资源竞争优势观

发展中区域应从根本上消除人们意识中长期存在的比较优势观，用资源竞争优势观代替比较优势观，即在合理合法的前提下，利用各种方法提高自然资源价值转换率，最大程度获取自然资源的附加价值。所谓自然资源的转换率就是指单位自然资源转换成制成品的价值和为获得单位自然资源原材料而投入的价值之差与单位自然资源投资总量的比值。因此，必须加大科技投入，增加自然资源开发利用的技术含量。围绕自然资源的持续开发利用问题，重点研究解决农业、能源、原材料、资源的综合利用、人口控制、生态环境保护等重大课题；研究节约资源的新技术、新方法、新工艺和实用技术；研究开发新材料、新能源，寻找紧缺资源的代用品或替代品；倡导资源工程研究，即在资源科学原理指导下研究利用最新技术，进行资源调查和勘探、资源优化配置、资源开发利用与保护及管理，以期达到资源快速查清与高效利用的目的；围绕可持续发展的资源支持问题，重点开发矿产勘查评价与定位技术、土地资源、海洋资源保护利用技术；利用先进技术手段对资源潜力进行深度和广度开发利用，不断拓宽自然资源范围，增加资源储量。

（二）提高区域人口素质，协调人口与区域资源关系，优化人力资本与自然资源组合

开发利用自然资源要与提高人口素质、充分利用人力资源结合起来，以正确的资源发展观为指导，转变传统的生产、生活和思维方式。一方面需要提高人口素质，严格控制人口数量，协调人口与资源的关系，使人口总量与资源承载力相称。另一方面，越是自然资源相对不足，越是要大力开发人力资源，要依靠人力资源开发新的自然资源，如太阳能、核能、生物能源等，提高资源的保障程度，实现人力资源与自然资源的完美结合。

（三）建立以合理利用自然资源为核心的环境保护体系

人类在资源开发利用中的不合理经济行为会导致环境的破坏，降低自然资源的利用效益。要使得自然资源合理开发利用，就必须坚持自然资源开发与自然资源保护并重，以开发促保护，以保护促开发，建立起以合理利用自然资源为核心的环境保护体系。环境是资源生成的动力，资源环境的恶化反过来影响资源的生产力，保护好资源环境就是保护好资源生产力。因此，要把环境保护融于自然资源开发利用中，使两者互为一体，持续发展。

（四）建立资源开发利用管理机制，完善配套管理的政策、法规体系

在建立资源开发利用的管理机制方面，发展中区域须借鉴发达区域的经验，以提高资源的利用效率，在保障经济快速发展的同时，实现生态、环境和经济的可持续发展。

（五）建立资源有偿使用机制①

资源有偿使用是补偿和保护自然资源的必由之路。首先，资源有偿使用会使企业通过加强管理、技术进步、工艺改进等方法，减少原材料消耗，从而使自然资源耗竭速率减缓。同时，原料生产者在实现了其开采自然资源的劳动价值及利润之外还有剩余，可以将这部分用于恢复、保护和增殖自然资源，即进行资源再生产。其次，对于自然环境而言，其有偿使用将迫使企业在进行一般商品生产时采取两种对策：一是企业使用自然环境（如排污）应向其法定代表者付费，使其价值得到足量补偿，供自然环境的法定代表者进行自然环境的再生产。二是不使用自然环境，即企业通过各种方式，达到不排放污染物、不破坏环境的目的，这实际上相当于企业自己生产了自然环境的使用价值（即纳污力）。

五、资源最佳开发利用的动态分析②

（一）资源最佳开发利用的标志

实际上，资源的开发与利用是密不可分的。开发的目的是为了利用，而开发过程本身也就是利用的过程。从此意义上看，最佳资源开发利用的标志主要是以下两个方面：

1. 永续利用

对一定地域内的资源而言，恒定性资源可以为人类最大限度地永远利用。不可再生资源，其不仅在总的数量上是有限的，而且在一定的时间内所提供给人类使用的数量也是有限的，即使采取最合理的利用方式，最大限度地节约利用，也不可能永远利用；而可再生资源，虽然在其被利用后，可随时间的推移，不断地再生或更新，从长远看似乎也是用之不尽的，但是如果利用不当或破坏性经营，就会使其失去再生能力，造成资源的退化或枯竭。因此，在开发

---

① 谭俊华：《自然资源的价值与有偿使用研究》，载《环境科学》2004 年第 2 期，第 12—13 页。

② 汪丁丁：《资源经济学若干前沿课题》，载汤敏等主编《现代经济学前沿专题》（第二辑），商务印书馆 1993 年版，第 66—78 页。

利用区域资源时应充分考虑其承载能力，做到合理、适度，遵循自然规律，采取"用养结合"、"采育结合"等人工促进资源更新的积极措施，才能使资源的开发利用永远持续下去。资源的永续利用也是可持续发展的要求，要实现资源在代际间的公平分配，必然要求资源的永续利用。

2. 高效利用

区域资源在一定的时间内，虽然其质量是相对稳定的，但其数量却具有有限性，尤其是不可再生的资源更是如此，用一点就会少一点，浪费一些就会丧失一些宝贵的资源。因此，要使资源开发利用达到最佳，只有永续利用是不够的，还要尽量提高资源利用的效率，以最少投入成本，获取最大、最佳的经济、社会和生态效益。同时，资源的高效利用是实现可持续发展的进一步保障。高效利用资源，不仅使本代人所能使用的资源增加，还能为后代节约更多的资源。

（二）资源经济学角度的最佳开发模型

在动态分析资源的最佳开发利用问题之前，必须引入租的概念。在资源经济学中租常表现为资源价格与边际（或平均）开采成本的差。它有很多名称，如"产权使用费"、"资源使用者成本"、"资源净价格"、"边际利润"，等等。使这一情形更加混乱的是经济学家们在一般意义上使用的租概念，如李嘉图意义上的租，马歇尔的"准租"，以及"稀缺租"。罗马塞特和汪丁丁说明了各种租的概念可分为两个等价，分别由"使用者成本"和"产权使用费"代表。而这两类概念都只在均衡状态时才有确定的意义。这个均衡定义为"使用者成本等于产权使用费"时的状态。

对不可再生资源来讲，其最优开采问题实质上就是在给定时间偏好和对资源的需求函数的前提下，怎样使资源拥有者在各期租——资源价格与开采成本的差——的和的贴现值达到最大的问题。同时由于资源消耗具有不可逆性，该最大化函数受资源初始量一定、储量随开采过程逐渐减少、开采成本随资源存量减少而上升、价格不能超过由替代品价格决定的一个价格上限的制约。

不可再生资源的最优开采问题其实就是可再生资源最优开采问题的一个特例。其最优开采问题就是在给定资源的自然再生率和社会对此资源随时间变化的需求曲线时，求解各年的开采量，使后世在永续利用中的贴现总收入最大。

综上所述，将可再生资源和不可再生资源的最优开采问题统一起来看，其最优解也就是资源在各期的最优开采量必须满足的条件是出售边际单位资源所获得收入的利息，应当等于开采该资源所付出的各项成本之和，此处的成本包括因本期开采而导致的下期开采量变化的支出、下期开采成本的变化以及资源价值本身的变化。

第三节　区域资源配置分析

对区域而言，多数资源的自然供给是固定的，毫无弹性的。其经济供给即在资源的自然供给范围内，某种资源的供给随其用途收益增加而增加的现象，虽然有一定的弹性，但是却受到资源需求、自然供给量、其他用途的竞争、科技发展、政府政策等一系列条件的影响。而资源的自然需求即人们对资源的需要则受到区域生活水平、产业发展等的影响，有效需求即人们对资源的需要和满足这种需要的能力则受资源价格、经济供给、需求者的支付能力等的影响。各种影响制约因素的作用，必然造成供需之间矛盾，从而导致区域资源利用的低效率，因此，就有必要对资源进行有效配置。

一、资源配置的含义

所谓自然资源的配置，是指自然资源在时间上、空间上及数量上的分配，以及其在不同用途、不同使用者之间的分配。配置始终是经济学研究的主要内容之一，而配置机制则是确定配置方式的主体。与其他的资源配置比较而言，自然资源配置有其独特性，主要表现为空间上的大跨度性，内容上的有限性以及其配置效果显现的长期性等。

资源在不同时间使用产生的经济效益是不一样的。当资源进入生产过程发生价值增值和价值转移后，最终体现为交换价值或使用价值（效益）。但是，不同时期，资源使用的环境不同，其经济效益也会不同，这就是资源配置考虑时间的原因。当资源利用的技术发生变化导致资源产出率提高时，相同的资源就可以生产出更多的社会产品和提供更多的服务。从技术进步的角度来讲，资源的利用率在今后肯定会不断提高，也意味着资源在今后必然有更高的使用价值；区域资源赋存状态及资源获取成本的变化，也会导致不同时期资源的价值或效益产生差异。区域某种资源的赋存状态发生变化，会使同量的资源价值发生变化，随着时间的推移，资源需求方面的变化也会影响资源的效益。某些资源需求的突增会提高其价值，而有些资源则会因人们消费倾向的变化而使需求量锐减，价值降低；社会目标也会使资源的价值发生变化。当区域内的决策者把未来经济增长和短期内提高居民生活水平作为其目标时，也会使资源的现在消费和未来消费之间建立一种价值判断关系，形成资源在不同时期不同价值的主观看法。总之，从经济效益的角度来讲，资源的配置必须考虑时间的最优性。

区域资源的空间配置是指资源在区域之间或区域内各部门之间的配置。区域间配置是指由于各区域资源赋存差异或经济发展水平的差异，导致了区域之间资源结构及资源总量上的差异，从而引起资源在区域间的流动。最终通过资源的流动实现区域在一定时期内资源的供求平衡，实现资源在区域间配置的最优化以及各区域资源利用效益的最大化。资源在区域间的流动一般遵循以下原则，即资源总是流向其利用效益最大也就是资源报酬率最高的区域。当然，各区域资源报酬率的高低取决于一系列因素，如与资源相配套的先进的技术设备，高素质的专业化的劳动力资源等。当然资源的这种流动结构可能会出现资源集中的区域更加富有资源，资源原本就稀缺的区域资源更加贫乏的现象，这就是著名的"马太效应"在自然资源配置中的具体表现。但为了各自区域经济发展的需要，区域政府就会采取一些行政手段，人为地干预资源在区域间的流动，从而导致资源整体的低利用效率。当然它可能在资源价格信号本身不正确时，抵消一部分价格信号的不良影响。

二、资源配置的目标

区域资源配置的目标就是实现区域资源的合理配置。区域资源合理配置有两种表述：一是使有限的区域资源产生最大收益，它要求在区域资源可供应数量有限的情况下，通过对资源进行合理安排、组合，实现产出收益的最大化的目标；二是为取得预定的收益尽可能少地消耗资源。即为了实现既定收益目标，如何合理组织、安排各种资源的使用，使总的资源成本最小。一般来说，如果资源配置是为了解决在区域总体范围内如何合理配置的问题，则采用第一种表述。如果资源配置是为了完成一个既定的目标，则采用第二种表述。实现对资源合理配置的最终目的还是为了效益，这也是资源合理配置的核心问题。资源配置在个人层面上会产生个人效益，在企业层面上则产生企业效益，在区域总体层面上则产生经济效益和社会效益。对个人来讲，资源配置主要是满足个人的物质和精神需要，从而产生个人效益；对企业来讲，资源配置则主要是有助于企业实现其所追求的目标，实现企业效益；对区域整体来讲，资源配置有助于实现区域经济稳定、快速增长。同时在保证效率的前提下，保障社会公平，维护社会安定，并保护和改善生态环境等，实现区域的经济效益和社会效益。资源配置的各种效益之间互相联系，并不彼此和谐，常常存在着矛盾。如个人效益和企业效益是区域整体效益的基础，而区域整体效益又使个人和企业效益得以保障，但是企业或个人却会为了自己的利益而牺牲区域整体利益等，这就要求区域资源配置不能同时使各种效益实现最大化，而是要在各种效益之间进行协调和权衡，实现综合效益的最大化。

三、资源配置的原则[①]

（一）可持续发展原则

只有实现资源的可持续利用，协调资源开发与环境建设，才能实现整个区域的可持续发展，尤其是对于贫困的、生态环境趋向恶化的区域而言，以可持续发展作为资源配置的指导原则更是实现资源合理和优化配置的最优和必然选择。区域资源合理优化配置的标准是获得区域经济增长与生态环境的良性循环，这就要求在区域资源配置中一方面既不破坏区域生态环境，另一方面又要获得良好的区域经济和社会效益。而且区域生态环境中的一些要素在有利于其良性发展的前提下可作为资源参与配置，获求生态与经济两方面的效益。

（二）系统性原则

区域经济、社会和自然系统三者相互协调运动是区域取得快速发展的必要条件。在资源大系统中，包含着矿产资源系统、土地资源系统、水资源系统等次一级系统。任何次一级系统发生结构和功能紊乱，都会影响到系统整体的良性发展和效益的下降。因此在考虑区域自然资源合理优化配置的同时，必须考虑各级子系统间的有机配合，才能促进各种资源的合理利用，反过来自然资源的利用也能进入大的良性循环。

（三）时限性原则

资源配置要注意区域间的协调互补和具体的现实，充分考虑各区域的经济、社会等实际情况，不能以过于理想化的速度和目标作为发展方向、盲目乐观，而要充分考虑区域自然资源开发利用的条件，分析哪些资源现在可开发、

---

① 姚宏：《西康铁路沿线秦巴山地自然资源优化配置研究》，陕西师范大学硕士学位论文，2000年4月，第20—21页。

哪些不能开发、哪些暂时不能但条件成熟后可以开发。因此在规划中必须要考虑时间因素的影响，即资源配置的时限性。

（四）综合效益原则

资源配置必须综合考虑经济效益、社会效益和生态效益。资源合理和优化配置的主要标准是用最少的资源获得最大的产出效益，即用有限的资源生产尽可能多的消费品，或为了实现一定的产出而尽可能节省资源的投入，实现区域国民生产总值尽可能大的增长，这也就是最大经济效益的概念，这一概念也是贯穿整个经济过程的经济效益原则。同时资源配置在保证经济效益的同时，还应给社会分配、社会保障和社会稳定等社会效益予以充分的考虑和权衡，在经济效益相同的情况下，应优先考虑社会效益大的资源配置方案，即使对没有直接经济效益的纯社会性资源配置项目，如学校、文化场所的建设等也应在可能的范围内对其进行权衡。此外，资源配置还应考虑对生态环境的改善，即生态效益。最大的经济产出和公平的分配如果是以生态退化和环境污染为代价，则资源配置方案仍是不合理的。因此只有综合考虑经济、社会和生态效益，全面衡量各种效益的利弊与得失，发展综合效益高的项目，按综合效益的原则实行资源分配的价值取向，资源才可能实现合理和最优配置。

四、资源配置的方式和政府管理

任何资源的配置都是依靠一定的方式，在现代社会经济运行中，资源配置一般有两种基本方式，即市场配置方式和计划配置方式。市场配置是依靠市场机制来实现资源的分配和组合，通过价格信号的变动来实现对资源的配置。计划配置是以政府的行政指令性计划体系来决定资源的分配和组合，以传统的计划经济体制为基础。政府的指令性计划决定资源在企业和产业间的分配和组合，并决定资源配置格局的变化。与两种资源配置方式相对应形成了两种基本的经济体制，即市场经济体制和计划经济体制。

现代福利经济学认为，资源配置途径是通过市场和价格机制来实现的。为了实现经济福利的最大化，有必要充分发挥市场机制在资源配置中的基础性作用。将日趋稀缺的资源要素市场化，通过资源市场的供求关系来调节资源的生产和消费，使资源的价格成为反映资源供求关系、引导资源生产和消费的重要信息。只要市场处于完全竞争形势，价格及其机制的运行就会使资源自然转向获利较多的或较为重要的用途，从而实现资源的合理配置。但是与此同时，一定的宏观调控也是必要的，因为市场机制可以保证效率，宏观调控却能保证社会的公平。资源配置达到最佳，是指资源在各个部门和个人之间的配置和利用达到帕累托最优。在现实生活中，由于存在不完全竞争、外部性等因素，使得完全由市场进行调节的经济很难达到资源配置的最优，也就是说，在资源配置中，政府干预是必需的。

政府管理资源配置的内容具体包括资源规划管理、资源开发利用管理、资源经济管理、资源政策与法制管理和资源行政管理。其中，资源规划管理就是在资源调查和评价的基础上，从国民经济需求、技术可能性以及资源开发利用的长远利益出发，依据资源态势、资源结构、资源开发利用状况对未来一定时间内的开发速度、规模、秩序、重点及利用方向、方式和利用结构等所做出的整体部署和安排，同时为资源的替代和区域外资源的输入提供意向性设想。资源的经济管理主要是指政府用价格、税收等经济手段对资源大额供给、需求、利用和保护等方面的管理，其核心就是政府利用经济手段把有限的或稀缺的资源配置到最需要的地方，从而使资源得到最有效的利用，获得最大效益。其内容主要有：资源产权管理、资源市场管理、资源供给管理、资源需求管理、资源成本核算管理和资源贸易管理。资源管理体制大致有三种类型：集中管理体制、分散管理体制和集中与分散相结合的管理体制。我国基本上是实行分散管理体制，即按资源的分类，政府设置相应的行政管理部门，但是 1998 年国务院机构改革，将其机构职能进行了较大幅度的调整，如将矿产资源、土地资源、海洋资源的管理合并为国土资源部管理，说明中国正由分散管理体制向集中管理体制转变的改革动向。[①]

第四节　区域资源评价

一、资源评价的内容和要求

（一）区域资源评价的内容

资源评价既要全面，又要突出重点。要运用系统论的观点和方法，全面、

---

① 薛平：《资源论》，地质出版社 2005 年版，第 264—275 页。

综合分析评价区域资源系统及其要素。其内容主要包括以下几部分：

1. 区域资源属性的评价

对区域资源属性的评价主要是对区域资源的数量、质量、分布、地域组合等方面的评价及其优势、劣势分析。

对资源数量的评价主要是通过评价区域资源绝对数量和相对数量，确定其可供开发的规模，明确其对特定生产部门或区域整体经济发展和产业布局的影响程度。一般来说主要从以下两方面进行数量评价：一是按照当前区域经济发展需求标准，研究资源绝对数量为区域经济发展所能提供的服务年限，如大型铁矿山和钢铁厂通常需要有 50 年左右的铁矿石资源保证；二是对未来区域社会经济发展与生产力布局所需绝对和相对数量进行预测。不同种类的资源其数量表示方法不同，如水资源用地表径流量、地下水量、总径流量等指标表示，而矿产资源用远景储量、探明储量、近期可利用储量等表示。采用何种表示方法，要以有利于反映资源的经济价值和利用潜力，并有利于做横向的对比为原则。资源数量评价的方法主要有发展过程纵向对比法、发展过程纵向相关分析法、发展过程地域对比法、同类地域横向对比法、不同地域横向对比法和不同级别地域对比法。

资源质量评价就是按照一定的技术经济方法和标准对特定的资源或资源系统的价值或功能强弱、贡献大小进行的评价和描述。在评价时，应以技术可能性、经济合理性（为利用资源所付出的代价被人们接受的程度）以及需求迫切性为质量评价标准，进行评价。只有这样，才能使我们得出的结论更加符合客观实际。由于不同资源其质量评价的内容不同，如土地资源的质量评价一般根据其平整度、光、热等土地自然特性指标，矿产资源的质量评价一般用品位、杂质含量、矿产资源的赋存条件等指标。因此在质量评价时还要考虑资源本身的质量指标，结合特定生产部门对资源的质量要求标准，进行综合全面的评价。质量评价的方法主要有主导因子评判法、最低限制因子评判法、综合指标评判法、多因子综合评判法、地域对比评判法和标准值对照评判法。

对资源分布的评价分析，主要是通过对资源分布的地理位置和环境进行分析，从而明确资源在开发上是否具有优势。在自然资源的开发利用中，对于那些临近消费中心，或靠近经济中心，或交通条件便利，或本身经济基础较好，或地理位置独特，与外界有频繁贸易往来的区域的资源，其开发利用肯定要比那些远离消费中心或经济中心、交通条件闭塞、自身经济基础薄弱以及很少与外界有贸易往来的区域的资源具有先天的优势，主要表现在：同等条件下的优先开发；开发利用的成本低；利用效率高等。对于那些在地理位置和环境上具有开发利用优势的资源应当优先开发，高效开发，发挥其对经济的促进作用；对于那些不具有优势的资源，可以根据具体情况进行有限制的开发，使其能够满足当地经济社会发展的需求即可，以免造成对资源的浪费。

对资源地域组合特征的评价主要是通过分析区域内资源及其子系统各组成成分之间的组合特征，揭示资源对区域生产发展的影响和制约。在明确何为区域主导资源和辅助资源，何为优势资源和劣势资源的基础上，重点分析资源组合在区域整体上的优势以及该资源组合优势对区域产业结构的影响和保证程度；区域资源在质和量上是否可以满足该组合优势形成的特定开发方向；资源在时间配合和空间组合上的不协调和缺陷能否得到解决，从而促使资源组合关系向有利的方向转化等。

2. 资源开发外部环境与条件评价

区域资源开发外部环境与条件评价主要是对区域产业政策、行政法规、经营管理、区域外资源开发利用状况以及市场条件、资金条件、技术条件、交通运输条件等的分析与评价。一般来说，资源开发的技术先进、开发资金充足、交通便利、资源市场需求大、自身经济基础好而且具有政府行政支持的资源，其在开发时的成本低、开发利用的效率也高。再者，很多时候资源开发要求一定的技术标准、市场规模，达不到标准的开发就会造成资源的浪费，有些资源是关系国计民生的，其开发肯定会有一定的法律限制。因此通过对外部环境和条件的分析，可以为合理、有效的资源开发提供决策依据。在对这些外部环境和条件的分析评价过程中，应重点分析那些与占主导地位的因素，同时结合次要因素对资源进行综合全面的评价。

3. 资源开发利用现状及其效应评价

对资源开发利用的现状评价，应重点评价区域内已开发资源种类，其开发的效率、转换率、规模和水平，与其他区域开发利用同类资源相比，存在的成绩与不足或者存在的优势与劣势及造成开发利用现状的原因。通过对资源开发的种类、效率、转换率、规模和水平的分析，可以明确资源开发结构是否与经济产业结构相适应以及资源开发是否能实现规模效应，其成本和收益的高低，从而揭示资源开发对区域经济、社会和生态环境乃至整个区域的可持续发展的影响。另外，任何资源的开发利用，都会引起正负两个方面的效应，表现在经济、社会和生态环境方面。在对资源开发各个方面的效应进行评价时，应持科学、客观、公正的态度，不夸大正效应，不缩小负效应，既估计最好的情况，也估计一般和最差的情况，在正确分析的基础上，综合权衡利弊得失，并在资源开发实施中预先安排好预防措施，减轻负效应的影响，只有这样才能保证评价结果的可信程度，并做出正确的决策。

4. 区域资源未来开发利用的潜力与方向评价

区域资源未来开发利用的潜力与方向评价，主要是勘查区域资源在未来一个时期内可能的开发量亦即其未来的生产潜能、可能的开发利用方式和利用方向。资源在未来时期可能的开发种类和数量决定了其满足未来需求的能力，对其进行分析，可以明确资源对区域经济、社会发展的保障程度和区域未来可持续发展的能力，同时通过对资源未来开发量的预测还有助于人们树立节约型社会的理念、促进实现资源的循环利用和区域循环经济的发展。由于不同的资源种类或组合，其利用方式与方向不同，即使是同种类的资源或组合，其利用方式与方向也会不同。如太阳能资源的开发利用，既可以通过修建发电厂，用电网向外输电，还可以通过修建供热厂，向居民用户供热，还可以建立实验室，研究光合作用等新技术。因此，在对资源开发利用方式进行评价时，应当提出多种可供选择的开发利用方式或方向方案，进行技术可能性尤其是各种方案在实施时的经济技术前提和经济合理性论证，指出各种选择的优缺点，最后确定几个合理方案，以便为资源的开发与利用提供决策。

（二）区域资源评价的要求

在资源评价中，所引用的数据资料必须是最新的、准确的、可靠的资料，要尽可能正确地采用定量与定性相结合的评价方法，准确、全面地选择评价项目，恰当地选取评价技术经济指标。在评价时，应对区域资源的优劣势、战略地位、开发潜力、利用方向与前景等做出准确而全面的经济技术评价，以便为资源开发提供正确、合理的决策信息。同时，在进行资源评价时，还应注意以下几点：在介绍的基础上，进行评价分析；从资源出发在进行顺向评价的基础上，从市场出发进行逆向评价；在分析一般性的资源优势的同时，加强对区域特有和潜在优势资源的分析评价；在对主要限制条件或制约因素进行分析评价的同时又不忽视次要条件或制约因素；大范围内的横向联系与纵向对比相结合进行分析评价；从资源系统的有机联系于彼此消长关系的变化中展开动态分析评价；从区域整体与区域内部差异两个角度进行评价；定量与定性相结合进行分析评价；在对数量、质量、结构与分布进行分析的同时，注重对资源开发的社会需求与社会影响、经济需求与经济效益以及生态需求与环境效益等内容进行分析与评价。

二、资源评价的原则

在对区域资源进行评价时，必须以系统论为指导，结合区域的实际情况进行评价，在评价时必须坚持以下几点：

（一）整体性原则

任何一个区域资源系统（或者子系统）都是由优势资源和非优势资源两部分构成的统一体，因此在评价时应将优势资源与非优势资源紧密结合，通过评价资源的数量、质量，明确对区域来讲哪些是优势资源，哪些是非优势资源，两者之间的联系等。在实践当中，通常是把优势与非优势资源结合起来进行评价，同时，注重对优势资源劣势的分析评价，将其置于部门或行业甚至是区域整体中来评价其优势，剖析其劣势，即从局部角度，更从全局出发，亦即从强化区域整体功能的角度评价资源开发的价值。

（二）资源优化配置原则

区域经济发展必然要求资源进行优化配置，只有实现了资源的优化配置才能促进区域经济、社会和生态环境的发展。区域中不同的生产部门形成了不同的资源或资源组合需求，即使是同一部门，其内部的不同行业对资源或资源组合的需求也不相同，同时同样的资源或资源组合对各个生产部门或行业的作用和意义也不同，如适宜种植大豆的光照、降雨和土壤资源不一定适宜种玉米。因此，在资源评价时，只有从资源优化配置的角度出发，才能实现资源的最优开发利用以及其对区域可持续发展的促进作用。

（三）综合性原则

在一定的区域等级系统中，包含着两组因素即地带性因素和非地带性因素，地带性因素与非地带性因素之间的矛盾构成了区域内的基本矛盾。这对基本矛盾的主导方面决定着区域资源组合的主要性质。而且主导方面的主导因素可能由一个或一个以上的因素组成，并随区域内部的分异发生变化。因此需要用综合性原则来统率整个评价过程。

自然资源综合评价既要反映单项资源最主要的特点，又要体现资源之间的相互影响；既要反映单项资源的质量，又要体现资源组合质量。在资源评价时，应对区域资源数量和质量、开发条件、产业基础、经济效益和未来前景等因素进行综合全面的分析，并结合区外情况，既分析它们相互之间的联系，又分析其相互之间的制约，同时，对一些影响区域产业结构和经济发展的主导因素进行重点评价，深入分析。只有这样才能使资源开发研究和地区发展规划成为指导经济建设的可靠依据。

（四）经济效益、社会效益和生态效益相结合的原则

在违背自然规律、破坏生态系统的平衡等降低生态效益的同时，必然也会使经济效益和社会效益遭受损失，同时也不利于区域的可持续发展。因此，在实际进行资源评价时必须在分析经济效益的同时，对资源开发利用过程中的社会和生态效益进行全面分析，力求三者的统一、协调。

三、资源评价的一般方法

资源评价是在已有资源考察成果的基础上进行的，但是各种调查成果在质量、调查时间、数据采集、计算精度等方面的不一致，使得我们要进行高质量的资源评价，必须遵循以下方法：

（1）在运用现有资源的数量、质量、分布等现状资料进行室内评价的基础上，进行实地调查，收集原始资料，按照一定的生产部门对资源的需求量和具体指标作为评价标准，选取适当的评价方法，进行实地评价。同时应用遥感技术，提高调查工作效率。

（2）具体评价和系统综合评价相结合，以综合评价为主。对资源在具体方面进行评价，会比较深入细致，但是其局限性比较大，易受狭隘观点的束缚。综合各方面的情况，建立比较方案，对资源进行综合分析，则可以从区域的整体功能的角度出发，评价资源，分析它们的整体经济效益，克服具体分析的局限性，优化区域整体功能，得出最佳评价方案。因此，对区域资源的评价，应坚持具体评价和系统综合评价相结合，以综合评价为主的评价方法。

（3）将本区域的资源与域内其他资源或域外同类资源的数量、质量、结构、潜力、效益等进行纵向对比，评价本区域的资源优势、劣势及战略地位，或与其他区域平均状况相比，明确本区域资源的丰度与水平，从而明确资源的优劣势，寻找开发的方向与途径。同时，又要对区域资源形成或演变的整个历史过程进行分阶段的纵向对比分析，找出资源形成与演变的规律和原因，或者将某一资源的形成演变历史过程，同与之有内在联系的另一资源或资源的某方面的特征的形成与演变过程进行对比，找出它们之间的内在联系和相互作用规律。在实际评价中，要坚持纵向与横向对比结合，以横向评价为主，这样既能揭示区域资源形成的规律，又能评价出资源开发的方向与途径，提高评价报告

的使用价值。

（4）在资源的实际评价中，在计算出定性评价需要的各种数据之后，要按标准判定资源的数量、质量、结构等特征，进行定量评价。在定性评价和定量评价结合的基础上，以定量评价为主，只有这样才能得出比较科学的评价结论。

最后，资源评价的成果应用于生产实践，接受生产实践的检验，达到为区域经济发展和社会进步服务的目的。

四、资源评价的指标体系

正如上述所言，评价资源时，应将定性评价与定量评价紧密结合起来，以定量评价为主。定量评价，离不开指标体系的选择。评价资源的指标体系分为绝对量指标和相对量指标两种。

资源的绝对量指标反映了区域自然资源的实际规模，主要有数量指标和质量指标两部分。在资源评价时，必须兼顾数量指标和质量指标，一方面是因为质量指标和数量指标相互影响、相互制约，如森林资源中熟林、单位面积的活立木蓄积量等质量指标影响到可利用的森林资源的数量指标；矿产资源的总量、人均占有量等数量指标也可影响到矿产资源的品位、易选性等质量指标。因为矿产资源总量越多，在同等矿产品位比例的前提下，其高品位矿的数量一定较多。另一方面是因为只有兼顾数量指标和质量指标才能得出比较全面的结果。许多资源在计算时，其质量是蕴涵于数量之中而被忽略不计的。如在计算矿石储量时是把高品位的矿石与低品位的矿石重量加在一起得出的。而实际上，高品位的铁矿其品位比低品位的铁矿要高一倍以上。

区域资源的绝对量指标制约着区域资源的丰度，影响着区域经济发展的水平和方向，表现在资源数量和资源质量两方面对区域经济发展水平和方向的影响上，有时，资源质量指标对区域经济发展的影响比资源数量指标更大一些。资源的数量指标和质量指标均受人类活动的影响，在数量指标方面，随着科学技术水平的发展，人们会不断地发现和创造新的资源，或者利用科学技术找到一些替代不可再生资源的能源等从而增加资源的总量或可开发量。质量指标方面，人们可以通过建立人工生态经济系统、循环经济等一系列手段和措施，改善资源质量。

资源的相对量指标反映了区域资源的地位和满足需求的潜力，通常有以下两种：一是平均占有量指标，如人均占有量、亩均占有量等，它对那些诸如煤炭、水、土地等消费普遍而数量又很大的自然资源的评价尤其具有重要意义。平均占有量指标，可以真实反映区域资源尤其是那些绝对数量多而平均占有量却很少的资源的稀缺程度。二是资源与社会需求量的相对指标。研究资源与社会需求量的相对指标在资源评价中有较高的现实意义，其大体上有两个类型：一类是资源与当前需求量的对比指标，这类指标一般在决定工程可行性研究或厂址的选择时，经常采用。另一类是资源对于未来的社会需求量的保证程度，由于研究起来非常复杂，常用人均资源占有量代替。

对于那些在质量上较为接近的资源我们还可以通过一定的系数折算，对它们进行综合计量评价。在评价时，既可以采用经济价值指标进行综合计量评价，也可以采用使用价值指标进行综合计量评价。

第四章 区域环境系统分析

区域环境系统分析主要是对区域环境经济价值、环境问题和环境保护进行分析。通过系统分析，可以明确区域环境的现状和不足，找到生态失调和环境恶化的根源，从而实现因地制宜地加强生态环境的系统化建设，实现生态环境系统的良性循环，实现生态系统的改善和经济的可持续发展。

第一节 区域环境系统

一、环境系统的概念和特征

（一）环境系统的概念

从环境学研究的角度出发，环境可以被理解为限定人类生活空间的所有自然条件，环境是相对于人类这一主体而言的。近年来，随着环境经济学的兴起和发展，人们对环境的认识逐步深化，其内涵和外延也发生着变化，它既为人类生产提供物质资源，又为人类生活提供消费品，还可以为人类提供废弃物的容纳场所，是人类生存和发展的空间场所和物质源泉。因此，从环境经济学的角度来讲，环境系统就是人类赖以生存和发展，直接或间接影响人类生产和生活的各种因素或条件的空间综合体。环境系统包括大气系统、水系统、岩石系统和生物系统四个子系统，它们相互联系、相互影响、相互制约，并发生着复杂的物质、能量和信息的交换，形成一个完整的动态系统。

（二）环境系统的特征

1. 区域差异性特征

由于不同区域内组成环境系统的要素多少、种类以及要素之间相互作用的关系或强弱程度存在着差异，使得不同区域环境系统的结构、功能往往有所不同。对特定区域来讲，环境系统内某一要素的细微变化，都会通过各构成要素之间的互相联系或制约而影响到其他要素发生剧烈的变化，最终影响到整个区域环境系统，导致环境系统的结构和功能发生变化。

2. 动态性和稳态性的结合

对环境系统来说，其所具有的一般系统的特征注定了环境系统必然是一个动态变化系统。究其原因：一是因为环境系统和外界不断发生物质、能量和信息转换，使其成为一个远离平衡状态的具有耗散结构特点的开放系统。二是由于环境系统内部也存在着不稳定因素，某一个或几个要素的变化都会影响到整个系统的状态，推动着环境系统不断向组分更加复杂、结构更加完整、功能更加健全的方向发展，最终形成新的平衡。

环境系统的稳态有平衡和非平衡之分。平衡稳态是指系统的物质和能量输入和输出基本相等的状态，而非平衡态是指系统的物质和能量的输入和输出不等的状态。无论是平衡状态还是非平衡状态，都是环境系统结构和功能相适应的状态反映。当环境系统达到平衡的自我维系的稳定状态时，系统演替就进入最后的发育成熟的稳定阶段。在这一阶段，系统结构复杂、功能协调，每年的生产量和输入量与消耗量和输出量相平衡，也就是说生产量完全为系统本身吸收和利用，净生产量几乎为零，各种要素自生自灭。

3. 系统结构具有弹性

环境系统结构的弹性是指环境系统在遭受到外界的干扰时或干扰后，所具有的保持其功能和有机结构的倾向。这种倾向具有片面性，也就是说虽然系统整体具有弹性，但是并不意味着构成系统的所有种群都具有弹性，都是稳定的。一次干扰可能导致生态系统中某个种群的消失，而整个环境系统，从广义来说，以相同的方式继续其功能，即系统表现出弹性特征。

需要注意的是，人类经济活动对环境系统的弹性影响。某些人类经济活动会使环境系统的弹性降低，那么，在参数不变的前提下，生态系统忍受干扰的水平将降低。换一种说法就是，作为经济行为的后果，某些系统的阈值将降低。安全范围变窄，生态系统的完整性和稳定性将面临巨大危险。例如，当排放到环境系统中的工业或生活废弃物超过环境的容纳能力时，环境系统的自我净化吸收能力就会降低。由于受人类活动的影响，世界上很多珍贵的稀有生物的灭绝则可以解释为很多生态系统的弹性都受到了威胁。

二、环境系统的功能

从上面的分析中也可以看出，区域环境系统具有以下四个功能。

（一）能量转化和物质循环

能量转化和物质循环是环境系统的基本功能，环境系统的运行过程主要是其构成要素不断进行能量转化和物质循环的过程。能量主要来源于太阳，其在环境系统中的流动遵循热力学定律，即在能量从一种形态转变为另一种形态时，能量是守恒的，而且能量在传递和转化过程中，总是由集中到分散，由高能位向低能位进行，并且总有一部分以热的形式散失。在自然界中，能量的流动是单向的，并不进行非循环，并伴随着热量的散失参与物质循环。无论是绿色植物从太阳光中获取能量、动物从植物中获取能量，还是经济系统从环境系统中获取能量，能量的流动都绝对是单向的。煤、石油、天然气等一次能源无论是直接或是间接地被转换为二次能源后进入生产领域，被消耗后也不能返还成原来的能量形式。因为在能量转化中总有一部分的能量被消耗掉，以热的形式溢散到外界。一般来说，在能量的转化过程中，能量总是从能值高向能值低的等级（如太阳能）、由能值低向能值高的等级（如电能）流动和转化。其中的能值是指为某一流动或贮存的能量所包含的另一种类别能量的数量。

在环境系统中，能量转化和物质循环是同时进行的，而且能量转化还以物质的循环为载体。正是能量流和物质流的网络系统把环境系统中各个要素有机地联结起来，共同维持着环境系统的持续存在。

（二）环境生产功能

环境系统能给人类社会和经济系统提供各种物质资源，如土地资源、水资源、动植物资源、矿产资源等，我们将环境的这种功能称为环境生产。

环境生产是人类社会得以生存和发展的物质基础。人类的衣食住行等所需的各种原料，无一不取自环境。任何时候都必须重视环境生产，要根据区域的实际环境状况，按照环境系统变化规律办事，以保证环境系统对人类生存的基础性作用。

环境生产还能保证区域经济系统的正常及健康发展。它一方面为区域经济活动提供所需投入的要素，如水、阳光、矿物、燃烧过程的氧气等，为经济生产活动的正常开展提供物质基础。虽然不同的区域状况决定了其对各种环境资源的需求不同，如在各种环境资源中我国东部需求较大的是煤炭、天然气等原材料，而西部则对水资源需求较大，但是无论如何，经济活动都离不开环境资源。而且环境所提供的环境资源类型和组合还决定着区域经济发展的方向，与区域产业结构类型和生产力发展需求相适合的环境资源组合，会促进区域经济向更加有利于产业结构转换的方向健康发展；反之则会造成环境资源的浪费或者经济的畸形发展，就是采取补救措施也会因其成本的大幅度提高而使政策效果大打折扣。另一方面以环境资源为投入要素生产出的产品又可以提供给人类消费。这又决定了其限制人类社会发展的一面。因此，没有了环境资源，不但区域的生产活动无法进行，连人类自身的发展都会受到制约。

（三）废弃物质处理功能

环境系统可以处理其他系统产生的废弃物，也就是提供沉库服务。人类的经济活动和生活消费会产生很多的副产品，对于那些不能循环利用的，则是直接排放到环境中，通过环境系统自身的净化能力重新进入环境系统新的能量转化和物质循环中。但是环境系统的净化能力是有限的，也就是其具有生态阈限，超过了该阈值，环境系统的自净能力就会受到损害，产生环境问题。而且环境系统的自净性还有范围的限制，有些人工合成的物质如塑料、电池等是无法在环境系统内自行降解的，而有些废弃物尽管可以降解，但是却要花费一定的时间。

（四）舒适功能

环境可以为人类提供美学和精神上的享受，例如对美好风景的欣赏和对与环境有关的各种活动的享受等能使人心情愉快、精神放松，从而有利于人体的健康，使人们有充足的精力和体力进行工作，提高工作效率。此外环境还有利于陶冶人的情操，为人类的艺术创作提供灵感。很多著名的绘画作品、乐曲都是以自然环境为背景，或者是从自然环境中得到灵感才有感而发的。

除了上述功能，环境还可以为经济系统提供区位，也就是工业和居住区位用地、农业用地以及永久性防御设施用地等。

三、环境系统的分类

环境系统是一个庞大而又复杂的系统，对其进行分类时一般是按照环境的形成、环境的范围、环境的要素进行的。

（一）按照环境的形成，可将环境系统分为自然环境系统和人工环境系统

自然环境系统是由未经人们改造的自然要素组成，如阳光、水、原始森林等；人工环境系统又称社会环境系统，是由经人类改造或重新创造的要素组成，如农田、村落、城市等。可以说人工环境系统是在自然环境系统的基础上加入了人类劳动而建立起来的。不同区域在自然环境方面所存在的天然差异形成了自然环境系统的不同特色。

（二）按照环境系统的范围大小，可以将其分为聚落环境、地理环境、地质环境和星际环境

所谓聚落环境就是人类为了生存和发展所建造的生活环境，如国家环境、城市环境、村落环境等。地理环境系统是由地球表面的土壤、岩石、水域、大气和各种生物为组成要素所形成的系统，它是最基础的环境系统，为地球上的生命提供寄居之地。地质环境也就是地球的岩石圈，包括了人类所需的各种矿物资源，可以为经济活动提供原材料。星际环境又称宇宙环境，由大气层以外的宇宙空间构成，目前随着科技的发展，从人类第一次成功发射卫星到现在载人宇宙飞船不断进入太空，人类对星际环境的探索也进入了实质性阶段，而星际环境对人类的发展也将发挥不可估量的重要作用。对这四种环境系统按照第一种分类标准进行划分，则地理环境系统、地质环境系统和星际环境系统属于自然环境系统，而聚落环境系统属于社会环境系统。

按照环境的不同要素还可以把环境系统分为大气环境、水域环境（包括海洋环境、湖泊环境、河流水域环境等）、土壤环境、生物环境、地质环境等。

第二节　区域环境经济价值分析

一、环境资源经济价值的分类

为了研究环境资源的属性，一般来说，把环境资源分为三类：未经人类劳动投入的自然环境资源；有人类劳动凝结的半人工环境资源；经过人类劳动对自然进行改造而形成的人工环境资源。根据马克思主义的劳动价值论，第二类

和第三类环境资源具有价值，这是毫无疑问的。至于第一类环境资源是否具有价值是人们长期以来争论的话题。一种观点认为其没有价值而具有使用价值和价格，另一种观点认为其既具有使用价值，又具有价值和价格。我们认为，环境是具有一定的价值的。环境价值应包括两部分：一是自然形成的环境公共物品本身的价值，这是由于供求状况所产生的"稀缺价值"，二是基于人类劳动投入所产生的价值。

环境是人类社会生存发展必要的依托条件和限制条件，其组成要素是有价值的，不同的环境要素的组合状态及整体功能也是有价值的。在经济学中，环境被看做是提供一系列服务的综合财富。关于环境的价值构成，国内外有两种分类法。

（一）使用价值和非使用价值分类

第一类分类法是将环境全部价值（TV）分为使用价值（V_1）和非使用价值（V_2）两大类。

环境的使用价值具有下述特点：（1）环境的使用价值是多方面的，一种环境资源可以有多种用途。（2）环境的使用价值具有共享性，这是由其公共物品的特性所决定的。（3）环境的使用价值是一个动态概念，随着社会的发展而不断丰富，新的使用价值会不断被发现。

使用价值反映了环境公共物品的直接使用和间接使用，其可进一步分为直接使用价值（DV）、间接使用价值（IV）和选择价值（OV）。直接使用价值是直接进入当前的生产和消费活动中的那部分环境资源价值，如矿产资源等；间接使用价值是指以间接方式参与生产与消费活动的那部分环境资源价值，如生态功能、水环境质量等；选择价值则是反映了人类对环境未来使用的价值，指当代人为了保证后代人对环境资产的使用而对环境资源所表示的支付意愿，比如当代人对保护热带雨林、生物多样性等支付意愿。使用价值反映对环境物品现在使用产生的价值，而选择价值反映保留环境物品的潜力以用于未来使用的价值。

非使用价值可分为存在价值（EV）和遗赠价值（BV），反映了人们愿意付钱以改善或保护永远都不会使用的资源的情况。很多独一无二的资源的丧失甚至会对那些从未使用而且也永远不会使用它们的人产生很大的影响。由于这一价值既不能直接使用也不能潜在使用，它代表了一种非常不同的价值。既然非使用价值不来自个人的使用，它明显没有使用价值容易测量，然而，在很多情况下，非使用价值却非常重要。存在价值（EV）反映的是具有某些特质的环境公共物品，诸如独特的景观、野生动物的栖息地或具有国际性或民族性的特殊意义，为此人们只要知道该环境物品得到了适当的保护而存在，便能得到精神和道德方面的满足。人们为了获得这样的心理满足而愿意支付总代价即为存在价值。遗赠价值（BV）反映了人们对于环境公共物品，愿意支付若干代价加以保护，让未来世代也能享有该环境资源所产生的各种效益，为此，人们愿意支付的总代价则可成为遗赠价值。

因此，环境资源的全部价值可以表述为：

$$TV = V_1 + V_2 = (DV + IV + OV) + (EV + BV)$$

（二）资源价值和生态价值分类

环境价值可分为两个部分：一部分是比较现实的有形的物质性的商品价值，主要是指用以满足人类生产需要的价值，即资源价值。另一部分是比较虚的无形的舒适性的服务价值，主要是满足人类物质文化需要的价值，即生态价值。

生态价值是一个发展的、动态的概念，不同的经济社会的发展水平对应不同的生产价值，甚至是相同的环境资源在不同的区域也会具有不同的生态价值。一般来说，生态价值是随着区域经济发展和人们生活水平的提高而逐渐显现和累积起来的，表现为从发生、发展到成熟的过程特征。对于那些极度落后区域，要实现对生态价值有充分的认识，大概只有在解决了温饱问题达到小康之后，才会随着人们对环境舒适性服务的需求增加即对生态价值的重视程度地增加而急剧提高。

要计算区域内某一环境或生态系统的生态价值，需要先将其整个生态功能分解成各个单项功能，然后分别结合采用替代市场法、影子价格法、机会成本法和模糊数学法等求出各单项功能的生态价值，再将这些单项功能生态价值相加，并求出该总和的最大值，最后再乘上一个相当于支付意愿的发展阶段系数，就得出了这个环境或生态系统的现时的生态价值。在现时的生态价值最大值的基础上，还需要考虑人们的支付能力。国外一般是通过大量抽样调查来计算的。李金昌（1995）提供了一种更简单、更便于操作、更符合实际的计算方法，即用代表人民生活水平的恩格尔系数的倒数或代表经济社会发展水平的人均国民生产总值，和代表生态价值特性的生长曲线模型结合起来，求出发展阶段系数。最后，该环境的生态价值就等于它的生态价值总和乘以发展阶段系数。

二、环境经济价值评估方法

（一）环境价值评估方法

1. 国外评估方法

默特池耳和卡森（Mttchell & Carson，1989）根据方法的两个特性将环境价值评估方法可分为四大类：直接观察、间接观察、间接假设和直接假设。直接观察包括竞争市场价格法、模拟市场法；间接观察包括旅行费用法、享乐价格法、回避费用法和公民投票法；间接假设包括条件分级、条件行为和条件投票。直接假设包括投标博弈法和支付意愿法。

直接观察法主要是通过观察人们在真实价格的基础上，为了实现自我效用的最大化而做出的选择，依此来作为评价环境的基础。和其他评估方法相比，具有直接、简单、易算的优点。但是，由于在建立环境损害函数时要求的数据范围广，并且还要对市场和人们在遭遇污染时的主观能动性进行考虑，使其受到一定的制约。主要包括：市场价值法、人力资本法、防护费用法、恢复费用法、影子项目法、机会成本法等。需要注意的是，该种方法只观察到环境作为投入要素的功能，而忽视了其他环境功能，因此，其评估结果并不代表环境质量的全部效益。

间接观察法是以间接的方式对环境价值进行评估，主要是以其他商品或劳务的市场价格及其变化为基础，来推算出环境资源价值。但是，影响商品的市场价格变化的多因素并存，现实中区域尤其是发展中区域市场条件的不完善性，决定了这种评估方法在运用时肯定具有一定的局限性。属于这种方法的有：享乐价格法、工资风险研究、家庭清洁费用模式、材料损失费和旅游费用法等。

在无法通过直接观察和间接观察进行评估时，假设方法可以作为二者的有益补充，环境总价值中的选择价值、遗传价值、存在价值等非使用价值的评估中，则是必须使用这种方法。它主要是通过分析对一定的环境质量消费者所愿意支付的货币数额，来评估环境的价值。但是消费者支付意愿和实际支付行为的差异，注定了假设评估法偏倚性的存在，常见的有战略偏见、设计偏见、前提偏见、或有排序等等。其中，直接假设法是通过观察人们的实际选择，进行评估；而间接观察法则是通过假设人们选择行为进行评估。

2. 国内主要评估方法

国内的环境价值评估研究始于 20 世纪 80 年代初，到 90 年代不同层次的评估结果陆续面世，主要有以下几种：

（1）直接市场法。直接市场法就是直接运用货币价格，对可以观察和可以度量的环境质量变动进行测算。具体有以下几种：

第一，市场价值法或生产率法。

市场价值法是费用—效益分析的一种基本方法。其基本原理为：将生态环境作为一种生产要素，生态环境质量的变化影响生产率和生产成本的变化，进而将导致相应的商品市场价格和产量的变化，依次来推算环境质量的改善或破坏所带来的经济上的影响。例如，纺织厂排放的污水造成了厂区周围的农业生产率的下降，因而损失的农作物的市场价值就可以作为减少污染所得到的一部分收益。在区域范围内，市场价值法的计算公式如下：

$$L = \sum_{i=1}^{n} P_i R_i$$

上式中，L 为特定区域内环境污染或破坏造成产品损失的价值，i 为受环境污染或破坏影响的产品，R_i 为 i 产品因环境污染或破坏减少的产量。对 P_i，这里有两种解释：一种情况是，如果厂商产出的变化对整个销售市场的影响很小，就可以认为产品和各种生产要素的价格在产量变化后仍将保持不变，这种情况下，P_i 为没有发生变化的市场价格，而 R_i 可以通过对生产函数研究或征询专家意见得出。另一种情况是，如果厂商产量变化较大，产量的变化对产品和生产要素的价格有影响，那么就需要了解该产品的供给和需求曲线信息，此时 P_i 为受环境影响价格发生变化后的产品 i 的价格，R_i 也可以通过供需曲线得知。如果受环境质量变动影响到的产品市场本身不完善（比如，存在着垄断、价格补贴、税收等），此时产品市场价格不等于完全竞争条件下的均衡价格，这时，就需要对市场价格进行调整，甚至用影子价格来取代市场价格。

市场价值法是应用最广、最容易理解、最容易接受的环境公共物品价值评估技术。该方法的建立是基于所观察到的市场行为，易于被决策者和公众所接受，因而被广泛应用于人类资源利用活动所产生的生态环境破坏对自然系统或人工系统影响的评估。

第二，人力资本法。

环境质量的变化不仅会对区域内人们的身体健康有多方面的影响，而且还可能因区际污染，使得没有污染源区域的人们遭受环境污染损害的影响，这些影响不仅表现为因劳动者发病率与死亡率的增加而给生产直接造成的损失，而且还表现为因环境质量恶化而导致的医疗费用开支的增加，以及因病休或过早死亡而造成的收入、精神和心理上的损失等。人力资本法就是专门评估反映在人体健康上的环境价值的方法。

人力资本法和市场价值法一样，也是以损害函数为基础。所谓损害函数就是在客观环境评价——根据环境变化所造成的物质影响进行经济评价时，通常使用的一个用来表示损害活动（如水污染、空气污染等）对自然资源或人造资源或对人类健康的物质损害。通过损害函数将人们接触到的污染水平和污染对健康的影响联系起来。

瑞德克（Ridker，1967）是最早将人力资本法加以应用的人，他对过早死亡增加费用的计算公式如下：

$$V_X = \sum_{n=X}^{\infty} \frac{(P_X^n)_1 (P_X^n)_2 (P_X^n)_3 Y_n}{(1+r)^{n-X}}$$

式中，V_X 为一个年龄 X 的人的未来收入现值；$(P_X^n)_1$ 为年龄 X 的人活到年龄 n 的概率；$(P_X^n)_2$ 为年龄为 X 的人活到 n 年时，仍有劳动能力的概率；$(P_X^n)_3$ 为活着的年龄为 X 的有劳动能力人，其被解雇的概率；Y_n 为此人年龄为 n 时的收入，r 为贴现率。

此外，瑞德克还计算了四种因空气污染引起的主要疾病的治疗费用和缺勤造成的损失。

米山（Mishan，1972）对上述公式进行了改进，其计算公式为：

$$L_T = \sum_{t=T}^{\infty} Y_t P_T^t (1+r)^{-(t-T)}$$

式中，L_T 为年龄是 T 的人未来总收入的现值；Y_t 为预期个人在第 t 年内所得到的总收入或增加的价值，扣除他拥有的非人力资本的收入的余额；P_T^t 为个人从现在或在第 T 年活到 t 年的概率；r 为预计到第 t 年有效的社会贴现率。

第三，防护费用法。

人们为了减少和消除环境污染或生态恶化的影响而采取的措施，如为防止噪声的污染而安装各种隔音设备，为了得到安全卫生的饮用水而购买安装的净水设备等，这些都需要一定的费用，这些费用就是防护费用。用防护费用来评估环境价值的方法就是防护费用法。

防护费用法假定人们了解他们遇到的环境风险，并能够相应地做出反应，并且他们的反应不受条件的限制。对于揭示人们对空气和水的质量、噪声以及土地退化、肥力流失和土壤侵蚀、洪水和滑坡的风险、海岸侵蚀和污染等方面的支付意愿，防护费用法是一个十分有用的方法。而且在预防或治理环境污染的效果相同的情况下，防护费用是各种费用支出中最有效率的，因为其在费用支付时，可以考虑人们收入水平的制约而不包括全部的效益损失。此外，防护费用法还对决策者有着某种直观的感召力，使决策者能够站在消费者的角度判断环境计划和项目的重要性，更有利于其对诸如是采取措施预防环境损害还是让环境损害存在、是补偿受害者还是尽力恢复以前的环境质量等问题的决策。

第四，机会成本法。

机会成本法也是费用—效益分析的组成部分。任一自然资源都存在许多互相排斥的备选方案（环境资源的保护和开发），但资源是有限的，选择了这种使用机会，就必须要放弃另一种使用机会，也就失去了后一种获得效益的机会。例如森林被划为保护区后，林木不能砍伐，森林所在区域则失去了作为林木生产区的机会价值。我们把其失去使用机会的方案中获得的最大经济效益，称为该资源选择方案的机会成本。理论计算公式如下：

$$L_i = S_i W_i$$

式中，L_i 为第 i 种资源损失的机会成本价值；S_i 为 i 种资源单位机会成本；W_i 为 i 种资源损失的数量。

第五，恢复费用法。

当某一生态环境污染恶化，其功能降低，为了能将其各种功能恢复到受污染或破坏前的水平而采取的措施所支付的各种费用就是恢复费用，又称重置成本。恢复费用一般来说都大大高于原来的产出品或生产要素价格。这种方法是以环境危害的数量可以测量；置换的费用可以计量，且不大于生产资源损失的价值；置换费用仅用来消除环境危害，使其恢复到受损害前的状况，以不产生其他收益的三个条件为假设前提。

第六，影子工程法。

影子工程法是恢复费用法的一种特殊形式。当环境破坏并发生不可逆变化后，用人工方法建造一新的工程来替代原来生态环境系统的功能，以便使环境质量对经济发展和人民生活水平的影响保持不变。用建造新工程所需的费用来估算生态环境的某些功能的价值就是影子工程法。例如，一片森林被毁坏，使其涵养水源功能丧失，就需要建造一座库容与森林涵养水源的水量相当的水库工程，水库建造费用就作为森林涵养水源功能的价值。

（2）替代市场法。替代市场法又称揭示偏好法，是指使用替代物的市场价格来衡量环境物品价值的方法。它通过考察人们与市场相关的行为，特别是在与环境联系紧密的市场中所支付的价格或获得的利益，间接推算出人们对环境的偏好，依此来估算环境质量的经济价值。属于替代市场法的具体评估方法有：

第一，资产价值法。

资产价值法是根据人们对环境资源的致富愿望，用市场价格间接的评估人们对环境资源的支付意愿，再由此计算出因环境资源质量的变化而产生的收益或损失的变化。该方法的一个基本假设是：周围环境质量的变化使资产的未来收益受到影响，在其他因素保持不变时，资产出售的价格发生了变化。这样，受污染地区的可预期的资产价值将发生负的效应，其价格将下跌。如房产价格受到周围环境质量的影响，环境质量差的区域房产价格比较便宜，通过资产价值法可以计算环境质量对住房价格的影响。但是，此法须排除非环境因素，有一定的局限性。

第二，旅行费用法。

这是一种评估无价格商品的方法，广泛应用于户外娱乐商品的评估。其基本原理是通过交通费、门票费等旅行费用资料确定某环境服务的消费者剩余，并以此来估算该环境服务的价值。它主要有三个模型：即分区模型、个体模型、随机效用模型。

使用分区模型时，首先，确定娱乐地点。其次，以该旅游地为中心，将四周区域分成赋值不同的区域，如可以按距离风景区的远近分为一组同心圆。通常按地方行政管理区域划分，以便获得每个区域的人口密度，预测每个区域的年平均旅行总次数。再次，进行游客调查，以便确定消费者的出发地、旅行费用、旅游率和其他各种社会经济因子。最后，进行回归分析，得到所谓的"全经验"需求曲线：

$$\frac{V_{hi}}{N_h} = f\ (P_{hi}，SOC_h，SUB_h)$$

式中，V_{hi} 为根据抽样调查结果推算出的一定时间内从 h 区域到 j 旅游地旅游的总人数；N_h 为 h 区域的人口总数；P_{hi} 为 h 区域游客到 j 旅游地的平均旅行成本；SOC_h 为 h 区域的包括收入、教育水平和其他有关的一系列社会经济特征向量；SUB_h 为 h 区域旅游者的替代旅游地的特征向量。

我们依据上述所得"全经验"需求曲线，采取梯形面积加和法或积分法等适当方式即可计算出区域的环境服务价值。

后两种模型是针对分区模型存在的问题而设计的。个体模型弥补了分区模型将同一区域内的所有人都视为同质个体的缺陷，另外，也较容易处理时间的机会成本和替代旅行场所等问题。随机效用模型引入了环境质量。不仅可以评估旅游地的环境价值，而且可更好地评估一个旅游地环境质量变化的价值，以及某一特色环境的景观价值。在对旅游地的环境服务价值评估中，主要游客为当地居民时多采用个体模型；主要游客为大范围人口时多采用分区模型；随机效用模型常用于评估旅游地环境质量变化引起的价值变化和新增景观的价值。该法应用时，应注意两点：一是旅行费用法与其他货币度量法相比，前者将效益等同于消费者剩余，而后者常忽略消费者剩余；二是效益是现有收入的分配函数。[①]

三、环境经济价值评估方法的拓展[②]

对区域环境价值评估来讲，仅仅靠上述方法来研究区域环境资源本身的经济价值的货币转换是不够的，还要研究环境资源对所在（周边）区域社会经济发展的作用，这就要对上述环境价值评估方法进行拓展。

环境资源作为稀缺的经济要素，其存在和作用的发挥与社会经济福利的产出存在着一定的经济技术联系。这可以理解为环境资源的"关联效应"。在经济系统的运动当中，环境资源以实物形态或价值形态作为投入品引入生产函数，并且通过产品和劳务、生产技术、价格、劳动就业以及投资等生产要素或者活动发生联系，产出新的产品和舒适性服务，增加社会经济福利的货币衡量。产业经济学在研究产业之间的相互关联对社会经济福利的影响时，以"投入"与"产出"间的数量比例作为基本的分析指标，并把投入产出法和投入产出模型作为基本的分析工具。这为生产要素的经济贡献和由此产生的关联效应的研究提供了借鉴。我们认为，在通过现有的环境资源经济价值评估方法计算出环境资源经济价值的基础上，把环境资源当做一个中间产业作为研究的对象，改进性地运用传统产业经济学的投入产出模型，计算出环境资源产业关联效应指数、环境资源经济贡献率等指数来衡量环境资源的经济价值，是全面衡

---

①　郭明等：《生态环境价值评估方法综述》，载《山东师范大学学报》2003年第1期，第72—73页。

②　陈军、成金华、付宏：《环境资源经济价值评估理论延续与方法的改进》，载《资源·产业》2004年第5期，第61—62页。

量环境资源经济价值的方法。

环境资源产业关联效应的指数包括环境资源的中间需求率和中间投入率。它们共同衡量环境资源作为一个生产要素或者产业产品对其他产业的关联程度。关联程度的高低直接反映了环境资源要素的重要程度。环境资源的中间需求率是指各个与环境资源相关的产业对环境资源的中间需求之和，它是特定区域内整个经济相关部门对环境资源的总需求之比。公式为：

$$G_e = \frac{\sum\limits_{j=1}^{n} x_{ej}}{\sum\limits_{j=1}^{n} x_{ej} + Y_e}$$

式中，G_e 表示环境资源的中间需求率；$\sum x_{ej}$ 表示各个产业部门对环境资源的中间需求之和；$\sum x_{ej} + Y_e$ 表示资源环境的舒适性福利总产出；Y_e 表示环境资源的最终需求部分。

G_e 反映各个产业的总产出依赖环境资源作为中间要素的程度。事实上，存在一个逻辑关系，即中间需求率与最终需求率之和为 1。从这个角度看，环境资源作为一种要素或者产品，它与其他产业的关联效应可以从中间需求率数值反映出来。上式中 $\sum x_{ej}$ 的数值在 $\sum x_{ej} + Y_e$ 中的比重增加，导致 G_e 增大，中间需求率越大，环境资源的产业关联效应就越明显。

环境资源的中间投入率是指环境资源作为一种需要投资的生产要素或者产业产品而言在一定时期（比如一年）生产过程中的中间投入与总投入之比。其公式为：

$$F_e = \frac{\sum\limits_{i=1}^{n} x_{ie}}{\sum\limits_{i=1}^{n} x_{ie} + D_e + N_e}$$

式中，F_e 表示资源环境要素持续存在的中间投入率；D_e 表示环境资源要素在一定时期（如一年）的损耗价值；N_e 表示环境资源所创造的社会经济价值；$\sum x_{ie}$ 表示各个相关产业对环境资源要素的中间投入之和。

环境资源的中间投入率是指为了获得单位产出而获得的从其他产业进购的各种要素投入在其中所占的比重。环境资源要素持续存在的总投入等于环境资源的中间投入品、损耗价值、净产值之和，亦即总产值。因此，其净产值率等于净产值与总产出之比。于是存在这样一种关系：净产值率与中间投入率之和为 1。这意味着，环境资源要素的净产值率越低，则其中间投入率就越高，它对其他相关产业或者产品要素的依赖程度就越高；反之则相反。

环境资源的经济贡献率是指环境资源作为生产要素，它的存在和在经济活动中的作用所呈现的对社会经济所产生的效率。这个贡献率可以根据传统的环境资源经济价值评估方法计算出环境资源独立的存在价值，然后再用区域内或者整个经济系统的总收入进行比较。两者之间的比值就是环境资源的经济贡献率。在计算这个指标的过程中，一般只需要拿到独立存在价值的货币表示量和区域经济的经济总量两个指标即可。

第三节　区域环境问题的经济分析

一、区域环境问题及其重要性

（一）区域环境问题

在区域范围内，环境资源的供给是缺乏弹性的，它们会因空间上的分布不均而产生经济租金。这个经济租金可以通过下列形式获得：家庭产生的非货币化收入（如小区公园里的娱乐设施使小区中的家庭业余生活得以丰富，由此产生的精神满足），或成本节约（如生活在景色怡人的风景区的人就不用再花钱来此旅游）；区位因其环境具有独特性而由此获得的价值；商业企业的成本节约（主要是由于家庭因获得上述收益而形成了劳动力低工资，但是有些环境资源还可以使在"清洁"物质和处理废物上只需花费很低的成本。例如，对水的处理）。不过，环境资源因空间分布不均而产生的经济租金多是隐形的，其价格目前还没有发生类似股票价格一样的戏剧性的涨落，故而很少引起人们的特别重视，加之受人类认识能力、知识水平、技术水平等的局限性制约，以及环境公共物品的特性，人们的活动常常会使环境条件发生不利于人们生存、生产和生活，给区域经济社会带来灾害的环境变化，即区域环境问题。

当前，严重威胁社会经济发展的全球性生态环境问题主要有以下七个方面（张培刚，1993）：

（1）"三废"物质污染。具体是指工业生产和居民生活向自然界排放的废气、废液、固体废物，严重污染了空气、河流、湖泊和海洋、陆地环境，这是最主要的污染源。

（2）噪声污染。工业机器、建筑机械、汽车飞机等交通运输工具产生的高强度噪声，给人类生活环境造成极大破坏，严重影响了人类身体健康，以致1980年召开的"国际噪声控制工程学会大会"向全世界提出警告："如果不采取措施，到2000年，世界上将没有人能听到21世纪来临的新年钟声，因为噪声已使所有的人都听不见声音了。"

（3）水资源枯竭。工业废水、生活污水、农药和化肥污染，使河流变成阴沟，湖泊变成了污水池；滥垦滥伐造成大量水分蒸发和水土流失。据国际上有关方面预测，如果按现有工业发展速度，到2030年，人类将耗尽岩石圈所有的水贮量。

（4）土地沙漠化。滥垦滥伐和过度放牧严重破坏土地植被，土地就会逐步沙漠化，这是全球生态平衡遭到破坏后产生的最严重的后果之一。1977年，联合国粮农组织和教科文组织共同发表的一幅令人震惊的地图表明，除了雨水充足的热带以外，发展中国家的大部分地区都被涂上了有沙漠化危险的桔黄、粉红和深红的颜色。我国同样面临着这种威胁，联合国环境规划署官员曾把我国黄河的水土流失喻为"中华民族的大动脉出血"，德国专家甚至预测30年后华北平原将成为"不毛之地"。

（5）温室效应。工业生产排向大气层的二氧化碳激增，使全球性气温升高，而吸收和贮存二氧化碳的巨库——森林的不断减少，又加剧了这一进程。气温升高可能会使南极冰山融化，海平面上升，淹没大片陆地，陆地被淹又会引起一系列连锁的生态问题。

（6）大气臭氧层破坏。臭氧层是高空大气中臭氧浓度较高的气层，它能阻挡过多的太阳紫外线照射到地球表面，有效地保护地面一切生物的正常生长。据卫星探测，从1979—1985年，南极上空臭氧已减少了40%—50%，形成一个空洞。破坏臭氧层的罪魁祸首是工业及制冷设备的制冷剂产生的氟氯碳化合气体、氧化氮气体等。

（7）核污染。由于各种原因产生核泄漏甚至核爆炸而引起的放射性污染，危害范围大，对周围生物破坏极其严重，持续时间长，事后处理危险复杂。

环境问题是一个不容忽视的问题，尤其是环境污染，一旦发展到一定程度，就有可能造成突发性的整个生态环境的彻底崩溃。所以，如果不重视当前经济活动的污染情况，那么对未来经济的威胁不只是能看得见的污染危害，而有可能是突发性的灭顶之灾（schumacher，1978）。

（二）区域环境问题的重要性

环境问题的重要性主要表现在以下几个方面：

（1）特定地域内的环境问题是和其人口、经济、社会发展问题密切相关的，它们之间具有对立统一的关系，既可以对对方产生推动作用，也可以对对方产生制约作用。环境问题在一些发展中国家尤为严重，这些发展中国家因长期陷入"贫困→人口增长→环境退化→贫困"的恶性循环不能自拔，甚至由此而引发了经济危机、社会动乱和国际争端等。

（2）环境问题具有传递效应、累积性和不可逆性。所谓传递效应，就是指环境问题可以从一个地域向另一个地域转移和影响，如从城市向农村，从上游流域到下游流域，从一个国家到另一个国家等。这种传递效应引发了区域宏观调控和区域内地域间相互合作来解决环境问题的环境治理新形式的出现；所谓累积性，也就是指环境问题可以不断积累，开始可能并没有引起人们的注意或重视，当累积到一定程度便会以环境危机的形式突发出现，并会导致严重的环境压力。这就要求对待环境问题要未雨绸缪，积极开展环境教育或推广环境知识等来提高人们的环境意识，尽早做好应对环境问题挑战的准备；所谓不可逆性是指生态环境一旦遭到破坏，不仅很难恢复原状，而且其恢复成本也是很高的。

二、区域环境问题的成因

（一）环境资源配置上的市场失灵

市场的正常运行是有一定的条件的，如完全竞争、所有资源产权清晰、信息公开透明、人类行为没有明显的外部效应、所有资源必须进入市场，由供求决定其价格等，当这些条件不能满足时，就会出现市场失灵，不能有效地配置资源。市场失灵主要有不完全竞争市场、外部效应、资源产权不安全或不存在、公共物品和交易费用几种，经济学中对环境资源市场失灵的分析一般主要从外部效应和环境资源的产权不明确两方面来论述。

1. 外部效应

运用外部性（效应）理论来解释环境恶化的原因来源于庇古的思想。庇古在1920年出版的《福利经济学》一书中就对此进行了分析，他认为外部性具有以下几个方面的含义：（1）外部性是指某厂商或某项经济活动所引起的与本活动的成本和收益没有直接关系，从而未记入本经济活动之内的外部的经济影响，它是相对于本项经济活动财务上所付出的费用及取得的效益出发考虑的。（2）外部影响有"好"的或"正"的影响，也有"坏"的或"负"的影响，在经济上有费用小而效益大的，也有耗费大而效益小的。（3）这种影响与市场交易没有直接关系。（4）本项经济活动与被影响的各个方面没有直接财务关系。（5）外部影响往往是意外引起的，在过去长时期内，许多外部影响是没有预料到或意识到、或没有完全意料和意识到的，即使在今天，外部的深远影响也常常不是很明确的。（6）外部影响并不仅仅是生态环境方面的影响。[①]

从庇古对外部效应的分析中，我们可以看出：所谓外部效应是企业或个人的行为对活动以外的企业或个人的福利产生了影响，但是没有激励机制使产生影响的企业或个人在决策时考虑这种影响，从而导致了经济活动中私人成本与社会成本或私人收益与社会收益的不一致。外部效应有负外部效应（外部不经济）与正外部效应（外部经济）之分，前者是指私人成本小于社会成本的情况，而后者则是指私人收益小于社会收益的情况。环境问题主要是由于环境负外部效应所致。

2. 资源产权不明确

由科斯等人创立的产权理论为人们对环境问题的经济分析提供了新的工具。按照产权理论，环境问题的根源不是由于市场缺陷而是由于环境资源产权的不明确所致。哈丁关于"公地悲剧"的研究最能说明这一点。

产权是现代经济学中的一个概念，指通过法律程序确定的、个体占有某种财富的权力。在一个完全竞争的市场中，保证环境资源最优配置或帕累托最优的产权结构，具有以下五个特征：（1）明确性，即明确规定产权的范围、限制以及破坏这种权力时的处罚力度等。在典型市场中，产权必须明确界定，否则就会引起法律纠纷，使所有权产生不确定性，进而打击人们对资源进行投资、保护和管理的积极性。（2）排他性，也称专有性，即只有资源所有者拥有对资源的所有权，他人对资源的一切权力都必须通过与所有者发生相关行为才能实现。（3）可转让性。财产权可以在双方自愿的条件下进行转让。（4）可执行性，即产权应保证免于他人的侵犯和非自愿的攫取或侵占。（5）可转移性，即产权在法律上是可以转移的。可转移性对跨区域投资和远期投资具有重要作用。当外来投资者在区域内进行投资时，其离开时即可将资源产权转移，这样就会鼓励其在区域内进行长期投资。

---

① 程福佑主编：《环境经济学》，高等教育出版社 1993 年版，第 120 页。

从完全自由竞争市场下的有效产权特征可以看出，有效的产权结构要求资源归私人所有。然而在现实经济生活中由于存在着大量的交易费用，对完全自由竞争的限制以及一些资源的固有技术特性，往往使我们所看到的有效产权结构是一种纯粹理想化的产权结构。现实生活中的产权结构大多是一种混合结构，即非完全有效或不明确的产权结构，它是引发环境问题的最根本原因。因为，虽然公共物品问题、外部性问题以及高昂的交易成本是环境资源问题产生的根源，但这些问题却又都来源于环境资源产权不明确的问题。具有公共物品属性的环境资源，由于其尚不存在排他性的产权安排，没有办法阻止使用者对其进行竞争性的消费，从而造成资源被滥用的状况；外部性问题本质上是人们行为之间的一种交互性影响，其根源在于当事人的产权界定不清晰，人们的产权行使存在交叉，一方主体在其权限范围内行事时，会对其他人的福利构成影响；而交易成本的存在又严重地影响着市场交易的规模和数量，在极大程度上阻碍了资源的有效配置，当产权不完备、产权界定不明晰时，相应的交易成本就比较高；相反，交易成本就可以随之降低。

资源无市场或市场竞争不足也是一种市场失灵，它导致资源没有价格或价格过低，因而被过度使用，造成环境问题。另外，公共物品、交易费用以及不同区域的传统风俗使得人们在对待环境问题上的有限理性等都会形成各种各样的环境问题，使得单独依靠市场本身的力量不能解决，需要政府的干预。

（二）政府干预和政府失灵

市场失灵使一些环境产品和服务很难建立或者使市场很难正常运作，尤其是对一些类似环境资源的公共物品，它们所具有的消费的非排他性和非对抗性特征，不可避免地会产生"搭便车"现象，使单独依靠市场机制的作用无法组织与实现公共产品的供给，这就需要政府以社会管理者的身份来进行干预，以保证资源的有效配置。

一般而言，政府干预区域内的经济活动应在效率与平等的原则下进行。效率原则要求所有经济活动与政府干预必须满足全社会福利最大化，效率高的经济活动者将优先获得污染权或不被污染权，即优先选择权。平等原则则要求在同等效率条件下，对所有活动参与者，要给予均等的机会。在效率优先、兼顾公平的前提下，还要保证区域长期与短期利益的协调，当代人与后代人的机会均等，这体现在政府如何确定环境阈值浓度，如何确定最佳污染物容量，如何保护价格调节机制以外的资源（如濒临灭绝的动植物物种、可逆转的生态恶化）。一般来说，政府主要通过税收、补贴政策或行政管制如特定的排污标准、征收污染费等规定等，对环境资源市场进行干预，以最大限度地扭转市场失灵，保护资源和环境。

但是政府干预有时候并不一定比市场失灵好，只有在其干预效果比市场机制的效果好而且取得的收益大于其干预成本的前提下，政府干预才是有效的，否则就是失败的政府干预。通常在很多时候政府干预并不能改变市场失灵，反而把市场失灵进一步扭曲。随着公共选择学派的兴起，1986年以诺贝尔经济学奖获得者布坎南为代表的公共选择学派重新审视了政府的性质与作用，将"经济人"概念进一步延伸到那些以投票人或国家代理人身份参与政治或公共选择的人们的行为中，即承认政府追求的也是某种特殊利益而不是全民利益，政府也有失灵的情况。公共选择学派的这一理论同样被环境经济学家们应用于对环境问题的分析，指出政府失灵也是环境问题产生的根源之一。环境问题方面的政府失灵主要表现在两个方面：一是政府政策没有纠正现行环境市场价格与实际价格的偏离，二是一部分经济政策甚至人为地扭曲了市场价格，如不适当的资源补贴价格政策（陆如远，2006）。这两种政府失灵可能是由于当市场失灵在需要政府干预的时候，政府却没有进行干预，或者是政府在其他方面的干预措施对环境产生了外部效应，或者是政府干预后的结果比市场失灵的结果更糟等等所造成的。

（三）人口增长

正如我们在第二章中所说，人口会对环境产生不可忽视的影响，尤其是人口数量。若人口数量增长过快，则会导致一系列的环境问题，因为一方面人口数量增长过快能够引起环境后果的倍乘效应增大。这个倍乘效应可以表述为：在假定人这种抽象的社会动物对环境的影响后果为某个量时，人口数量的作用表现为对这种抽象的人的作用的倍增（当人口数量增大时）或者倍减（当人口数量减少时）。

另一方面，人口数量增长过快还可以通过刺激人类活动方式来间接地影响环境。即人口数量的增长，可以刺激和影响人均产出水平A和技术T，然后综合地作用于环境，引起一系列环境后果。例如，在贫困地区，在人口压力小的时候，人们尚能与自然和谐相处，但人口规模增长到一定时期，人们的行为方式就会发生很大变化，就可能会掠夺性和破坏性地使用资源。另外，就人类社会发展来说，很难说工业化的出现以及20世纪的绿色革命等，没有人口规模增加的压力影响，实际上新古典经济学早就提出人口的增长可以促进技术的发展和农业的变革并进一步影响到环境。[①]

（四）城市化的发展

城市化水平是衡量一个地区经济社会发展程度的重要标志。城市化已成为一个国家和地区经济发展的关结点。但是城市化在推动经济、社会、教育和科技等发展的同时，也使城市及周边地区资源、环境、生态面临着前所未有的巨大压力，以城市为中心的环境污染正在不断加剧，城市化进程造成的环境影响已成为不容忽视的问题。

（五）贫　困

从某种意义上说，贫困问题是一个生态环境问题，贫困状况的发生和贫困程度的大小与生态环境状况存在着极为密切的关系，贫困与生态环境退化的恶性循环是造成贫困落后地区经济社会不可持续发展的重要原因。世界银行在《贫困与对策》（1992年减缓贫困手册）中对影响贫穷国家资产积累的各种政策进行了分析，它在环境政策中指出："贫困与环境有密切关系。这种关系是双向的：贫困影响环境，环境也影响贫困。这里有两个问题值得特别注意：低收入与眼光短浅间的明显关系以及贫困与生存风险间的联系。眼光短浅使人们更快地挖掘环境资源，而不像社会可能愿意的那样利用资源，并且会失去对土地资源进行投资的激励，这种投资需要若干年才会产生报酬，但短视并非穷人的本性与专利；相反，这是市场、政策和体制失败的结果，其中有些是与贫困相联的。"

贫困还往往与人口过快增长和环境退化相伴随，形成人口→贫困→环境的恶性循环。贫困往往导致人口的高出生率。而大多数贫困人口又都居住在自然资源贫乏、缺少可耕地、农业生产条件低下、自然灾害频繁、生态环境脆弱的地区。人口增长过快增加了对有限资源和脆弱环境的压力。其直接后果是，人们迫于生活压力对森林、耕地、草地等资源过度利用，甚至滥砍、滥伐、滥牧，从而造成自然资源破坏、生态环境退化，反过来使资源生产率进一步下降，人们的生产、生活变得更加困难，形成"贫困→人口压力→资源环境破坏→贫困"的恶性循环。

（六）区际自由贸易

区际之间的自由贸易导致了商品和污染物可以在区域之间流动，因此，一个区域的生产和环境破坏会对与之进行贸易的区域产生连锁反应。当然这种连

锁反应既有积极的，也有消极的。我们在这里着重分析由区际之间的自由贸易引发的环境问题。

区际之间的自由贸易对环境的消极影响主要表现在以下三方面：（1）贸易的增加可以优化区域产业结构，导致工业化的高度发展，进而形成规模经济或超规模经济，同时也刺激本区域对自然资源的开发强度和能源的消耗，形成新的环境压力。（2）区际自由贸易促进大市场的建立，从而导致农业和工业结构的重新组合以及企业或农场规模的扩大。（3）自由贸易制度存在着忽视环境损失的市场失效问题，这意味着它会加剧市场缺陷的严重程度。

当有关区域缺少明确界定的产权时，自由贸易也会引发环境问题。给定两个具有相同技术、自然禀赋和偏好的区域间的贸易，如果其中一个区域的环境资源产权不清晰，那么现实中为防止资源过度使用而设立的税收政策极有可能导致对环境资源的过度利用。

第四节　区域环境保护分析

一、环境保护与区域经济发展

（一）环境保护与经济之间的关系发展历程

一般说来，随着经济发展，经济与环境关系存在着几个发展阶段。第一阶段：经济起飞之前，经济发展水平低下，主要产业是传统的耕作农业，"三废"排放量极小，并低于自然环境的自身净化能力。第二阶段：环境污染开始出现，经济发展进入了对环境不太友好的污染时期。其后，在环保投入力度不断加大和技术进步的条件下，"三废"排放量不断地绝对减少，当环境质量恢复到经济起飞前的水平或下降到自然环境容量以内时，环境污染时代结束，经济发展与环境的关系进入到崭新的第三阶段。可以说，在第一和第二个阶段初期，人们并没有意识到环境的重要作用，所以传统的经济系统模型把整个经济社会看做一个系统，并不考虑环境的影响也就成了理所当然的事情。在传统的经济系统模型中，家庭和厂商是两个基本行为主体，两者之间通过产品市场和要素市场发生联系（见图 4-1）。对家庭而言，其将土地、劳动和资本等生产要素通过要素市场出售给厂商，厂商付给其货币；对厂商而言，其将生产的产品和劳务通过产品市场出售给家庭，家庭向其支付货币。由此形成一个封闭的没有环境系统参与的孤立经济系统。

图 4-1 传统经济系统

在第二个阶段后期和第三个阶段，人们对环境问题日益重视，环境作为一种能提供各种服务的财产，被纳入经济系统，形成了环境—经济系统。环境—经济系统是由环境系统和经济系统通过技术子系统这个中介环节发生物质、能量、信息和价值的交换或转换，相互作用、交织、耦合而构成具有独立特性和自身运动规律的复合大系统，它由人口、环境、资本或资金和技术四部分组成。其中，环境系统是基础，经济系统是主体，技术系统是联系环境系统与经济系统的中介，而人类系统作为经济、技术及环境的主体隐含在三个系统中。环境—经济系统具有物质循环、能量流动、信息传递和价值增值四大功能，是一个多层次的、庞大而复杂的综合体。作为经济系统的支持系统，环境系统不仅为人类的经济活动提供生存支持，如为经济活动提供原材料、能源，而且还通过本身的自净功能来吸收生产和消费所产生的部分废弃物，以实现循环利用的目的等，其与经济系统之间的关系如图 4-2 所示。

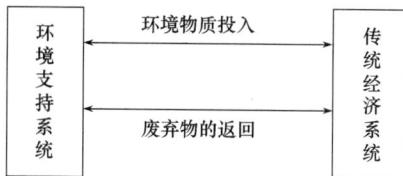

图 4-2 环境—经济系统

环境—经济系统形成了新的生产力分析，认为决定生产力的要素主要有两种：一是系统本身的环境状况，二是人类经济活动。人们在进行传统的生产力分析和不同区域系统比较时，基本上都是用产量的绝对值来进行研究，相对应的生产函数也是只考虑各种投入要素对产值的影响，而忽视了环境因素，最终给人们造成一定的错觉或误差。在环境—经济系统中，环境状况是作为一个影响产出的因素反映在生产函数中的。

（二）环境保护与经济发展之间的关系模型

21世纪以来，随着科学技术的突飞猛进，社会生产力得到了空前的高速发展，并创造了人类前所未有的物质财富。与此同时，人口剧增、资源耗竭、环境污染、生态破坏等矛盾也日益突出，成为威胁人类生存和发展的全球性重大问题。人们终于认识到，人与自然应当相互依存，经济与环境必须协调发展。

协调发展是处理发展经济和保护环境之间关系的最佳选择，协调发展也是保证实现人类社会可持续发展战略目标的必由之路。从区域范围来看，可持续发展也要求要协调社会经济发展与自然资源利用以及生态环境的关系。在追求环境—经济系统的价值增值的同时，根本地要保证环境—经济系统整体最优。

将环境承载能力作为经济增长的综合性约束，生态系统满足经济环境协调发展的特征，由此我们提出经济环境协调发展的四个模式：

1. 无规则波形模式

在此模式下，环境承载力呈阶梯形变化。如图4-3所示。

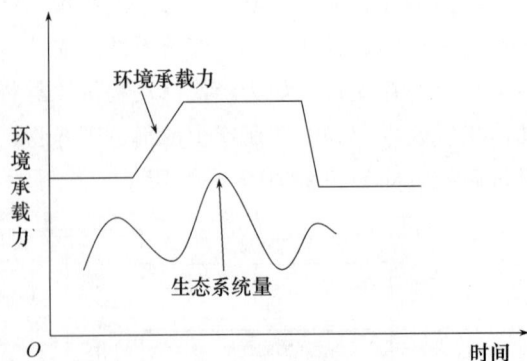

图4-3 无规则波形协调模式

在该模式中，每一次生态系统在接近环境承载力时，人们都会采取措施，减缓生产发展速度，保护和改善环境，使生态系统量下降，环境承载力上升。

达到一定程度后，由于环境为经济发展提供了较之以前更好的发展空间，经济的发展速度加快，表现在图形上便是波形的弧度更陡峭。环境承载力虽然由于人们采取的环境措施而上升，但由于经济发展中对不可再生资源消耗量的与日俱增，使环境承载力再次下降，在新的水平下，对生态系统形成约束。

2. 扁平 S 形模式

这种模式假定环境承载力不变，随着经济发展，生态系统变量以 S 形无限靠近而又永远不突破环境承载力的界限。在这种模式下，经济发展基本上不用考虑环境的限制。对发展中区域来讲，这是一种理想的处理环境与经济发展的模式，如图 4-4 所示。

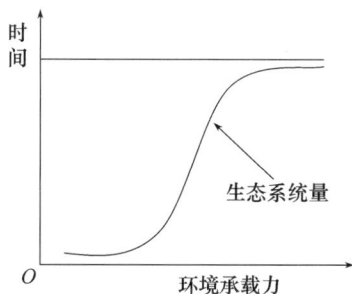

图 4-4　扁平 S 形协调模式

3. 倒 V 形模式

在此模式中，我们假设环境承载能力呈倒 S 形下降趋势。当生态系统量直逼环境承载力时，人们并没有采取措施使生态系统量下调，直至生态系统量达到倒 V 形曲线顶点时，才减缓经济发展速度，使生态系统量重新回归到环境承载力以下，并严格受环境承载力的约束。这种协调发展模式虽然在一个时期内经济发展超过了环境承载力，但是这种超越并非人们不可忍受，它反映了落后区域为了实现经济起飞的目标，而不得不暂时放弃一部分环境目标的发展战略，如图 4-5 所示。

4. 规则波形模式

这种协调发展模式假设环境承载力和经济发展均呈规则正弦波形变化，且环境承载力波谷必须严格对应生态系统的波峰。假设条件的苛刻性注定了这种协调模式只能是一种理想的协调状态，在现实生活中很难实现或者根本不可能实现，如图 4-6 所示。

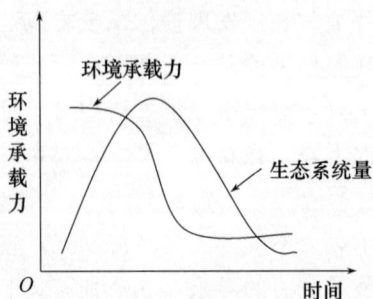

图 4-5　倒 V 形协调模式

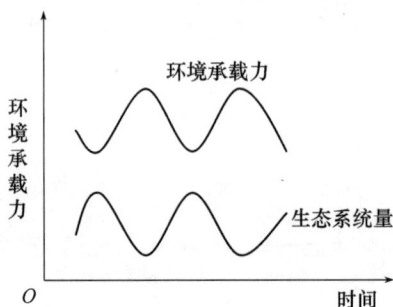

图 4-6　规则波形协调模式

二、环境保护政策措施

对于区域环境的治理是一个非常重要的问题。西方经济学中，外部性是解决环境问题成因的基本理论，在此基础上，治理环境的途径主要有以下几种思路：

（一）新古典主义的"庇古税"

英国经济学家庇古在 1920 年出版的《福利经济学》中对环境的外部性进行了分析，他认为企业生产排放的污染物，影响了人们正常的生产和生活条件，造成了社会的损失，但企业的生产成本中并没有包括这个损失，使得私人边际成本和收益与社会边际成本和收益不一致，使得完全竞争厂商按利润最大化原则确定的产量预案和按社会福利最大化确定的产量严重偏离，并且这一偏离并不能单独依靠市场来消除。针对上述情况，他提出了纠正外部性的办法——

根据污染所造成的危害对排污者征税，用税收来弥补私人成本和社会成本之间的差距，使二者相等。这种税被称为"庇古税"，即今天的"排污费"。庇古税也因此成为环境经济学家们为解决环境污染问题开出的最早的经济药方。

庇古税的示意图如图 4-7 所示。图中 $MNPB$ 为企业边际私人净效益，MEC 为其边际外部成本。Q' 为均衡产出量，相对应的 W' 为均衡产出下对应的企业产生的污染水平，此时社会福利达到最大化。但是企业为追求利润最大化，必然会在均衡产出的基础上继续增加产量，直至其边际私人净效益为零，即 Q，而此时其产生的污染水平为 W，高于 W'。为把企业的产出水平限定在社会福利最大化的产量 Q'，必须对其征税，税率就等于均衡产出所对应的边际外部成本，即污染对外部所产生的损害。这样，企业在产量达到 Q' 时就会自动停止生产，因为对其征税后其边际私人净效益已为零，从而实现把污染水平控制在 W' 的目的上。

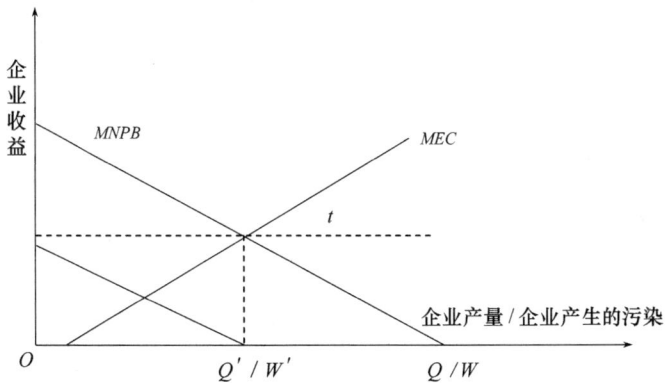

图 4-7 庇古税示意图

然而庇古税虽然在理论上是可行的，但是实际操作起来却非常困难。因为庇古税的制定需要明确掌握企业边际私人净效益曲线和边际外部成本的信息，而这对于政府来讲是很困难的，其原因主要是：一方面在没有激励机制的情况下或者激励机制产生的收益不足以弥补企业可能遭受的损失的情况下，企业会为了自己的利益而向政府隐瞒其私人成本和效益，加之在企业数量众多的情况下，使搜集每个企业的净效益信息的成本更加难以想象。另一方面制定边际外部成本，不仅需要有关的详细信息，而且还要求对这些搜集信息进行正确的分析和理解。边际外部成本是人们对物理性损害的反应和感受，并用货币价值来计量感受的过程，中间包括了很多信息（如企业产品生产能污染的量、污染物对人们可能造成的危害等等）的转换，这些转换复杂且涉及不同利益集团的不同观念，造成准确地确定边际外部成本十分困难。这两方面都会产生信息的不对称，使税率难以确定。而且政府还需要对企业的排污量进行经常性监测，这不仅会增加政府的管理成本，而且还会导致寻租行为的滋生。再者，当通货膨胀或经济扩张阶段企业污染增加时，实行"庇古税"并不能真正减轻污染。

（二）产权管理

美国芝加哥大学 R. H. 科斯教授给出了解决外部性问题的另一个理论框架，即产权管理。他指出当存在外部性时，只要交易成本为零，而且产权是明确的，那么无论谁拥有产权，通过市场都可以使资源得到同样有效的配置。他首先对负外部性的受害方规定了产权，根据这种规定，地方政府可以根据受害方的要求，强制污染方把负外部性的数量减至为零。这样就使污染方和受害方之间存在了通过讨价还价来解决污染问题的可能性。同时，科斯还对另一种产权进行了规定，这种规定与前面的规定相反，即受害方没有免受负外部性的权利，除非它愿意购买这种权利。在综合分析的基础上，科斯得出了著名的科斯定理：在有效的产权规定条件下，处于外部性的有关双方之间的权利交易，将消灭帕累托相关外部性，而且产生一个高效率的均衡状态，使得偏离该结果时至少有一方受到损失。科斯定理还说明了只要是在有效的产权条件下，资源配置最优效率状态或结果与具体的产权规定无关。科斯反对政府利用排污标准、收费或补贴进行干预。

我们用图 4-8 来具体分析科斯定理的基本含义：

图中 $MNPB$ 为污染方的边际私人净收益曲线，MEC 为污染的边际外部成本，由受害方承担。首先，讨论受害者拥有产权的情况。当受害方和污染方进行谈判时，其谈判的起始点在原点 O。在原点处，受害方希望完全没有污染，即污染的边际外部成本为零，这是一个极端情况。但是双方同样可以进行谈判。当谈判由起始点移动，假设到 a 点，此时污染方的总的净收益为 $oabc$，受害方承担的总成本为 oad。由于污染方的边际私人净效益曲线在其所要补偿的受害方的边际成本期限之上，因此其有动力对受害方进行补偿，使双方都受益，即比原来状况更好。具体来说，也就是污染方拿出净收益的一部分，对被污染方进行补偿，使其收益大于 oad 即可，而受害方也会由于状况比污染前更好而乐于接受一定的污染。所以由原点向 a 移动是帕累托改进，这种运动就会继续，直至到达 Q'。在 Q' 这一点上，污染方的边际净收益等于受害方的边际外部成本，这也是双方谈判与否的转折点，在 Q' 继续向右移动时，污染方的边际净收益低于受害方的边际外部成本，其对受害方进行补偿后，边际净收益小于零，污染方就不会和受害方谈判了，而是直接限制自己的生产。因此，当受害方拥有产权时，我们开始于原点，其有向 Q' 点移动的趋势。

如果污染方拥有产权时，起始点在 Q，也就是说受害方没有免受污染的权利，污染方会根据使自己净收益最大化的原则来安排生产。从此 Q 点向右移动是不可能的，因为污染方在 Q 点时如果继续增加产量，其净收益反而会降低，而且还得不到任何补偿。但是从 Q 点却有可能向左移动，假定为 e 点，此时受害者的边际外部成本 f 大于污染者的边际净收益 i，按照第一种情况的原理，受害者可以拿出自己需承担的总外部成本中的一部分补偿被污染者，使其收益大于 eiQ 即可，此时双方均受益。所以由 Q 点向左移动也是帕累托改进，这种移动同样也是到达 Q' 时为止。

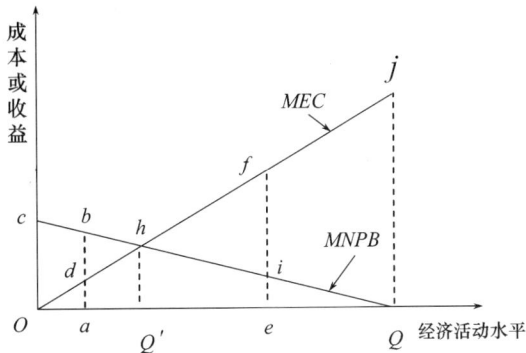

图 4-8 由谈判达到的最优污染

鉴于以上原因，科斯特别强调市场机制的作用，认为在不需要政府干预的情况下，通过产权明晰和污染方与受害方的谈判，市场可以自己解决污染问题。

然而产权管理理念在实践中同样存在着很多的问题，使其优化机制难以运行。第一，科斯的产权管理的假设前提是市场是自由竞争的，而现实世界多为不完全竞争，从而使产权管理失去了理论基础。第二，产权难以界定。产权明晰是进行交易的必要前提，而环境资源很多都是属于公共财产，如空气、草场、公海等，要明确它们的产权根本就不现实。而且即使在名义上规定了其产权，在执行中还是无法消除外部性的。第三，交易成本过高。这些交易成本包括把双方召集到一起的费用，调查事实已确定损害和赔偿的费用等等，成本过高使交易成功的可能性降低。第四，环境信息的不对称和讨价还价过程中的非合作博弈，也可能导致通过产权管理的途径达不到帕累托最优。但是不管怎么说，产权管理思路还是为人们解决污染问题提出了一个新思路。

（三）政府干预

一般来说，政府控制污染的手段有直接管制手段和经济刺激手段两大类。

1. 直接管制

直接管制就是区域政府根据相关的法律、规章条例和标准等，直接对污染物排放进行规定。在环境管理政策领域，直接管制在发达区域和发展中区域都是传统的、占主导地位的环境管理手段。直接管制的前提是有相关的污染控制法律，然后根据这些法律对每一个厂商和消费者确定污染物排放种类、数量、方式以及产品和生产工艺相关的污染指标，并要求有关的生产者和消费者必须义务性或强制性地遵守，对其违章行为进行经济或法律的制裁。直接管制最具有代表性的就是环境标准，即政府制定并依法强制实施的每一污染源特定污染物排放的最高限度，超过这个限度，将会受到惩罚。

区域环境标准具有以下三个特性：[①]

第一，环境标准受控于企业的发展水平和阶段。

企业的发展同样也是一个历史的过程，其技术、管理、规模既和企业所处的时代有着密切的联系，又和企业的发展成长历史有关。企业的环境治理作为和生产有着紧密联系的一个部分，不可能超出企业生产的技术水平和管理水平而孤立存在。污染治理的水平既和政府的环境法令标准有关，也受控于企业的发展水平和阶段。企业的发展成长历史从一个侧面就是一个国家或地区的现代化的历史。环境标准是和企业的经济技术、管理、规模等因素相联系的，不能超出企业的可能来制定环境标准。

第二，环境标准和区域经济发展中产业结构的发展、变化相联系。

一个国家的产业结构是社会生产力的存在形态和运行载体，是资源配置的宏观方式。产业结构随着国民收入的增加而发生变化，一次产业、二次产业、三次产业不断演进，劳动密集型产业、资本密集型产业、技术密集型产业逐步成为主导产业的过程就是一个国家经济不断发展实现现代化的过程。产业结构

---

① 张宇、齐欢：《关于区域经济发展与环境保护最佳结合点的思考》，载《经济论坛》2005 年第18 期，第10—11 页。

的演进对环境发生了深刻的影响。环境标准也和其他的标准体系一样，是和经济发展阶段紧密联系的，不能脱离实际的经济发展水平来谈环境标准。

第三，在环境支付意愿随着区域经济发展而不断提高的过程中，可以实行更加严格的环境标准。

在良好的环境中生活和工作，是人们的共同愿望，但却要为此付出经济代价，从这一点上说，获得良好的环境可以看作是一种环境消费。在国民收入提高以后，一般商品或劳务的数量会大大增加，而环境资源将表现得越来越稀缺，人们对环境的支付意愿将会越来越高，环境标准也将得到不断地提高。

环境标准和区域经济发展之间存在着一个最佳结合点，即边际 GDP 等于环境边际成本，如图 4 - 9 所示。

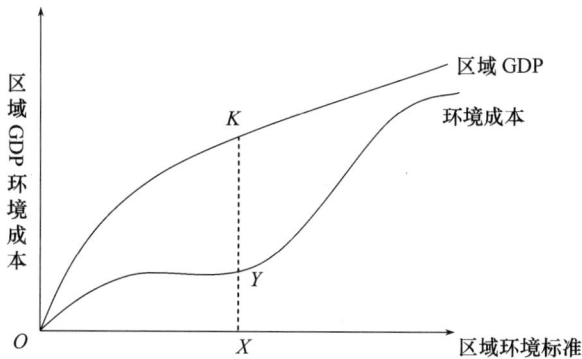

图 4 - 9　区域环境与经济的最佳结合点

在 X 点处，区域经济与环境实现了最佳结合，即区域 GDP 与环境成本的差值最大，即绿色 GDP 最大。此时，区域环境质量实现了最优。通过进一步分析我们可以看到，在 X 点处，边际绿色 GDP（MG）必然等于边际环境成本（ME）。因为当 $MG > ME$ 时，每降低每一环境质量标准，其所增加的绿色 GDP 大于环境损失成本，那么环境质量标准会继续降低，直至 X 点，即 $MG = ME$。当 $MG < ME$ 时，每提高每一环境标准，其所减少的绿色 GDP 小于所降低的环境成本，因而环境标准会继续提高，同样直至 X 点。

然而直接管制手段也具有局限性，主要表现在以下几个方面：（1）管制政策的滞后性。直接管制要求政府逐个对生产工艺或产品指定详细的规定，而这需要大量工程和经济方面的数据，而且一般需要很长时间才能完成，从而使政府很难对新技术的采用和新环境状况的变化做出及时反应。（2）成本高，执行的阻力大。直接管制很难考虑企业间的技术差异和污染物处理边际费用差异，执行统一管制或排放标准相对于污染收费或排污权交易来说，其成本高。而且控制费用越高，它所招致的阻力、拖延甚至否决的可能性也越大。（3）直接管制手段缺乏创新。在当代，区域环境问题主要是众多小型分散的污染源及其污染防治（如工艺改革、产品结构调整等）问题，这些污染问题很难借助于传统的管理手段加以解决。（4）管制手段缺乏效率。无论是从理论上还是从实践上都表明直接管制缺乏效率，主要表现在以下两方面：第一，排放标准制定本身缺乏费用—效益分析；第二，直接管制费用比其他控制污染的手段费用更高。

2. 经济刺激手段

经济刺激手段与传统的管制手段密不可分，经济手段的本质特征体现了"污染者付费原则"（PPP 原则）。PPP 原则是 1972 年经济合作与发展组织环境委员会首次提出的，指的是污染者必须承担削减措施的费用，这种措施由公共机构决定并能保持环境处于一种"可接受的状态"。

经济刺激手段就是有关政府机构为改善环境，向那些自发的和非强迫的污染行为提供金钱刺激的一种手段。一般来说，经济刺激手段可分为收费、补贴、押金制度、人工市场方法和强制刺激手段等类型。其中，最富有特征和广泛使用的是排污收费和排污权交易。

排污收费是指依照国家法律和有关规定按标准对环境排污者或超过规定的环境排放标准的排污者收取费用的环境治理手段。这种环境治理手段虽然可以直接体现政府的管制力度，但效率不高。

排污权交易最早由戴尔兹（J. H. Dales，1968）提出的，是指政府制定总排污量上限，按此上限发放排污许可证，排污许可证可以在市场上买卖。可以说，排污许可证制度对于区域环境的改善和治理是一个可供选择的方法，蒂登伯格（Tietenberg，1980，1985）对废气排放许可证的交易进行了广泛的文献综述和政策分析。分析结果显示，排污许可证制度有显著的优点，政府不需要知道有关的产出需求生产成本和污染消除成本等市场数据，它只需要根据区域环境容量，确定污染排放总额，采取适当的方法在污染者之间分配或拍卖最初的许可证。许可证价格可随市场交易自行变化。实行排污许可证交易，既能控制区域内的总体污染水平，又能保证市场调节下的区域资源最优配置。由于许可证总是配置于效率最高的厂商，因此市场调节能够达到与总量标准相符的社会最优产出、厂商规模和市场结构。

然而对区域环境政策来讲，是否在各个区域都应该实行统一的限制标准，而不用考虑排放者所处地理位置呢？对特定区域而言，环境被限定在一定空间内，这也就意味着污染物和吸收物都有空间范围的限制。然而，不同区域由于区域环境在福利功能方面具有互相依存性，而且环境公共物品的特性使得搭便车现象普遍存在，还是会导致环境标准的区域性差异。主要表现为：（1）不同区域受污染影响的居民数量不同。（2）由本区域污染所产生的有害性的强度大小不同，有的区域自身所产生的污染有害性很小，然而由于受区际污染的有害性强度较大，造成本区域污染的有害性强度增大。（3）环境质量也随区域的不同而呈现出高低的差异性：由产业部门的状况所决定的废物排放程度的差异；人口密度及与此相关的一定的污染物所造成的损害程度的差异；环境的吸纳能力的差异；居民对环境质量的偏好程度的差异等。（4）本区域减少污染排放的成本不同。区域减少污染排放既与排放者的排放程度和所在的地理位置有关，又与受害者受影响程度有关。对于一定的排放标准而言，距离受害者较近的污染排放者一定要比较远的排放者对于污染的浓度负更大的责任。因此，对不同区域来讲，实行相同的限制标准是行不通的。对区域内不同的排放者来说，都应该面临唯一的排放费，而且要反映受其影响的受害者的地点数量等参数变化。

但是，这又引发了另一个问题：区域环境政策究竟该由谁制定呢？是由自治的地方政府制定并执行，还是由国家去制定并执行呢？一般来说，这两者都具有效率上的缺陷：地方行政机构所制定的环境政策肯定会受本地区其他问题的影响，如为了区域经济的发展，吸引企业进入，放松对环境的控制，允许污染工业迁入等，从而不利于污染的减少和控制；而由国家来制定和实施环境政策，又需要很大的信息成本，而且集权化的解决方案又容易导致解决措施过于粗略的问题。因此，应该根据具体情况，实行对二者的统分结合。在外部性问题可以内部化时，充分发挥地方政府的积极主动性，在解决跨区域污染问题时，就需要进行全国性的管理，或者采取监控区域间污染扩散的措施，或者是对污染物的跨区域流动实行适当的影子价格。

（四）其他配套政策措施

政府仅仅通过直接管制和经济刺激来管理区域环境是不够的，还需要其他一系列相关的配套措施。

1. 建立区域环境发展滚动基金

由于环境资源具有作为公共物品的特性，个人、企业或地区一般不会单方面采取环保行动，同时"污染者支付"的机制在施行中具有局限性（它以较成熟的市场经济为基础），所以无论是从区域间或区域内利益的角度考虑，环境基金无疑是一种合作性的选择。由于环境基金的资金来源渠道多样，而且一般实行的是开放式管理，那么就有必要对环境资源投资的项目进行较为准确的评估和严格的筛选，其投资决策过程也必须是公开和透明的，这样才能获得最大的环境资源效益。

2. 加强整个社会对环保的重视

社会重视主要包括三个方面：一是提高环境保护意识。环境生态保护是一项公益事业，缺乏经济上的营利性。因此，环境生态保护事业的推进，在很大程度上靠社会良知的提高。因此，必须提高政府的环保意识，加强对环境污染危害性的认识，搞好环境保护知识的宣传、普及和教育工作。二是健全环保立法。环境保护方面的法律法规是加强环境保护的重要保障。三是加强环境管理。强化行政管理手段的力度，切实起到对企事业单位环保工作的监督作用，特别要强化对企事业单位环保设备运行情况的监督管理工作；要不断探索和完善环保管理中的经济手段；在环保规划管理方面，将环保规划纳入国民经济与社会发展规划基础上，花大力气监督规划项目的认真执行，确保规划目标的实现。

3. 为区域环境保护提供技术支持

环境保护从技术上来看包括污染源控制、污染物控制和环境容量利用三个环节。污染源控制的目的在于减少污染物的产生量，具体手段有产业结构调整、工业设备技术水平提高，加强生产过程中跑、冒、滴、漏现象的管理，降低能耗、物耗和能源原材料的净化措施等；污染物控制的目的在于减少污染物的排放量，具体手段是污染物治理；环境容量利用的目的在于降低单位污染物排放量所造成的环境污染贡献水平，具体手段主要包括调整布局、选择排放方式和提高环境容量水平等。布局调整就是在摸清环境容量分布现状的情况下，根据各种人类活动对环境容量要求的差别划分环境容量，根据环境功能区来调整不合理的工业布局，以充分利用环境容量，降低环境污染对人群的危害。排放方式的选择是指污染物排放口的具体形式选择。提高环境容量水平手段还有植树造林、水土保持、涵养水源等。

4. 控制人口数量，提高人口素质

正如前文我们所述，人口是引发区域环境问题的一个重要因素。要改善和保护区域环境，控制人口数量，提高人口的素质是非常关键的一环。人口数量直接关系到资源消耗的数量，关系着环境压力的改善与否；而人口素质则可以提高劳动力素质，优化产业结构，缓解环境污染和生态退化。

5. 大力发展循环经济和清洁生产

循环经济，可以使经济系统与生物圈相兼容，并最终持久生存下去。在区域内建立生态持续性的工业体系，不仅可以使资源消耗最小化、合理化，而且还通过生态工业链，将其他工业生产过程中所产生的工业废物作为原料，生产出新产品，使工业废物资源化。通过废物的循环利用，既减轻了环境污染，又增加了物质循环，降低资源压力。

在区域内积极推进以资源减量化和环境无害化为主要目的的清洁生产，则可以引导区域、企业走可持续发展之路。

三、区域环境政策评估模型

这里主要分析两个评估环境政策的区域经济效应模型。

（一）里昂惕夫模型

里昂惕夫把投入—产出扩展模型运用到排放污染和减少污染的活动中，建立了一个评估环境政策的区域经济效应模型。[1] 他首先用投入产出表中的一行代表污染系数（a_{gi}），用于表示污染从经济活动向环境的流动，同时忽略物质守恒定律，即不考虑物质由环境系统向经济系统的反向回流。其次，假定污染工业可以运用来自其他工业部门的投入消除由技术水平决定的一定水平的污染，对投入—产出表进行扩展，如表 4-1 所示：

表 4-1　包括与污染相关活动的投入产出表

	生产部门 1，2，3，…，m	反污染工业 m+1，…，n	最终需求	总　　计
生产部门	1 2 3 aii ⋮ m	a_{ig}		
污染物	m+1 m+2 a_{gi} ⋮ n	a_{gk}		
附加值				
花费总计				

① Leontief, W., 1970, Environmental repercussions and the economics tructure: an input-output approach, Review of Economics and Statistics, LII: 262—271.

在此基础上，里昂惕夫建立了其物理 I-O 平衡模型，用来检验各种减少污染的技术和政策对价格的影响。其公式如下：

$$\begin{bmatrix} X_1 \\ X_2 \end{bmatrix} = \begin{bmatrix} I-A_{11}-A_{12} \\ A_{21}-I+A_{22} \end{bmatrix}^{-1} \begin{bmatrix} Y_1 \\ Y_2 \end{bmatrix}$$

其中，$A_{11} = [a_{ij}]$，$A_{12} = [a_{jg}]$，$A_{21} = [a_{gi}]$，$A_{22} = [a_{gk}]$

$$X_1 = \begin{bmatrix} x_1 \\ x_2 \\ \vdots \\ x_m \end{bmatrix} \quad X_2 = \begin{bmatrix} x_{m+1} \\ x_{m+2} \\ \vdots \\ x_n \end{bmatrix} \quad Y_1 = \begin{bmatrix} y_1 \\ y_2 \\ \vdots \\ y_m \end{bmatrix} \quad Y_2 = \begin{bmatrix} y_{m+1} \\ y_{m+2} \\ \vdots \\ y_n \end{bmatrix} I$$

$i = 1, 2, 3\cdots, m$ 为生产部门；$g, k = m+1, m+2, \cdots, g, \cdots, k, \cdots, n$ 为污染物。

1976 年，里昂惕夫又与他的合作者将此模型扩展为把世界划分为 15 个区域的 I-O 模型。在此模型中，区域经济流通过一个已计算好进口和出口系数的虚拟区域来处理，但是美中不足的是，该模型没有考虑区际间的流动问题，使其具有一定程度上的局限性。

（二）区域计量经济学模型[①]

区域计量经济学模型是以美国开放性大都市为研究对象的经济计量模型，该模型可以用来测算控制空气污染战略影响的经济范围，是一个把超过 211 个方程运用到生产分块、收入分块、劳动力市场分块、资源使用分块，并把它们与国家投入—产出模型联系在一起的凯恩斯式的区域计量经济学模型。

其中，生产分块方程组由柯布—道格拉斯生产函数、投资方程式、资本存货恒等式和工资方程组成。具体如下：

$$V_{ijt} = A_j N_{ijt}^{\alpha} K_{ijt}^{1-\alpha}$$

$$\pi_{ijt} = (1-\alpha) V_{ijt}$$

$$I_{ijt} = f (\pi_{ijt}, K_{ijt-1})$$

$$K_{ijt} = K_{ijt-1} + I_{ijt} - d_j K_{ijt}$$

$$W_{ijt} = f (W_{ijt-1}, U)$$

式中，i 表示都市区（$i = 1, 2, \cdots, 91$），j 表示制造业部门（$j = 1, 2, \cdots, 19$），t 表示时间段，V 为附加值，N 为就业，K 为资本存量，π 为总

---

① 彼得·尼茨坎普：《区域和城市经济学手册》（第一卷），经济科学出版社 2001 年版，第 612—615 页。

利润，I 为投资，W 为平均工资，U 为地区失业，d 为折旧率。

收入分块方程式：

$$Y = f\left(\sum_j V_{ijt}, C_{it}, G_{it}\right)$$

$$C_{it} = f\left(Y_{it}, C_{it-1}\right)$$

$$G_{it} = f\left(T_{it}\right)$$

式中，Y 是个人收入，C 是消费者个人支出，G 为都市政府收入。而且，这里个人收入和消费以及政府开支都是以制造业收入为基础。

劳动力市场分块由就业恒等式、失业方程和劳动力供应方程组成，具体计算公式如下：

$$\overline{N}_{it} = f\left(Y_{it} - \sum_j V_{ijt}\right)$$

$$N_{it} = \overline{N}_{it} + \sum_j N_{ijt}$$

$$U_{it} = \frac{L_{it} - N_{it}}{L_{it}}$$

$$L_{it} = f\left(U_{it}, P_{it}, \frac{\sum_i W_{ij} N_{ij}}{\sum_i N_{ij}}\right)$$

式中，$\overline{N}$ 和 N 为非制造业部门的就业和总就业，L 和 P 为劳动力和人口。而且在劳动力市场上，非制造业被视为剩余活动。

资源分块提供的是工业部门和建筑业部门对不同燃料和电力的需求，我们在此不再详述。

为了促进外部市场对各区域经济发生作用，同时获得区域反馈信息，引入全国的 I−O 模型。区域 i 的制造产业 j，其产出在全国该类产业产出中所占的份额——区位商为：

$$b_{ij} = \frac{X_{ij}}{X_j}$$

而区域制造业产品在全国性的市场中需求总额为：

$$X^* = BX$$

式中，X 为全国产业需求向量，B 为各区域制造业市场份额矩阵，且有：

$$X = \left[X_j\right]$$

$$B = \left[b_{ij}\right]$$

当以最终需求的变化量表示从污染控制中获得的净收益时，则这些收益的影响为：

$$X= (I-A)^{-1}Y$$

而这些收益将按照 $X^*=BX$ 分配给各区域。

该模型尽管提供了对污染控制政策的经济效应的经验估计，但是其应用性却因缺乏对区域经济模型的详细说明而有所减弱。而这些缺点在当今都已经得到了克服，我们在此不再详述。

第五章 区域经济系统分析

经济系统是区域系统的一个子系统，它是社会再生产过程在与区域资源、环境系统进行物质循环、能量转换、信息传递的整个循环运动中，由经济发展要素、产业部门结构及各个环节的时空组合形成的国民经济有机体系。区域系统分析中对经济子系统的分析重点是对其空间结构和产业结构的分析。

第一节 区域经济系统的内涵

一、区域经济系统的特点

区域经济系统是指在特定地域内人类所进行的经济活动及其与该地域内特殊资源禀赋相互作用、相互影响所形成的有机整体。

区域经济系统具有以下特点：

（1）整体性。整体性是一个系统存在的首要条件，是所有系统的共有特征。区域经济系统的整体性就是组成区域经济系统的各子系统或各要素之间相互联系、相互作用、相互依托、不可分割，共同组成了一个有机的整体。各种经济活动因自身发展的要求而集结在一起，是整体性形成的根本原因。

（2）综合性。区域经济系统的综合性主要表现为区域经济发展过程中资源利用的综合性、生产布局的综合性、环境的综合性、经济要素组合与配置的综合性、经济管理的综合性等。

（3）层次性。在区域经济系统中管理机构和发展战略等都表现出了它的层次性。一个区域经济系统的管理机构，通常包含几个下属子机构，它们之间具有上下级的关系。上级机构通常是兼顾全局的决策机构，下级机构一般是执行决策、安排计划等。另外，一个管理机构通常有一个决策团体，它包括的成员通常代表着一定地区人们的利益。对于区域经济系统的发展战略规划来说，发展战略的层次性是指在什么时间、什么地点、发展何种类型的经济部门。

（4）相关性。区域内城乡之间，各行业、各部门之间都被经济联系紧密地维系在一起。这一联系又通过对基础设施的共同使用，及其同存在于一个政治、地域及文化背景之中而被加强。

（5）开放性。区域经济系统是不断发展变化着的，它与区域系统的其他子系统在结构和层次之间、边界之间总是存在着相互联系和相互作用，进行着物质流、能量流、信息流、货币流和人口流的交接和转换。同时，由于不同区域经济要素禀赋的差异及发展战略的不同，使得不同区域经济系统的发展具有不平衡性。在生产力发展的不同阶段，区域经济系统间的交流的具体内容和方式以及决定区域经济系统间差异的因素是不断变化的。一方面区域经济系统根据劳动地域分工的要求和各区域系统的发展水平、功能等要素的不平衡性确定其分工的功能与地位，从而也确定其相互间的作用关系；另一方面系统的环境变化使系统产生波动，并由一个区域经济传导到其他的区域经济系统。

（6）动态性。区域经济系统的动态性主要表现在地域空间和时间上的相互关系。经济系统作为客体存在，其状态集合与环境集合都是非空的，状态参量随时间和空间的变化而变化，发展不平衡。从时间角度看，区域经济系统内各要素发展速度不平衡；从空间角度看，区域产业布局、集聚程度存在着经济势差，极易引起竞争并形成动态的经济流和经济力。

（7）复杂性。区域经济系统的复杂性主要表现在开放性、空间结构和系统的发展目标等方面。

二、区域经济系统的构成

任何系统都是由相应的组成部分，以一定的方式结合而成的。区域经济系统的构成可以分别从空间上和性质上两方面来论述。

在空间上，区域经济系统是由中心区和外围区组成。二者既相互促进，又彼此存在着矛盾。中心区为其附近的外围区提供经济发展的各种资金和技术支持，而外围区则为中心区的发展担当了后勤保障者的角色，即为其发展提供供养，又可以作为其产品的消费市场；但是，两者的矛盾也随着区域经济的发展日益突出，如对外界环境资源的争夺等方面。在两者的互相联系过程中各种经济组织提供的产品和服务的供给与需求充当两者联系的纽带。当这种联结脆弱时，就呈现出经济发展的二元结构现象，中心和外围之间不再相互促进和渗透，而是更多地表现出其互相矛盾的一面，整个区域经济的有机性也较差。当这种联结的广度和深度足够大时，二者就会表现出强烈的互相促进性，中心区成为外围区的经济辐射区，健康协调的区域经济系统得以形成。

在性质上，区域经济系统由管理子系统和大生产子系统两部分组成。管理子系统主要是由营运经济管理职能的部门组成，它可以通过制定区域经济发展战略规划，以及相应的政策法规等促进或抑制某种行业或特定地区的发展。大生产子系统又由生产、交换和分配子系统构成。其中，生产子系统泛指由隶属于工业、农业、建筑业等的经济组织构成的系统，能提供最终或中间产品；交换子系统是由隶属于交通运输（包括基础设施）、邮电通信、批发商业、金融业等的经济组织构成的系统，能提供传递性质的服务，促成产品、资金和信息实现空间上的位移；分配子系统是由隶属于零售商业、旅游业、餐饮旅馆业等的经济组织构成的系统，完成为消费者提供最终产品的服务及相关形式的服务。管理子系统和大生产子系统相互促进，相互影响，两者辩证地统一。在不同的区域环境下和区域经济发展的不同阶段，都可能成为促进区域经济发展的主要动力。①

三、区域经济系统的演化和发展

（一）区域经济系统演化的动力

区域经济系统演化的动力是协同和异化作用的对立统一。协同作用通过协调各个要素之间的相互作用，使系统趋向某一个有目的的终点，实现由无序到有序、由低级到高级演化，即趋向一个由系统结构确定的系统终态。但是，这

---

① 高佃恭、安成谋：《区域经济系统初探》，载《地域研究与开发》1998年第17卷，第3页。

种演化基本上不会导致系统发生更大的质的飞跃。异化作用与协同作用刚好相反，它能使系统产生新的结构和功能，也正因为如此，在系统的进化过程中，异化作用似乎占有更重要的地位。协同和异化作用的矛盾运动共同推动了系统的进化过程，推动区域经济系统向前发展。

（二）不同角度下的区域经济系统演化过程

区域经济系统演化一般经历两种状态：一是渐变，即所谓的量变；二是突变，即所谓的质变。系统渐变和突变引起的经济涨落是导致区域经济系统达到有序的主要原因。涨落有微涨落和巨涨落之分。巨涨落是在一定条件下由微涨落演变而来，即当经济要素达到或超过某一临界值，微涨落就会演化成巨涨落。经济涨落能够使经济系统不断偏离原来的状态和轨道。当区域经济系统处于稳定状态时，经济涨落会对它产生干扰，引起区域经济系统偏离稳定，走向混乱。而当区域经济系统达到不稳定临界状态时，经济涨落可能会放大成"巨涨落"，使区域经济系统从不稳定状态跃迁到一个新的有序状态。

从系统内部的组成要素的运动来看，区域经济系统的演化过程就是各经济部门在一定外部环境条件下的创新和重组过程。这些创新和重组的动力来自于两个方面：其一是区域经济系统内各部门的竞争与协同。系统中能够适应外部环境的经济部门迅猛发展，比重不断增加，前向、后向和旁侧关联部门也随之发展，在系统协同作用下形成更强大的竞争力，逐渐成为区域经济系统的主导部门。而系统中不能适应外部环境的经济部门，则在竞争中被削弱，退居次要地位，甚至被淘汰。其二是区域经济系统各部门的效率与效益。深入研究区域经济系统演进历程，就会发现在经济系统竞争中存活并不断发展壮大起来的经济部门都是创新能力强、生产率上升快的部门，这些部门的涨落更容易引起经济系统结构偏离原来的平衡位置。现实区域经济系统是非常复杂的，影响区域经济系统演化的变量很多，在系统演化临界点上有时会出现多个权重相当的序参量，这里我们仅把区域经济系统自组织演化的形成条件归纳为区域收入弹性、区域生产上升率和区域关联效应三个变量。其中，区域收入弹性越大的经济部门，说明其发展越快，在整个区域经济系统中所占的比重越高。如果该部门是一新兴部门，则由它所引起的涨落就越能使新的经济结构远离系统原来的平衡位置。区域收入弹性是从需求角度提出的面向市场的经济条件，是区域经济系统自组织演化的基础。而区域生产上升率则是从供给角度提出的区域经济系统演化的条件，是指区域某一经济部门的要素生产率与其他部门的要素生产率的比率，是区域经济实现系统涨落并逐步趋于稳定的必要条件。区域关联效应能够反映出区域经济部门间相互作用关系的变化及某一经济部门对其他部门的直接扩散效果，是区域经济系统自组织演化的约束条件。当区域经济系统演化的三个自组织条件达到或超过一定的临界值，并且区域系统中其他诸如文化、心理因素也具备适当条件时，某些经济部门就会崛起并波及另一些经济部门，产生一系列连锁反应，区域经济系统新的有序结构便会逐步形成。[①]

从区域经济系统的结构特征上来看，经济系统的演化主要发生在区域产业结构和空间结构两个序列上。区域产业结构的演化取决于区域主导产业，而主导产业的演化则是由区域经济发展的阶段所决定的。在不同的经济发展阶段，区域内各产业发展的生产要素、资源禀赋、资源配置能力、区位条件、环境条件、技术水平等都存在差异，因此也就决定了不同区域具有不同的主导产业。主导产业和其他产业之间互为条件、相互制约，不断推动产业结构由低级向高级演化，并形成区域所特有的产业结构态势。区域空间结构是区域经济系统的一种重要结构，也是我们以下要分析的重要内容。一方面，各种经济活动把分散在区域空间上的相关要素组织起来，形成特定的经济活动过程；另一方面，各种经济活动之间相互联系、相互配合，形成不同的经济活动空间结构。

（三）区域经济系统演化的阶段

区域经济系统演化过程可分为以下几个阶段：

第一阶段是协同性系统阶段。这是最低级的阶段，系统刚从无序的状态转化过来，要素之间形成了一个有机的整体，并表现出原始状态的"自组织"的效应。在原始社会，区域经济呈现出这种系统状态和结构特点，经济活动都是靠氏族力量和血缘关系来组织的。

第二阶段是反馈控制型系统阶段。在这一阶段，系统内同时存在协同作用和异化作用，形成许多"亲密要素"。在"亲密要素"联系范围内，协同作用起决定性作用。在各个"亲密要素"之间又是异化作用具有支配地位。因此，系统内部形成不同功能的组织，这些组织之间相互控制、相互影响，其结果必然造成一种相对集中的核心系统，由它来统一协调各功能团间的联系。在封建

---

① 王子龙、谭清美、许箫迪：《区域经济系统演化的自组织机制研究》，载《财贸研究》2005年第6期，第5—7页。

社会和以农业为主的区域经济中，其系统的经济结构和组织方式呈现出这样的特征，系统内的经济活动靠一些强制性的机构来控制。

第三阶段是自适应系统阶段。在这一阶段，系统形成了信息加工处理功能，并有了比较完整的自适应控制系统，可以将预先储存的信息作为经验模本，来判别新传递来的信息，并做出反射性的调控行为。工业社会中，市场经济占主导地位，区域内的经济活动主要由"看不见的手"——市场机制的调节。

第四阶段是创造型系统阶段，也是最高级的阶段。这一阶段，系统最大的特点就是创造，它不仅包括了前几种系统所有的功能，而且还有前几种系统没有的功能，即创造出新的东西。这种系统实质上是一种全新调控系统，系统的各个子系统都分别具备别的子系统的性状和功能，无论哪一部分子系统遭到破坏，它都会迅速地用别的子系统复制自己，重新恢复自己的功能。最有意义的是，创造型系统有自我复制和更换决策中心的能力，可以修正自己的错误，否定旧的结构和元素，创立新的结构和模式。在发达地区，经济活动正由自适应系统向创造型系统过渡，呈现出由小型、自主、创新的经营单元组成的网络化组织形态。①

（四）区域经济系统的发展

在区域经济系统演化过程中，系统由一种落后状态转向发达状态就是区域经济系统的发展。区域经济系统的发展与否以下列条件为标准：一是从系统内部来看，其发展的标准应该是福利最大化。即在一定的技术和需求条件下，区域社会成员的福利达到最大化，实现帕累托最优，它要求从区域本身微观的角度来看区域内社会成员福利状况。二是从系统外部环境来看，其发展的标准应该是系统功能的最优化。即与外部环境相互联系、相互作用中的功效和能力的最优化。区域经济系统与其外部环境之间是一种既竞争又合作的对立统一的关系。它要求将区域纳入到一个更大范围中，看其是否有利于整体经济效率的提高。在这两种发展观下，我们要正确对待区域差异和区域发展政策：一方面，区域系统本身的演化发展会不可避免地造成区域差异；另一方面，区域政策可能会对这种差异起到强化或减弱作用。这就要求在研究区域经济政策时，要从全局出发，以辩证和发展的眼光来评价。

---

① 杨敏华：《区域经济发展系统及系统的发展——理念及方法探寻》，载《经济地理》1999 年第 4 期，第 24 页。

第二节　区域经济发展分析

一、区域经济发展的要素及其评价

（一）区域经济发展的要素分析

区域经济发展离不开经济发展要素的支撑，分析区域经济发展，首先要了解区域经济发展的要素。将古典和现代经济增长各方面的理论综合起来，影响区域经济发展的要素可以概括为：自然资源、人口与劳动力资源、资本、技术和制度安排等。

1. 自然资源

自然资源既是人类赖以生存的重要物质基础，又是社会生产的原料和燃料来源以及生产布局的必要条件和场所。自然资源的数量、质量、地域组合及开发利用条件等都将对区域经济发展产生重要影响。

2. 人口与劳动力资源

人是具有多种自然、社会属性的综合体，是生产者和消费者的统一，是进行社会活动、改造和利用自然的主体。区域人口的数量、质量、构成及分布等都会对该区域的经济发展产生影响。

3. 资本

资本是指以机器、设备、厂房和基础设施为主的物质资本。资本的形成主要来源于储蓄，可分为外延型资本和内涵型资本两种。其中，外延型资本的形成是指资本形成在数量和规模上的增长，其规模取决于国民收入、储蓄率、投资转化率及资本形成率的相互作用；内涵型资本的形成是指通过资本综合效益的提高而形成的资本在质上的改进。内涵型资本规模主要是通过提高资本利用效益来实现的。区域经济增长不仅取决于储蓄和投资资源的供给，更取决于资本在时间和空间上的有效配置。

4. 技术

技术是人类改变或控制客观环境的手段或工具，它来源于生产实践、科学实验和科学研究。技术主要包括两个方面：一是指人类在改变或控制客观环境的过程中所积累的知识、经验等精神范畴的东西。这一方面是技术的软件，为技术的决定性因素。二是指知识、经验的物化成果，即生产工具、装备等物质方面的东西。这一方面是技术的硬件。

5. 制度安排

制度是一系列被制定出来用以规范或约束行为主体的行为规则，有正式制度和非正式制度之分。正式制度主要是政府有意识地制定的各种制度安排，具有强制性；而非正式制度则是指对人的行为的不成文的限制，是人们在长期的社会生活过程中逐步形成的、不依赖人们主观意志的文化传统和行为习惯，如社会的价值观念、伦理规范、文化传统、习惯习俗、意识形态等。

（二）区域经济发展要素的评价

1. 区域经济发展要素评价的基本原则

对区域经济发展要素的分析评价就是对所要研究区域的诸多经济发展要素进行科学合理的分析和评价。区域经济发展要素分析评价应遵循区域综合原则、发展阶段原则和系统平衡原则。

区域综合是指对特定区域内的经济发展要素进行综合。一般来说，区域经济发展要素包括自然资源、人口与劳动力资源、资本、技术和制度安排。任何区域的经济发展都不是单项要素作用的结果，而是上述五种要素综合作用的产物。在区域经济发展要素分析评价过程中，必须对区域内的诸经济发展要素进行综合评价。对区域经济发展要素进行综合分析，确定优劣势，是确立、培植区域产业结构和制定区域政策的前提。

经济发展所处阶段是研究区域经济发展的出发点。不同的经济发展阶段对应不同的产业结构。在进行产业结构调整时，其所依托的区域经济发展要素也有所差异。所以明确、把握区域经济发展阶段是分析评价区域经济发展要素的重要原则之一。

在进行区域经济发展要素分析时，应注意以下几点：①不仅要重视对各个子系统的分析，还要剖析各子系统之间的内在联系；②必须把某一区域经济发展要素系统置于更大的区域系统中，通过综合比较分析去认识、确定其优劣势；③不要把经济发展要素看成是一成不变的，有些要素是可以通过人为改变的；④对区域经济发展要素的分析要建立在实事求是的基础上，为正确决策提供依据。

2. 区域经济发展要素的综合评价

任何区域的经济发展都不是单项要素作用的结果，而是诸多要素共同作用、综合影响的产物，因此就有必要对区域经济发展要素进行综合评价。

区域经济发展要素评价一般可分为以下两个过程[①]：一是对区域经济发展要素的全面调查分析，具体包括对区域自然条件与资源的调查分析、对区域人口与劳动力资源的调查分析和对区域社会经济条件的调查分析。在区域经济发展要素的全面分析过程中，尤其要注重分析劳动力、资源、资金和技术状况。它们对现代区域经济发展至关重要。二是对区域经济发展要素的综合评价，具体包括：确定区域比较优势与比较劣势、确立区域现实优势与潜在优势、确立区域竞争优势、从区域经济发展所处阶段出发，指出制约区域经济发展的主导因素与辅助因素。在确定区域优势时，要做到以下几点：①对区域内全部经济发展要素进行系统的分析评价。②区域比较优势应建立在与其他区域对比的基础上。③区域优势应与其上一级区域（若有的话）的总体发展战略目标一致。④区域竞争优势的确立应在区域经济发展现状的分析中确立。

通过对区域经济发展要素进行综合评价，可以发现影响区域经济发展的突出问题。

二、区域经济发展水平和发展阶段分析

（一）区域经济发展水平分析

区域经济发展水平是区域经济发展程度高低的一种客观反映，是制定区域发展战略的必要基础，也是区域经济分析的主要内容。在区域经济分析中，一般根据区域经济发展水平的高低，将研究区域分为发达区域、发展中区域或者高收入地区、中等收入地区和低收入地区等。

区域经济发展水平高低的度量，最常用的指标主要有以下几个：

1. 国民生产总值

生产总值是一个区域在一定时期内生产的全部最终产品和劳务的总规模。它反映了社会生产活动的最终成果，是衡量区域经济发展规模和水平、制定区域经济发展战略目标的主要依据。在实际统计中，又分为国内生产总值和国民生产总值。在进行区域经济发展水平的分析时，国民生产总值和国内生产总值可以任选其一，不会对最终的分析结果产生较大的差异。

2. 综合性指标体系

---

① 朱传耿等：《区域经济学》，中国社会科学出版社 2001 年版，第 44—48 页。

国民生产总值指标衡量区域经济发展水平时存在着很多缺陷，如国民生产总值只能反映区域经济福利水平的物质方面的内容，而不能反映精神方面的内容；国民生产总值的统计不包括非市场或非货币化的经济活动等，使得综合性指标体系逐渐得到广泛应用。在运用综合性指标分析区域经济发展水平过程中，比较有代表性的指标体系主要有：PQLI 指标体系、UNRISD 的指标体系、HDI 指数和我国学者刘再兴的 9 个指标体系。其中，PQLI 指标体系和 HDI 指数由于在第二章的"人口质量的内容及其衡量指标"中已详细介绍，在此不再赘述。

UNRISD 的指标体系是联合国社会发展研究所（United Nation Research Institute for Social Development）在 1970 年出版的《社会经济发展的内容和衡量标准》一书中提出的包括 15 个指标的区域发展衡量指标体系。该指标体系主要包括每个男性农业劳动者的农业产量、人均电力消费、制造业在国内生产总值中的比例等 6 项经济指标和人口出生时的预期寿命、职业教育入学人数、每千人中报纸发行份数等 9 项社会指标。

3. 绿色 GDP 指标体系

绿色 GDP 指标体系是基于以国民生产总值为主要指标的单一投入产出核算体系忽略了自然资源的经济价值，既没有反映生态环境恶化带来的经济损失，也不可能真实反映环境保护费用的支出等这些局限性而提出的。所谓绿色 GDP 是指扣除现行国民经济核算体系下的自然、人文两大虚数后的国民经济核算方式。其中，自然部分的虚数包括环境污染造成的环境质量下降、自然资源的退化与匹配不均衡、长期生态退化所造成的损失、自然灾害所引起的经济损失、资源稀缺性所引发的成本；人文部分的虚数包括疾病和公共卫生条件低下所导致的支出、失业造成的损失、犯罪造成的损失、人口数量失控导致的损失、管理不善（包括决策失误）所造成的损失。

将绿色 GDP 作为衡量区域经济发展水平的指标，对于实现区域经济发展与生态环境的协调，维持可持续发展具有重要的理论和现实意义。

（二）区域经济发展阶段分析

对区域经济所处的发展阶段的分析，有助于了解区域经济发展的客观趋势和内在规律，明确一定时期内区域的经济发展起点、方向、目标和任务，从而为正确制定区域发展战略提供科学的决策依据。

1. 胡佛—费希尔的区域经济增长阶段理论

美国区域经济学家胡佛（E. M. Hoover）与费希尔（J. Fisher）在 1949 年

发表的《区域经济增长研究》一文中指出，任何区域的经济增长都存在"标准阶段次序"，经历大体相同的过程。具体有以下几个阶段：自给自足阶段、乡村工业崛起阶段、农业生产转化阶段、工业化阶段和服务输出阶段。

2. 罗斯托的经济增长阶段理论

罗斯托（W. W. Rostow）的经济增长阶段理论是学者们研究区域经济增长过程时常常引用的一种理论。该理论是罗斯托在其 1960 年出版的《经济增长的阶段》一书中提出的。根据对已完成了工业化的一些国家的经济增长过程所做的研究结果，他归纳出一个国家或地区的经济增长有六个阶段：传统社会阶段、为起飞创造的前提阶段、起飞阶段、向成熟推进阶段、大规模消费阶段和追求生活质量阶段等六个"经济增长阶段"。其中，第三阶段是关键，是社会发展过程中的重大突破。该理论对发展阶段的划分，在一定程度上反映了资本主义经济的历史发展轨迹，但并不是每个国家的经济发展都表现为这种直线模式，各国或各地区发展的初始条件不同、社会文化背景不同，经济发展的模式就可能不同，在主导部门的选择、发展政策目标的制定等方面就可能存在差异。

3. 汤普森的区域生命周期理论

汤普森（J. H. Thompson）于 1966 年发表的《对制造业地理的几点思考》中提出了区域生命周期理论。该理论认为，一旦一个区域步入工业化道路，它就像一个生命有机体一样遵循一个规则的变化次序而发展，从年轻到成熟再到老年阶段。不同阶段的区域面临一系列不同的问题，处于不同的竞争地位。

4. 日本学者关于经济发展阶段的划分

日本的村井干男等学者参照西方关于发展阶段的划分理论，提出了按照基本条件与工业化进展程度、贸易结构变化相结合的思路划分经济发展阶段的思路。根据上述指标，他们把发展中国家或地区分为资源大国型、自然资源大国型、资源中等型、资源小国型和石油输出型五类。

5. 中国学者关于经济发展阶段的划分

在长期研究的基础上，中国学者对区域经济增长过程的划分也提出了一些有见地的观点。其中以陈栋生等人在 1993 年出版的《区域经济学》一书中所提出的观点较具代表性。他们认为，区域经济增长是一个渐进的过程，可分为待开发（不发育）、成长、成熟、衰退四个阶段。同时，他们还指出区域经济增长虽然有从待开发、成长、成熟向衰退演化的趋势，但是这种衰退是可调控的，调控的方法就是通过新的技术进步，延长成熟阶段的时间，防止区域经济出现进一步的衰退。通过对衰退进行调控，甚至有可能促使区域经济进入到新一轮的增长期。

三、区域经济发展模式

区域经济发展模式主要有梯度推进发展模式、点轴渐进发展模式、城市圈域经济发展模式、区域经济协调发展模式和网状交织发展模式等五种。[1][2]

（一）梯度推进发展模式

梯度推进发展模式是指按照区域经济非均衡发展规律的要求，从区域发展过程中形成的经济技术梯度实际出发，推进区域经济发展。也就是说，首先促进经济技术条件较好，拥有区位优势的地区迅速发展，然后再逐步向经济技术较差的地区推进。随着梯度推进和不同地区的经济发展，将使区域在总体经济增长的同时，逐步缩小地区之间的差距，带动经济落后地区的经济增长，最终实现区域整体经济发展的相对平衡。它是我国改革开放以来所采用的主要区域经济发展模式。

（二）点轴渐进发展模式

与梯度推进发展模式一样，点轴渐进发展模式也以区域经济非均衡发展规律为依据，主要特点是把由法国经济学家佩鲁提出，经布代维尔、弗里德曼和缪尔达尔等人加以发展的"增长极"理论，与美国经济学家沃纳·杉巴特的"生长轴"理论结合起来。即选择具有开发潜力和远景的重要交通干线作为经济的"发展轴"，再在各条发展轴上，确定重点发展的中心城市及城市集群作为"增长点"。通过加快"增长点"的经济发展，带动"发展轴"向周边延伸，进而带动整个区域经济的发展。

（三）城市圈域经济发展模式

城市圈域经济发展模式是一种以比较发达的城市为中心，通过极化效应造成的经济吸引，并通过扩散效应造成的经济辐射，形成统一的生产和流通渠道，带动周围次级城市和农村共同繁荣的经济发展模式。它提出，按照市场经

---

① 张明龙：《区域经济发展模式的比较与思考》，载《求是》2002年第9期，第7—9页。

② 张明龙：《区域经济发展模式的特点与选择》，载《浙江树人大学学报》2002年第2卷第5期，第14—18页。

济规律的要求，充分考虑各地经济的内在联系和自然地理特点，突破行政区划界限，在已有的经济布局基础上，以中心城市和交通要道为依托，进一步形成若干个跨省级行政区的经济区域。

（四）区域经济协调发展模式

区域经济协调发展模式主要是指通过构造区域之间资源互补的依托结构，充分利用发达地区的经济增长势头来支撑整个国民经济的发展。同时，加大宏观导向和投资力度，推动落后地区优化产业结构，使各个地区在不断增长的基础上彼此协调发展。简言之，就是通过对各地区实行分别的、重点的发展，带动整个区域国民经济的发展，并兼顾总体经济效率和空间平等，尽量缩小地区之间经济发展的差距。

这一模式可以充分利用大城市的聚集效应，促使发达地区和落后地区寻找到各自的合适位置和特有优势，实现区域产业结构的合理化和资源的有效配置。同时它还有利于加强中心城市与腹地的联系，有利于提高区域经济的运行效率和发展水平。但是由于城市圈域范围的界定以及各级中心城市的划分缺少社会公认的统一标准，因此各地都在选择对自己有利的分圈、分级方法。特别是遇到跨省级行政区时，较高等级城市对较低城市及农村的经济辐射和吸引，会受到来自当地政府或多或少的干预，造成效率降低，难以收到预期的效果。

（五）网状交织发展模式

网状交织发展模式是指通过加强不同增长极或增长点之间的有机联系，延长和拓宽发展轴，并通过加强不同发展轴之间的有机联系，使发展轴由直线延伸状态转变为网状交织发展结构，形成纵横交错、上下贯通的立体型发展轴网络，从而把全区域各个增长极或增长点纳入一个统一的发展系统中的经济发展模式。

区域经济采取网状交织开发，可以优化产业结构，优化生产力布局，有利于加强城乡一体化建设，是比较理想的经济发展模式。但是，实行这一模式，需要一系列的经济条件：（1）区域内前期开发的增长极和发展轴能够迅速积累能量，在较大范围发挥乘数作用，使当地形成扎实的经济技术基础，拥有相当雄厚的综合实力。（2）区域内企业聚集、区位聚集和城市化聚集达到较高水平，可以随时招聘到高素质的劳动力。（3）区域内具备高效畅通的产品扩散机制和财富回流机制。（4）区域基础设施日趋完善，交通通信网络已经建成。实际上，能够采用网状交织发展模式的区域，一般已进入工业化的中后期阶段。

第三节　区域经济空间结构分析

一、区域经济空间结构的构成要素

（一）区域经济空间结构的概念

现代经济学科中的空间经济学或区域经济学中的"空间"，是一个"多维度"的时空概念，它不仅是经济活动的"容器"，而且还体现了经济活动客体的属性和互相关系，是区域发展状态的指示器。从这个意义上说，"经济空间"实质上是"经济活动的空间"。这一空间概念，只有同经济活动客体的属性特征和经济活动的时间维度相结合，才能完整地描述人类经济活动的空间方面。所谓经济空间结构则是指经济客体在空间中的相互作用和相互关系，以及反映这种关系的客体和现象间的空间集聚的规模和形态。

笔者认为，区域经济空间结构是指一定区域范围内经济空间现象在集聚力和分散力的相互作用下所形成的结构。[①]

（二）区域经济空间结构形成和发展的条件

区域经济空间结构的形成和发展，必须具备下列条件[②]：

第一，区域内现代城市的涌现。空间结构并不是随着人类的出现而形成的。在原始社会时期，受低下的生产力水平的影响，区域内根本就不可能存在有序的空间结构。随着生产力的发展，城市开始出现。作为区域核心的城市与其周围的地域之间通过交通运输工具发生各种联系，只是这种联系在前资本主义社会时期还十分脆弱，表现在空间结构上就是空间关系不密切。产业革命之后，伴随着能源动力、生产工具和技术、交通运输工具等的巨大变革，现代工业开始形成和发展，表现为各类部门之间的分工不断深化，产业部门结构开始

[①]　聂华林、赵超：《甘肃经济空间结构的现状、问题与战略选择》，载《人文地理》2003 年第 8 期，第 4 页。

[②]　陈才：《区域经济地理学》，科学出版社 2001 年版，第 159—160 页。

形成和发展。此时，以现代工业为主要内容的现代城市也不断涌现和发展起来。这些城市具有专业化程度很高的产业部门，通过专业化生产或其他经济、行政职能作用于其周围地域，与周围地域不断加强经济联系。

第二，现代城市周围地域经济的不断发展。现代城市与其周围的地域之间具有经济联系。而两者进行经济联系的基础就是作为城市腹地的经济的不断发展。经济发展水平落后的腹地，其与中心城市的经济联系必然是弱的，是难以促进区域空间结构的形成和发展的。

第三，发达的交通、信息网络系统。交通、信息网络系统是现代城市与其周围地域之间联系的纽带和桥梁，其先进与否直接关系到区域核心与外围联系的密切程度。

第四，外界环境的作用与影响。区域经济空间结构是区域经济系统的一个子系统，其形成和发展离不开经济系统内其他子系统和其他区域系统的影响。

（三）区域经济空间结构的构成要素

区域经济的空间结构，反映了区域经济系统中各子系统、各要素之间的空间组织关系，包括各要素在空间中的相互位置、相互关联、相互作用、集聚程度和集聚规模以及地区的相对平衡关系等。分析区域经济空间结构，实质上就是研究诸要素的空间组合、关联和演变规律。因此就有必要首先认识和判断空间结构要素。一般来说，区域经济空间结构的要素可以分为四种类型：点、线、网络和域面。之所以经济空间结构的要素在地理空间上所表现的形态不一样，是因为各种经济活动具有各自的经济技术特点，以及由各自经济技术特点而决定的区位特征存在差异。这些具有不同特点和经济意义的点、线、网络和域面依据其内在的经济技术联系和地域位置关系相互连接在一起，从而形成具有特定功能的区域经济空间结构。

二、影响区域经济空间结构形成的要素[①]

一个区域经济空间结构的形成既有自然的原因，也有经济和历史的原因。基于我们的研究目的，我们将主要分析影响区域经济空间结构形成的各种经济要素及其内在联系。

---

① 耿明斋：《现代空间结构理论回顾及区域空间结构的演变规律》，载《企业活力》2005年第11期，第19页。

（一）自然资源

古典区位理论把自然条件和自然资源称作为重要的区位因素。与人类需求的无限性相比较，自然资源总是稀缺的，如果不存在稀缺性，那么区位将失去优势，区域差异将会消失。要素的随时随处供给将不会存在交换，不会有要素价格，经济活动便会停滞、窒息和死亡。因此，自然禀赋的差异和要素的不完全一致性是区域经济的灵魂和活力所在，是区域经济空间结构差异的前提，也是区域经济多样性、互补性和区域分工的前提。

（二）空间距离

人类的经济活动离不开地域空间，有空间就会有距离，就会产生位移，就需支付距离成本。尽管现代科技、交通、通信业的发展正在使全球经济一体化，空间距离对经济活动的限制越来越少，但空间距离仍然对区域经济活动及其空间结构的演变尤其是对城镇体系、城市群、产业带、产业集群、经济地带的建设起着不可忽视的作用。

（三）人口和劳动力

人口作为生产者和消费者的统一，是生产行为和消费行为的载体。研究劳动力因素在区域经济空间结构变迁中的作用，既要关注其量的方面尤其是人口增长和迁移，又要关注其质的方面特别是市场规模大小和企业家才能的促进效果。

（四）资　本

在研究区域经济空间结构的时候，必须深入分析用于生产和扩大再生产或提高生产效率的物质（包括这种物质的载体）资本因素，研究物质资本、金融资本和人力资本在区域经济增长中的推动和限制作用，为区域经济空间结构演变探寻有效途径。

（五）技　术

技术是科学知识和生产相结合的物化形态以及知识形态的总称。当技术进步表现为技术或技术体系发生质的飞跃性变革时就会产生技术革命，由此将会影响区域产业结构的发展变化以及区域经济空间结构的逐渐演变。

（六）制度变迁

长期以来制度在正统经济学理论中是一个被忽视的变量，理论和现实已经证明，制度变迁在区域经济发展中起着重要的作用，因此，认真探索区域经济空间结构演变中的制度变迁将有利于我们正确把握区域经济可持续发展的实现。

三、区域经济空间结构的类型

从不同的角度出发，可以将区域经济空间结构划分为不同的种类。其中最普遍的一种是根据区域经济发展的阶段来划分，其将区域经济空间结构分为极核式空间结构、点轴式空间结构和网络式空间结构。[①]

（一）极核式空间结构

极核式空间结构阶段是区域经济发展的早期阶段。在这一阶段，区域内部的经济发展水平差异不是很显著。各地区之间存在着的资源禀赋差异和区位条件差异最终导致了经济活动集聚地的出现，各个点之间又因各自的资源禀赋、区位条件等的不同，对人口、经济和社会活动的吸引力不同，形成了经济发展中的快慢之分，其中，经济发展等级比较高的点，由于集聚了较多的人才、资金和其他优先发展的机会，使得经济发展异常迅速，明显超过了其他各点，成为区域的增长极。增长极形成之后，该点又通过增长极的极化效应使区域的人口、资源等经济发展因素进一步向其聚集，而且对区域内其他各点的经济和社会发展起着指导和支配作用，最终导致区域空间分异的产生。在这一阶段，经济发展主要表现为农业生产和技术进步推动工业化和城市化的发展。农村剩余劳动力大量向非农产业转移，工业的地位得以提高，取代农业成为区域经济的主体。

（二）点—轴式空间结构

点—轴式空间结构阶段是在极核式空间结构的基础上发展起来的。

在区域发展初期，虽然出现了增长极点，但是还存在着其他一些经济活动相对集中的点。随着区域增长极点的集聚程度的不断增加，污染加剧、交通紧张、基础设施落后等问题接踵而至，区域增长极点承载力下降，产生集聚不经济现象。于是回流现象开始占主导地位，对其他经济活动相对集中的点产生辐射作用，产生越来越多的物资流、资金流、技术流和信息流等，带动这些点的发展。但是回流效应能够达到的点是有条件的，一般是由增长极点沿着向外延伸的交通线路、动力供应线、通信线等形成轴线向各点辐射。由于位于轴线上的点因发展条件的改善，对人口、产业等具有了吸引力，从而产生生产要素的集聚现象，使其发展加速，规模等级逐渐扩大，形成了新的增长极。伴随着这

[①] 李小建：《经济地理学》，高等教育出版社 1999 年版，第 175—176 页。

些增长极承载力的下降，又通过交通线路等向别的点辐射，在新的地区与新的点之间形成新的点轴空间结构。通过这样的运动，在区域空间中就形成了不同等级的点和轴线，而区域经济空间结构就变现出以"点—轴"为骨架的特征。

（三）网络式空间结构

网络式空间结构是区域经济和社会活动进行空间分布与组合的框架，是点轴空间结构发展的结果。随着点轴空间结构的发展，各节点为了进一步满足对资源、要素和开拓市场的需求，就会加强和其他各点的联系，在点与点之间随之出现了多种联系通道，形成纵横交错的交通、通信、能源供给等多种网络，这些网络相互交融，形成若干规模不等、地域临近，具有一定分工协作水平的区域网络空间形态。

此时，整个区域范围内的联系日臻完善，区域内分散的资源、要素、企业、经济部门及地区通过网络空间结构组织成一个具有不同层次、功能各异、分工合作的区域经济系统，使得区域资源得到合理开发和利用，区域内的经济发展差距缩小，区域整体处于一种均衡状态。网络式区域经济空间结构模式依托其经济网络，能够把经济中分散分布的资源极化到经济网络中，从而增强经济网络的规模经济效应和集聚经济效应。

但是随着时间的演进，在当今先进科学技术推动下的区域经济，其空间结构中夹杂着明显的科学技术特色，出现了具有当今时代特色的区域空间结构，主要有以高新技术产业为特色的空间结构和以信息产业为特色的空间结构。

四、区域经济板块——对区域经济空间结构内容的扩展[①]

除了上述经济空间结构之外，还有微观层次上的产业集群空间结构和宏观层次上的城市集群空间结构，这些理论论述对区域经济空间结构的分析可谓全面并具有代表性，但是我们认为，它们还是忽略了其中一种非常重要的区域经济空间结构，即中观层次上的经济板块空间结构。

（一）经济板块空间结构的特性

区域经济板块既是区域内的空间组织实体，又是一个观念性的经济空间，与其他空间组织有着本质的区别，具有自身独特的性质：

1. 空间上与经济上的镶嵌性

---

① 聂华林等：《区域板块引论》，载《甘肃社会科学》2002年第3期，第3—7页。

就其经济板块的功能来讲，区域经济板块是镶嵌在一个区域内的经济空间，有别于区域内其他经济板块的功能。同时，从与区域内的经济联系来讲，孤岛式和半岛式经济板块也相对区域内其他经济活动具有镶嵌性的经济活动特征。所谓孤岛式经济板块是指由于人为的布局，不同性质、不同水平的工业厂矿分布在经济十分落后的广大农村，被周边经济落后的农村所分割和包围，致使区域经济发展水平呈现起伏较大的空间结构，反差十分强烈，所形成的经济功能板块形式。"孤岛式经济板块"有两种类型：一种是以资源和市场均在区域外的形式所表现的工业企业区位及其邻域所构成的经济板块；另一种是以传统农业为代表的自我封闭发展的经济板块。"半岛式经济板块"则有三种类型：一种是以资源在区域外而市场在区域内的工业企业区位及其邻域所组成的经济板块；另一种是资源在区域内而市场在区域外的工业企业区位及其邻域所组成的经济板块；还有一种是开发利用当地各种资源生产农副产品而市场却在区域外或国外的农业经济板块。正是由于这种镶嵌性的存在，使我们能够通过产业布局等形式在一个区域内人为的生成一个经济板块，镶嵌在这个区域内，或作为区域的基本功能板块，或作为一般功能板块加以培育。

2. 空间上的独占性和边界的交集性

经济板块是一个区域内有别于其他经济板块的经济空间，这一经济板块和相邻经济板块并无明显的事实边界，就其性质而言两个相邻经济板块边界之间有一个交集，即边界具有模糊性。但是在理论研究时，针对观念经济板块我们又不得不假定相邻经济板块之间具有明确的边界，这仅仅是经济板块理论研究上的一种需要。但必须肯定经济板块是区域内相对功能独立的经济地域单元。

3. 经济组织具有相对同质性

从经济组织的角度来看，经济板块内的经济活动通常是属于某一类的经济活动，在所依托的主要资源和生产要素、市场要素的基础具有一定的相似性，其经济活动通过经济上、技术上的联系而组成一个区域经济子系统。

4. 对外的经济联系具有差异性

就一个经济板块而言，其对外联系肯定是开放的，这是其形成区域经济自组织的基础。这一点只有将一个经济板块置于一国或世界经济范围才能成立。就一个区域内的经济板块而言，区域内各经济板块的联系则是有区别、有差异的。有些经济板块和所在区域的经济板块之间毫无联系，有些则联系不够紧密，有些则联系十分紧密。这种区域内经济板块的经济联系差异性特征往往会使区域经济处于分割状态。

5．构成上与功能上的层次性

一个区域内任何一经济板块所依赖的地理空间总是有限度的。作为其经济活动规模和空间规模的反映，区域内的经济板块总有大小之分。就其经济聚集程度而言，在地理空间上的反映也是有层次有梯度的。在功能上，经济板块内也存在着功能子板块，甚至许多功能子板块会有功能的交集和包含等状况。

（二）区域经济板块空间结构的类型

区域经济板块作为客观上和观念上的存在，在区域经济研究中我们便可依据经济板块的不同性质，考虑其在地理和经济上的相似性和差异性，尤其是考虑在经济板块划分上的地理连续性和经济功能的差异性，将区域划分为若干经济板块。

1．从功能上划分，可以分为单一功能经济板块和多功能经济板块

单一功能的经济板块通常可以通过一个区域所设定的一组因素指标，采用多元聚类分析、星座图等方法来确定；如果针对一个区域多次变更所设定的一组因素指标，得到多种单一功能的经济板块划分方案，而其中重叠最多的则可以确定为多功能经济板块。当然还可以将区域内的经济板块划分为基本功能板块和一般功能板块。基本功能板块或多功能板块一般应是区域经济的极化中心。

2．从非功能性上划分，区域内经济板块一般可分为一致性经济板块、部门性经济板块和综合性经济板块

一致性经济板块是指其内部经济活动特征具有相对一致性或相似性的经济板块，相对区域内的其他地域有较明显差异。通常可以通过经济发展水平、聚集程度、存在问题来加以识别。例如，可以按照经济发展水平将西部地区划分为若干中心城市经济板块、资源性城市经济板块、农村经济板块和少数民族经济板块。当然，这些经济板块还可依据一定的因素指标划分为更多的经济子板块。

部门经济板块是指某个经济部门所依托的地理空间和经济空间的复合体。这种经济板块内的经济活动通常具有较为相似的生产、经营特征，经济活动的资源条件和发展条件基本相似，而且其面临的发展条件也有相似性。例如，一个典型区域内的工业经济板块、农村农业经济板块、旅游经济板块、商业板块、高新技术开发板块、文化教育板块、乡镇企业板块等。

综合经济板块是指在国民经济发展中和区域经济发展中具有较强的经济空间的组织与聚集功能的经济板块，是区域中的基本功能板块，常在国民经济计

划与规划中加以体现的经济板块。例如，西部地区的西安经济板块、重庆经济板块等，板块内有少数主导部门，各类经济活动围绕主导部门在经济、技术等方面相互联系和相互依存，有一个与区域经济联系比较紧密的极化中心，其功能子板块比较完善，经济网络四通八达。

3. 按照经济板块所处的发展阶段划分，区域经济板块可以分为形成期经济板块、发展期经济板块和成熟期经济板块

这样的划分方式我们是受益于美国哈佛大学教授弗农将产品生命周期划分为新产品阶段、成熟产品阶段和标准化产品阶段的思想。

对于形成期经济板块，发展壮大是其必然的发展趋势。因此，要为此做好积极的准备工作，不仅要对板块进行功能上的定位，完善板块发展规划，突出其经济板块的产业特色，而且还要进一步加快配套基础设施的建设，加大吸引外来投资，改善政府自身的软环境，为发挥形成期经济板块的功能和作用做充分的铺垫。

成长期经济板块是在形成期经济板块的基础上发展起来的，此时，经济板块已经形成各自的发展特色，有的已发展成为区域的物流中心，有的发展成为区域商贸中心，还有的成为改造旧产业营造新的都市加工业中心。通过建设适应现代化生产和贸易需要的宽带网络平台，不断向其周边辐射，更进一步地集聚了经济发展的稀缺生产要素，成为区域经济跨越式发展的增长极。

成熟期经济板块是经济板块发展的最高形态，是功能产业的聚集区，也是现代城市的核心，具有异常旺盛的生命力和活力。成熟期的经济板块是现代服务业的聚集区，其不仅集聚了大量的现代商贸金融机构，如涉外银行、保险、证券、贸易机构、会展中心、信息中心、跨国公司、财团、商社总部等，同时也是高新技术的发源地和发散地，以电子信息产业、光机电一体化产业等高技术产业为龙头的支柱产业，更是使成熟性经济板块同时具备高效率的特点。[①]

（三）区域经济板块的发展支撑系统

区域经济板块的发展受益于来自板块自身和其他板块的强力支撑。在经济板块内部，其支撑因素主要是板块的区位条件和发展政策。这里我们主要分析区位条件，发展政策将在后面的小节中详细论述。一般来说，在经济板块内，主要有以下几种区位优势：自然条件和自然资源区位优势；原材料区位优势；劳动力区位优势；市场区位优势；交通运输区位优势。不同的区位优势决定了

---

① 赵超：《区域经济系统的空间结构研究》，兰州大学博士论文 2006 年，第 94—96 页。

经济板块的不同的功能，这些功能对经济板块的发展起着强有力的促进作用。如具有交通运输区位优势的经济板块，具有开放性功能，可以利用其发达的交通体系和现代化的通信网络，加强区域内各经济体的交流，实现与其腹地之间物质和能量的转换，实现与其他板块的竞争和合作，为区域经济发展带来必须的物质、信息、资金和人才等有利因素，保持经济板块的生机和活力。

区域经济板块的发展还离不开其他经济板块所提供的动力支持，这些动力支持主要是来自板块之间的竞争与合作。不同规模和类型的经济板块之间在资源的利用、市场的竞争等方面存在着强烈的冲突，为了争夺资源和市场，板块之间必然会发生激烈的竞争。为了取得竞争的主动权，各经济板块竞相加快科技创新的步伐，形成了一个良好的科技发展氛围，然后通过"干中学"、"知识的扩散效应"等最终带动这些板块的共同发展。另一方面，区域经济板块之间在激烈竞争的同时，又在某些方面加紧了互相合作，在博弈中实现多赢，以便产生最大的集约化规模效益。在竞争和合作的双重作用下，经济板块之间通过互相关联、互相制约、互相推动，最终形成一个多层次、等级结构明显的综合动力系统，它们组合得当、配合默契、运转有序，共同推动该综合动力系统向良性发展。

第四节 区域产业结构分析

一、影响产业结构的因素分析

产业结构的变化不是孤立的，任何影响区域经济发展的因素都可能影响到产业结构的变化，把众多的影响因素进行归类，主要包括下面几种：

（一）供给因素对产业结构的影响

供给因素从广义上来说包括自然条件、资源禀赋、提供劳动力的人口、投资（包括国内资金供应和外来投资）、商品供应、进口、技术进步等，也包括政治、经济、法律等环境，还包括体制和人的思想、观念等因素，这些要素的变动往往会引起产业结构的变动。

1. 资源条件

区域资源条件对产业结构的形成与变化有着重要的影响。自然资源丰富的区域其产业结构或多或少地具有资源开发型的特性，而资源缺乏的区域就不可能形成资源开发型的产业，最多只能成为资源加工型的产业结构。而且区域资源种类、质量不同，其所具有经济价值也不同，对区域产业结构的影响程度也不同。

2. 人口因素

人口的数量和结构通过劳动力的供给、人均资源拥有量以及资源的可供给能力等对产业结构产生影响。过度的人口增长会过度地把区域内的有限资源转化为衣食供给，其后果是一方面减少了其他资源的供给；另一方面又减慢了农业人口向第二、三产业转移的速度，延缓了工业化的进程，阻碍了产业结构向高度化和合理化演进。

3. 科技水平

科学技术的发展状况不仅影响着区域生产效率和产品的质量，还影响着生产领域的扩展和新产业的形成。科技水平的不同决定了生产率增长速度的不同：对不同区域而言，那些研究与开发投入大、能够最先吸收新技术的区域，往往也是生产率提高最快和产出增长最快的区域，其产业结构中高精尖技术产业的成分比例也大；对区域内的不同部门而言，比较生产率的差异推动了产业结构的转换，使得生产要素从比较生产率低的部门向比较生产率高的部门转移，实现区域内产业结构的转换和升级。科技的发展还不断拓宽着劳动对象，使产业部门不断细化，新的产业部门不断产生。而且，科技发展还能产生新的需求，从而使新需求成为新的产业部门成长的动力。

4. 资本及投资结构

一般来说，资本充足的区域，产业结构多以资本密集型和技术密集型产业为主，而资本缺乏的区域则是恰好相反，其产业结构多以资源密集型或劳动密集型产业为主。

投资结构，即资本投入到各产业之间的比例决定了资源在不同产业部门的配置量，是产业结构的形成和变化的直接原因。新的投资将形成新的产业而改变原来的产业结构；对已有的部分产业投资，将推动这些产业以较原来更快地速度发展，从而影响原有的产业结构；对全部产业投资，则会因投资比例不同，引起各产业发展程度的差异，同样导致产业结构的相应变化。

（二）需求要素对产业结构的影响

需求主要通过总量的增长或结构的变化引起相应产业部门的扩张或缩小、

产业的兴起和衰落。其中，需求结构对产业结构变化的影响最为直接，它通过使生产结构和供给结构发生相应变化，导致产业结构的相应变化。需求结构包括个人消费结构、中间需求和最终需求的比例、消费和投资的比例等几个方面。

在需求结构中，对产业结构影响最大的是个人消费结构。个人消费结构的变化通过直接带动最终产品的生产结构和生产规模的变化，影响产业结构。

中间需求和最终需求的比例是一种重要的需求结构。中间需求反映了生产中间产品的产业规模的大小，其结构则反映了生产中间产品的产业部门的结构关系；最终需求反映了生产最终产品的产业规模的大小，其结构则反映了生产不同的最终产品的各个产业部门的结构关系。中间需求与最终需求的比例关系决定着生产中间产品与最终产品的产业之间的结构关系，两者之间的比例变动将会导致社会生产的产业结构发生相应变动。决定中间需求与最终需求比例的主要因素有三个方面：一是专业化协作水平，二是生产资源利用率，三是最终产品的性能和制造技术的复杂程度。

消费和投资的比例关系对产业结构的影响可以用霍夫曼工业化经验法则很好地说明。两者之间的比例决定了消费资料产业和资本资料产业的比例，消费和投资比例的变化直接引起消费资料产业与资本资料产业的比例变化。

（三）区际贸易对产业结构的影响

区际贸易通过本区域产品输出刺激需求增长和其他区域产品输入以增加本区域供给来影响区域产业结构。区际贸易有利于各区域发挥自己的比较优势，获得比较利益。区际贸易对产业结构的主要影响有：资源、商品、劳务的输出，对区域内相关产业的发展起推动作用；区域内紧缺资源、劳务的输入，可以弥补本区域生产该类商品的产业不足，同时输入某些新产品、新技术还可以开拓区域市场、为区域发展同类产业创造有利条件，有利于推动区域产业结构的高度化。此外，区际贸易还能推动区域分工的发展，而区域分工对产业结构的影响也很重要。在市场经济条件下，区际分工体现着区域之间的合作、竞争和利益关系，它们可以使供给和需求因素对产业结构的影响增强或减弱。

（四）政府产业政策对产业结构的影响

政府可能因经济、社会、政治、技术、生态环境等因素而制定产业发展战略或政策来鼓励或限制某些产业部门的发展，或者采取各种措施或政策如政府投资、管制、制定货币政策等对影响产业结构变动的诸因素进行调整。政府通过对鼓励发展的部门给予优惠的政策，以扶持其发展；对限制的部门施以种种严厉的限制措施，以限制或收缩其发展，从而实现对产业结构进行调整的目的。区域内的产业若符合政府制定的产业政策，将可以获得较快的发展；反之，其发展将受到限制。政府产业政策还具有强烈的波及效果，它不仅可以直接扶持或限制某些产业的发展，而且还能够控制大多数影响产业结构的因素，从而间接影响产业结构。

（五）其他因素对产业结构的影响

区域产业结构的变化除了受到上述各种供给因素和需求因素的影响外，主导专业化部门的技术生命周期等对产业结构的影响也不容忽视。科学技术的发展极有可能使现在具有优势的产业在未来某个时期内被淘汰，从而改变区域原有的产业结构，形成以新技术产业为优势产业、并在区域产业结构中成为占主导地位的产业结构。这样的情况在经济发展历史中是经常可以见到的。

除上述影响因素外，区域的自然条件、交通运输、邮电通信等条件以及历史的、政治的、文化的、社会的各种情况和传统都会对产业结构产生一定影响。

二、产业结构的合理化分析

（一）产业结构合理化的意义

产业结构合理化，对于区域经济的发展有着重要的意义：[1]

1. 有利于区域内资源、技术及其他经济发展条件的充分利用

各区域及区域内各地域根据自身各生产要素在一定范围内的优劣，对最能发挥本地优势的要素进行组合，形成具有竞争力的主导产业，参与区际分工。其余生产要素以满足区域内的需求为主进行组合，形成以此为主要目标的产业群。由此形成产业连锁效应，形成为区域主导产业和地方性产业进行配套协作的产业、交通运输业、商业和通信等服务业，使不同数量和品质的自然资源、人力资源、技术和其他发展条件都能在合理的区域产业结构中得到充分利用。

2. 有利于经济社会协调、持续的发展

区域经济的发展总是伴随着各产业结构比例的变化。第一产业或第一、二产业比重的下降是产业结构水平提高的重要标志。为加速区域经济发展，采取片面追求某一产业而忽视其他产业发展的产业倾斜政策，忽视了产业间的关联

---

[1]　陈兴鹏：《论区域合理产业结构》，载《干旱区地理》1993 年第 16 卷第 3 期，第 19—23 页。

及供求结构，必然会使区域经济的发展陷入困境。区域内产业间合理比例关系的形成及其随着区域经济发展的变化，是由区域产业的发展及产业间联系的变化决定的，是不以人的主观意志为转移的。因此按照区域产业发展规律及各生产要素组合的可能及优劣，引导区域合理产业结构的形成，对保证区域经济协调、持续发展是很有意义的。

3. 有利于形成合理的产品结构

无论是区域内产业之间还是区域内产业与区域外产业之间发生联系，各产业之间总是存在着一定的比例关系，若产业结构是合理的，则上述比例关系就会建立在供求基本平衡的基础上，社会产品的供给结构和需求结构就会趋于一致，就可避免发生社会产品的结构性积压和短缺，即产品积压和产品短缺同时并存的现象；反之，若产业结构比例失调，则产品供给结构与需求结构在时间上就会严重错位，而且它所形成的产品短缺，在产业结构调整的过程中经过盲目发展，还会产生新的产业结构比例失调。因此合理的区域产业结构，对于形成区域合理产品结构、减少结构性积压和短缺所造成的经济损失有重要意义。

4. 有利于避免重复建设

在高额利润的驱动下，重复建设、重复引进使本来就存在的区域产业结构趋同问题更加严重，这种现象在一些发展中国家或地区尤其突出。因此就有必要尽快制定合理的区域产业政策，使各区域、各产业在平等的基础上公平竞争，并完善投资自我约束机制，使投资者承担经济后果。这样，投资者就必然以负责的态度在广泛收集信息并进行综合分析的基础上，把资本投向较长时期内获利较高、有竞争力的行业和最优区位。而合理的区域产业结构正是建立在充分发挥各区域优势、挖掘各区域潜力、使各产业的生产中心移向最适合其发展的区位、在区域产业开放系统中形成合理的产业联系并与生产要素供给结构和社会需求结构相适应的基础上的。因此促进区域产业结构合理化的政策将有利于避免重复建设。

5. 有利于优化生产要素的区际组合

合理的产业结构能够使生产要素向那些收益高、成本低的最佳区位移动，以在区际间实现合理、优化配置，形成最优要素组合。而且对区域来讲，合理的产业结构不仅可以降低产品生产成本，提高企业竞争能力，还可以充分利用本地优势和潜力发展外向型经济，和其他区域形成既有分工、又有协作的产业群体，提高其未来在市场竞争中的能力。

（二）产业结构合理化的标志

1. 使区域经济内部资源得到充分合理的利用，地区优势得到充分发挥

这里的资源既包括自然资源，也包括社会经济资源，是广义上的资源概念。所谓资源得到了充分合理的利用，主要是指区域产业结构与区域的资源优势和发展条件相适应，在此条件下所建立的产业分工和产业联系可以使区域资源优势得到充分的发挥。区域资源得到充分合理利用的标志就是区域内供给充足且价格便宜的资源可以得到优先、重点地开发利用，其相对应的产业和产品生产部门可以得到优先重点的发展。

2. 区域产业联系有序化和产业比例合理化

区域产业结构合理化要求区域产业不仅能够与其上游的区域资源供给结构相适应，以促进区域资源的优化配置和合理利用，而且还要与其下游的社会需求结构相适应，以使其产出的产品、劳务与其能够占领的市场需求结构相适应。更为重要的是在区域各产业之间还应存在着协调发展，亦即区域产业联系有序化和产业比例合理化。

3. 区域产业技术结构具有合理性

合理的产业结构要求产业的技术结构应能充分吸收最新科学技术成就，以使产业结构保持先进性。产业结构的先进性表现在其能改善人类劳动和生活环境，能有效地提高劳动生产率和改善生态环境等方面。因此，合理的产业技术结构应有利于技术从传统一般技术、实用性新技术到高精尖技术的转换和最新技术的充分吸收，从而不断推动产业结构朝着更高层次、更合理化的方向发展，它要求区域经济不仅要有主导产业，还要有处于时代前列的高新技术产业以及面向未来的新产业（后续产业），以使区域经济产业结构始终保持活力，区域经济发展势头永不衰减。

4. 产业结构具有良好的弹性度

区域产业结构的弹性度是指区域产业既有吸收或减缓经济波动和外界干扰的素质，又有促进主导产业沿着劳动—资金—技术和知识密集型产业方向逐步更替的潜能。良好的产业结构弹性度意味着产业结构具有较强的转换能力和应变能力，既能充分吸收、消化外部系统因素的影响，迅速地将外来因素或外部投入转换为输出，形成强大的输出能力，又能在外部环境发生变化时，通过内部组织机制进行调节，适应环境，排除干扰。

（三）合理化的区域产业结构形成机制

从动态角度上讲，区域产业结构合理化是区域产业结构向目标模式逐步逼

近的运动过程。在此过程中，存在着支配其运动的内在机制，这一机制包括自组织机制和宏观调节机制两方面。

区域产业结构的自组织机制是指在市场经济条件下，经济运动本身所具有的一种内在的自我调整力量，这种力量能够促使产业结构由不协调状态向协调状态演进。这种自我调整力量就是市场机制的作用。市场机制对于区域产业结构的调节作用，主要是通过价格机制来实现的。

政府调节是指政府运用宏观经济杠杆和产业政策对区域产业结构变化进行有目的的调控，以弥补市场机制的不足，推动区域产业结构合理化。政府从整个国民经济发展目标出发，通过制定区域产业发展规划，合理确定产业发展的重点，产业之间的规模、发展速度、发展次序等，运用价格、财政、税收、信贷等政策工具，对不同的产业采取不同的经济政策（如对鼓励的产业进行保护、扶持，对限制的产业则进行限制、收缩），维持市场秩序，规范企业和个体的行为，促进生产要素的自由流动、自由组合，消除区域间贸易壁垒和资源封锁，创造公平的竞争环境，从而及时、有效地协调产业结构。

因此我们可以说，市场机制是实现产业结构合理化的必然选择，而政府的宏观调节机制则是产业结构合理化的重要保证。两种机制互相配合、彼此联系，共同构成了产业结构合理化的机制组合。

三、产业结构的演进

（一）产业结构演进与经济增长

产业结构演进与经济增长具有某种内在的联系。一方面快速的产业结构演进会导致经济总量的高增长率，另一方面经济总量的高增长率也会导致产业结构的快速演进。但是在很长的一段时间内，人们却没有认识到这一点。传统的经济增长理论始终把生产结构因素排斥在经济增长源泉之外，认为经济总量的增长是在竞争均衡的假设条件下资本积累、劳动力增加和技术变化长期作用的结果。需求的变化和资源在产业部门之间的流动被看做是相对不重要的，因为所有部门的资本和劳动都能带来同样的边际收益。随着技术水平的进一步提高，产业结构和经济增长之间的内在联系日益明显。结构主义者研究了生产要素在不同产业之间的变化与经济增长之间的内在联系，认为经济增长是生产结构转变的一个方面，生产结构的变化应适应需求结构变化；资本和劳动从生产率较低的部门向生产率较高的部门转移能够加速经济增长。然而，结构主义者对于产业结构演变与经济增长内在联系的分析和研究却没有涉及。在此问题上，出现了两种不同的研究思路。

一种思路以库兹涅茨为代表，他们从经济增长的角度出发，将产业结构的演进纳入经济增长之中，认为经济的高增长率通过引发消费需求结构的快速变化带动了产业结构的快速演进。

另一种思路以罗斯托为代表。他们从产业结构变化角度出发，认为经济增长只是主导产业部门依次更迭的结果。产业结构的高变换率之所以能够导致经济总量的高增长率，是因为产业结构效应（产业关联效应、扩散效应等）在起作用。

这两种思路均具有合理性，只是分析问题的角度不同而已，我们认为应把这两种思路结合起来分析产业结构演变与经济增长的关系才是全面的，即产业结构的演进会促进经济发展，经济发展也会促进产业结构加速演进。如果把经济发展看做是一个不断更新的过程，那么产业结构既是它的结果，又是它的原因。

（二）产业结构演进的高级化

罗斯托在其经济成长的阶段理论中，用"主导部门序列"的改变来说明成长阶段之间的过渡，用旧主导部门的"减速趋势"和新主导部门采用新技术的"反减速斗争"来说明经济增长的过程。新的主导部门的出现就意味着可能进入一个新的发展阶段，形成一种新的产业结构。从这个意义上说，经济的成长和发展阶段的演替过程也是经济结构或产业结构的变化过程。产业结构的变化趋势与经济成长阶段的演化趋势有方向上的一致性。也就是说，产业结构和经济成长阶段都有向高级演化的趋势。[①] 所谓产业结构的高度化，是指产业结构从较低级的形式向较高级的形式发展，也称产业结构的升级。

产业结构的高级化演进趋势主要表现为：①产业结构的发展由第一产业占优势比重向第二、三产业占优势比重的方向顺次演进；②产业结构的发展由劳动密集型产业占优势的比重向资金密集型、技术密集型、知识密集型产业占优势比重的方向顺次演进；③产业结构的发展由低附加价值产业占优势比重向高附加价值产业占优势比重的方向顺次演进；④产业结构的发展由低加工度产业占优势比重向高加工度产业占优势比重的方向顺次演进；⑤产业结构的发展由制造初级产品的产业占优势比重向制造中间产品、最终产品的产业占优势比重

---

① 崔功豪、魏清泉、陈宗兴：《区域分析与规划》，高等教育出版社1999年版，第66—67页。

顺次演进。在工业化过程中，产业结构的高级化演进一般经历三个阶段，即重工业化阶段、高加工度化和高附加值化阶段、知识技术高度密集化阶段。

产业结构向高级化演进的过程中，创新发挥着最重要的作用。它不仅可以引起生产要素在产业部门之间的转移，导致不同部门的扩张或收缩，而且还可以改变各种生产要素的相对边际生产率，改变其收益率之间的平衡，使要素之间发生替代或者创造某些新的或者潜在的巨大需求，使人们的生活和工作条件发生改变，通过这些直接或间接的作用，引起附加价值、产值规模和产业影响力在不同产业间的变化，从而推动产业结构的高度化。可以说，创新是产业结构向高级化演进的动力。唯有创新，才能从根本上提高产业结构的转换能力，推进产业结构向高级化演进。

产业结构的高度化一般用"标准结构"法或相似性系数法来衡量。所谓标准结构法就是对照标准结构，[①] 衡量区域经济发展到哪一阶段以及产业结构是否已实现了高度化以及高度化的程度。相似性系数法即以某一参照区域（该区域产业结构水平通常很高）的产业结构为准，通过相似性系数的计算，将本区域的产业结构与参照区域的产业结构进行比较，进而确定本区域产业结构的高度化水平。其中，相似性系数可以通过如下公式计算：

$$r_{ab} = \frac{\sum_{i=1}^{n} X_{ai} X_{bi}}{\sqrt{\sum_{i=1}^{n} X_{ai}^2 \sum_{i=1}^{n} X_{bi}^2}}$$

式中，a 为研究区域，b 为参照区域，r_{ab} 为区域 a 与 b 产业结构的相似性系数，x_{ai} 和 X_{bi} 分别为产业 i 在 a、b 两区域产业中的比重。$0 \leqslant r_{ab} \leqslant 1$，$r_{ab} = 0$，说明 a、b 产业结构完全不同；$r_{ab} = 1$，说明 a、b 产业结构完全相同。

（三）区域主导产业的选择

区域产业结构向高级化演进，与其主导产业的有序转换有着特殊的联系。罗斯托认为，主导产业通过扩散效应"不合比例增长"的作用推动着产业结构的发展。而且，随着科学技术进步和生产力发展，特别是社会分工日益深化，带动整个产业发展的已不是单个主导产业，而是由主导部门和与主导部门有较强后向关联、旁侧关联的部门（罗斯托将这些部门组合称为"主导部门综合体"）共同起作用。因此，为了促进产业结构向高级化演进，就有必要实现主

---

① 详见库兹涅茨《各国的经济增长》，商务印书馆 1985 年版，第 126—226 页。

导产业的有序转换。而主导产业有序转换的关键是选择好主导产业，并促进主导产业的及时更替。

现代区域经济增长，首先是区域主导产业的成长，区域经济增长的历史已说明了这一点。那么，区域主导产业如何选择呢？以上的产业选择基准又不完全适用于区域产业选择。从经济发展的历史脉络看，经济发展伴随着产业结构的演变，特定的产业结构是与经济发展阶段和水平相对应的，主导产业的选择脱离不了区域经济发展的阶段、水平以及区域特色。一般而言，在区域开发初期，主导产业以大农业、矿产采掘业、手工业等为主；进入聚集发展阶段，以矿产业、农副产品加工和纺织业为主导产业；进入扩散发展阶段，主导产业以采用先进技术的制造业、组装工业等为主；进入成熟期后，主导产业以高新技术产业、信息服务业为主。在明确了区域经济发展各阶段的产业特征后，就能够把握产业结构的演变趋势和调整方向，以帮助选择、判断、扶持区域主导产业的成长。

1. 比较优势基准

相对而言，只有具有一定条件基础且生产上比较优势较大的产业部门才能作为主导产业。生产上比较优势较大，但不具备发展条件的产业不能选作主导产业。同样，具有一定区域发展条件，但生产上处于相对劣势的产业也不能成为主导产业。主导产业比较优势的大小可以用比较优势度来测度，它可以由以下指标进行综合衡量：

（1）比较劳动生产率。主要是分析产业在生产上是否具有比较优势，计算公式为：

$$T = (x/X) / (y/Y)$$

式中，T 为研究区域某产业的比较劳动生产率，x、y 分别为研究区域该产业的国民收入和劳动力人数，X、Y 分别为研究区域全部产业的国民收入和劳动力人数。$T > 1$，该产业在生产上具有比较优势，且其值越大，比较优势越大；反之则越小。

（2）产业专门化率。主要是分析产业在规模上是否具有比较优势，计算公式为：

$$r = (a/A) / (b/B)$$

式中，r 为某产业的比较集中系数，a 为该产业的产值，A 为区域所有产业产值，b 为全国该产业的产值，B 为全国所有产业的产值。$r > 1$，该产业在产出规模上具有比较优势；反之则较弱。产业专门化率主要是从产业的专门化程度大小及其规模大小方面来分析产业是否具有比较优势。

(3) 比较利税率。主要是分析产业在创造经济效益方面是否具有比较优势，其计算公式为：

$$S = \frac{t}{T}$$

式中，S 为研究区域某产业的比较利税率，t 为研究区域该产业的产值利税率，T 为全国该产业的产值利税率。$S>1$，则该产业所创造的经济效益高于全国该产业的平均水平，与其他区域相比，具有比较优势；反之则较弱。

(4) 生产率上升率。主要是从产出的角度分析产业是否具有比较优势，计算公式为：

$$L = \frac{C_1}{C_2}$$

式中，L 为一定时期内研究区域某产业的劳动率上升率，C_1 为同时期研究区域该产业的劳动生产率的年增长率，C_2 同时期全国同类产业的劳动生产率的年增长率。$L>1$，研究区域的该产业劳动生产率上升率快于全国的同类产业的平均上升率，具有比较优势，且其值越大，比较优势越明显；反之则软弱。

2. 市场潜力基准

产业要发展，其产品必须具有强大的社会市场需求，其中社会市场需求既包括现实的市场需求，也包括潜在的市场需求。只有这样，产业才能依托其比较优势，具有较强的生产能力。由于潜在市场需求转变为现实市场需求的能力，在一定程度上取决于该产业的市场潜力，因此，只有市场（既包括区内市场，也包括区域外的市场）潜力大的产业，才能作为主导产业。市场潜力可以用需求收入弹性和市场占有率来衡量。需求收入弹性计算公式为：

$$E = \frac{d}{s}$$

式中，E 为某产业需求收入弹性系数，d 为某产业产品需求增加率，s 为人均国民收入的增加率。$E>1$，则产业富有弹性；反之则相反。作为主导产业，其 E 值必须大于1。

市场占有率我们将在下文的产业结构分析方法中详细论述。

3. 生态效益和可持续发展基准

对于那些能更多地利用可再生资源、废料资源产业或者对资源的综合利用率高，而原材料和能源消耗低，且生态环境负面作用小的产业应优先加以考虑，扶持为主导产业；对于那些虽然经济效益较好但生态效益却较差的产业，应从可持续发展的整体利益出发，不应将其列为主导产业。

除了参照上述标准外，选择主导产业，还要考虑就业水平及就业结构、资金需要量、输入产品需求量及其结构等区域经济条件对主导产业选择的限制。对这些经济限制条件的分析，可以借助投入—产出方法进行研究，其具体研究方法读者可参考安虎森主编的《区域经济学通论》。

四、区域产业结构配置

所谓区域产业结构配置，就是指为了优化区域产业结构，发挥区域比较优势，使区域经济效益和社会效益达到最大化，而科学地构建以主导产业为核心，各产业协调发展的区域产业结构系统。在此系统中，主导产业是组织的核心，关联产业和基础产业与主导产业通过各种经济技术联系，彼此间相互依存、相互促进。

在区域产业结构配置中，主导产业是产业组织的核心。对主导产业进行组织配置，其关键就是要依据区域的实际情况准确选择区域的主导产业，以及准确确定其发展规模，从而实现产业结构的合理化和高级化。关于区域主导产业的选择研究，参看本章第三节"区域产业结构演进分析"中"主导产业的选择"的论述。在此，我们不再赘述。

（一）关联产业的配套

关联产业与主导产业的关系十分密切，它是指与主导产业的产品投入、产出、技术等方面有直接联系，并对其发展进行配套、协作的产业。按照与主导产业联系的方式，关联产业可以分为前向关联产业、后向关联产业和侧向关联产业。前向关联产业是以主导产业的产品作为生产资料的下游产业；后向关联产业是指为主导产业提供生产资料的上游产业；侧向关联产业是指为主导产业提供服务的产业。关联产业与主导产业之间的关联的主要内容有产品和服务关联、产业间就业关联、产业间技术关联、产业间价格关联、产业间投资关联。

在区域产业结构中，主导产业固然重要，但切不可因此而忽视与主导产业相配套的关联产业的发展。低估关联产业在区域经济发展中的作用，必然会给区域经济发展带来不利影响，具体表现在以下几方面：①使主导产业自身不能实现健康发展；②削弱经济系统抵御外界风险的能力，造成区域经济的动荡；

③不能及时、顺利地实现区域产业结构的升级换代；④在某种程度上造成资源的闲置或浪费。

在进行关联产业的配套时，应处理好以下问题：①以主导产业为核心，依据区域的具体情况，选择和发展为主导产业配套的各个关联产业；②以主导产业发展为起点，能够尽量延长整个产业链条；③关联产业在规模和空间布局上应与主导产业发展相协调；④以大、中、小不同层次和不同功能的企业的合理组合来避免关联产业之间重复建设和过度竞争；⑤在主导产业与关联产业之间建立较为稳定的经济技术联系，保障区域产业的顺利发展；⑥以区际合作的方式解决本区域没有条件或基础的关联产业配套问题。

（二）基础产业的配套

基础产业是指主导产业和关联产业之外的区域的所有其他产业。基础产业与主导产业在生产上的联系较弱，主要是为支持主导产业与关联产业的发展而建立起来的，是区域经济发展的基础。基础产业按照服务对象和自身性质划分有生产性基础产业、生活性基础产业和社会性基础产业三类，其中生产性基础产业是指为主导产业和关联产业发展提供公共服务的产业总体，如交通运输、能源供给、邮电通信等；生活性基础产业是指为产业职工及其家属提供公共服务的产业总体，如住宅、生活服务、公共事业等；社会性基础产业是指为整个社会发展提供服务的产业总体，如教育、卫生、治安、环保等。

基础产业是区域经济发展必须具备的部门，是主导产业和关联产业发展的重要保障。在进行基础产业的配套时应根据主导产业及关联产业发展的需要，合理引导和组织基础产业的发展，为主导产业和关联产业创造良好的外部环境和提供必不可少的支撑。同时，基础产业还要为其他产业、为社会发展和人民生活服务，以满足社会发展和生活的多方面需要。

区域产业结构的配置，除了上述三种产业之外，还应重视区域潜导产业的培育及支柱产业的发展。因为潜导产业是区域产业发展的希望，而支柱产业是其他产业发展的重要支撑，二者对区域经济增长都有着重要的贡献。在区域产业结构配置时，对潜导产业，应综合考虑世界技术发展趋势、全国经济总体走向以及本区域的具体经济发展状况与条件，选择有巨大发展前景的潜导产业，并且在各方面创造条件促使其逐步发育和壮大。同时，对支柱产业，要积极采用新的技术，以使其保持长久的生命力，防止过早衰退而限制了区域经济增长。

五、产业结构分析方法

产业结构分析是区域经济研究的重要内容之一。鉴于不同区域资源禀赋、经济发展水平等的不同，对区域产业结构进行分析时必须采用科学合理的分析方法，做到规范分析与实证分析相结合、静态分析与动态分析相结合、定性与定量分析相结合，以保证分析的全面性、准确性和可操作性。

（一）静态分析法

静态分析是将国民经济各产业某一时点的状态作为其研究对象，重点研究各产业的结构特征及其比例关系，或者说研究产业之间的联系和产业关联方式。

对产业结构特征的分析，从投入角度看，主要是分析产业结构同其所在区域的资源结构相适应的程度。若产业结构能够反映区域经济发展过程中的比较优势，则该产业结构是合理的，它能承担起劳动地域分工的重任；反之，则该产业结构是不合理的，也不能承担起劳动地域分工的重任。也就是说，产业结构合理的一个显著特征就是在充分开发利用区域资源优势的基础上，形成了专业化的产业体系。产业结构对区域资源优势的发挥程度，可以用区位商来衡量。区位商又称专门化率，由哈盖特首先提出并运用于区位分析中，其在反映某一产业部门的专业化程度和规模大小，以及某一区域在高层次区域的地位和作用等方面，具有很重要的意义。在产业结构研究中，运用区位商指标主要是分析区域主导专业化部门的状况，其计算公式为：

$$Q = \left[\frac{d_i}{\sum_{i=1}^{n} d_i} \right] \Big/ \left[\frac{D_i}{\sum_{i=1}^{n} D_i} \right]$$

式中，Q 为区域 i 产业的区位商，d_i 为区域 i 产业的有关指标（通常可用产值、产量、生产能力、就业人数等指标），D_i 为高层次区域 i 产业的有关指标，n 为产业的数量。若 $Q>1$，则该产业在研究区域内所占份额大于较高层次区域同产业的平均水平，其在产出规模上具有比较优势。这说明该产业是研究区域的专业化部门，且 Q 越大，其专业化程度较高；反之则较低。

仅仅从投入角度研究产业结构的特征是不够的，因为各产业生产的产品最终要进入市场领域。因此，我们还需要从消费结构和市场容量方面来分析产业结构的合理与否，也就是说以区域优势为专业化部门的产业结构，只有在其产品具有较大的市场竞争力时，才具有实际意义。产品的市场竞争力可以用市场占有率来衡量。市场占有率主要是从流通领域衡量产业在区域市场中所占的份额，其计算公式如下：

$$Z = \frac{x}{Y} \times r$$

式中，Z 为产业的市场占有率，x 为研究区域的年销售额，y 为较高层次区域该产业的年销售额，r 为研究区域该产业的人均年销售额指数。Z 越大，该产业的市场份额越大，市场竞争力越大；反之则该产业的市场竞争力越小。

此外，对产业结构的特征还可以从产业关联角度分析。所谓产业关联是指以产业间的各种投入品和产出品为连接纽带的技术经济联系，它可以用产业关联度来衡量。主导产业与区内的其他产业间具有较强的关联性，其发展能通过集聚经济和乘数效应带动整个区域经济的发展。一般来说，主导产业与其他产业之间的关联方式主要有两种：一是感应力，即主导产业对其他产业的影响程度；另一种是感应度，即主导产业受其他产业部门的影响程度。这两种影响合起来叫做主导产业的波及效果。产业波及效果分析的基本工具是"逆矩阵系数表"。逆矩阵是指里昂惕夫矩阵 $(I-A)$ 的逆矩阵 $(I-A)^{-1}$。逆矩阵系数表就是指具体的 $(I-A)^{-1}$ 矩阵，即

$$(I-A)^{-1} = \begin{bmatrix} A_{11} & A_{12} & \cdots & A_{1n} \\ A_{21} & A_{22} & \cdots & A_{2n} \\ \vdots & \vdots & \vdots & \vdots \\ A_{n1} & A_{n2} & \cdots & A_{nn} \end{bmatrix}$$

逆矩阵系数表的系数就是 $(I-A)^{-1}$ 中的每个元素，逆矩阵系数表在这里是专门用来计算波及效果总量的系数表。逆矩阵系数的经济含义就是：某一产业的生产发生一个单位的变化时，其所直接和间接地导致的各产业产出水平变化的总和。根据逆矩阵系数，我们可以首先计算影响力系数和感应度系数，其公式为：

$$S = \frac{y_1}{y_2}$$

$$T = \frac{x_1}{x_2}$$

式中，S 为某产业的影响力系数，T 为该产业感应度系数，y_1 为该产业逆矩阵纵列系数的平均值，y_2 为全部产业逆矩阵纵列系数的平均值的平均，x_1 为该产业逆矩阵横行系数的平均值，x_2 为全部产业逆矩阵横行系数的平均值

的平均。S 越大，该产业的影响力越大，对其他产业的拉动作用越大；反之，该产业的影响力越小，对其他产业的拉动作用也越小。T 越大，其他产业对该产业的拉动作用越大；反之，则其他产业对该产业的拉动作用越小。

由影响力系数和感应度系数，我们可以计算该产业的波及效果系数，其计算公式为：

$$J = \frac{(S+T)}{2}$$

式中，J 的值取决于 S 和 T 的大小，且 J 值越大，该产业与其他产业的关联性越强，其发展越能带动整个区域经济的发展。

（二）动态分析法

产业结构总是随着区域经济的发展而不断变化，不同的区域经济发展阶段对应不同的产业结构类型。因此，分析产业结构必须用动态的分析方法，总结产业结构变动的一般规律，为产业结构预测与产业政策制定提供有力的参考工具。对产业结构的动态分析，可以从产业结构变动度和产业结构变动趋势两方面着手。

1. 产业结构变动度

产业结构变动度主要是用来衡量区域产业结构随时间推移而变动的程度，可以用产业结构变化值指标将其量化。产业结构变化值公式为：

$$K = \sum |Q_{ij} - Q_{io}|$$

式中，K 为区域产业结构变化值，Q_i 为区域某产业部门在整个产业中所占百分比，Q_{ij} 为报告期该产业部门在整个产业中所占百分比，Q_{io} 为基期该产业部门在整个产业中所占百分比，j 和 o 分别为报告期和基期的年份。K 越大，报告期内区域产业结构的变动幅度越大；反之，报告期内区域产业结构变动幅度越小。

2. 产业结构变动趋势

库兹涅茨在揭示产业结构变动的一般趋势时曾提出用两种度量尺度来检验按照人口平均的产值差异与部门份额差异之间的联系。[1] 我们同样可以按照这两种方法来研究区域产业结构的变动趋势。

第一种方法：根据原始资料把地区按人均产值的高低进行分组，然后再把地区按产业产值份额的大小进行分组，最后求出两者变动范围的百分比。换句

---

[1] 详见库兹涅茨《各国的经济增长》，商务印书馆 1985 年版，第 111—115 页。

话说，就是对比地区按人均产值分组和份额分组的变动范围。通过对比，可以分析人均产值变动与产业份额变动之间的关系。

第二种方法：用反应弹性值指标来测度产业结构变动趋势。反应弹性值是指某一产业按人口平均的产值的百分比差异与产业份额差异的比率，它反映了人均产值变动某一百分比时，人均产值变动额与产业产值变动额的比率。[①] 其计算公式为：

$$E_i = a_i + \frac{a_i - 1}{r}$$

式中，E_i 为产业 i 的反应弹性值，a_i 为产业 i 在某一变动期间的最终份额与最初份额之比，r 为人均产值在相应时间段的增长比率。由于反应弹性值代表着与人均产值的百分比相联系的产业产值的变动百分比，所以，若 $E_i > 1$，意味着产业 i 产值的变动比率大于人均产值的变动比率，随着人均收入的提高，该产业的份额也明显上升；反之，若 $E_i < 1$，意味着产业 i 产值的变动比率小于人均产值的变动比率，随着人均收入的提高，该产业的份额显著下降。而且 E_i 偏离 1 越多，说明人均产值的差异对产业份额的影响越大。

（三）效益分析

效益分析法主要是通过集中一些反映经济效果的指标，并运用这些指标对经济效益的高低进行比较来分析区域产业结构的优劣。[②]

1. 产业结构效益

产业结构效益可以用如下公式计算：

$$G = \sum_{i=1}^{n} \frac{Q_i}{E} \cdot P_i - P$$

式中，G 为区域产业结构效益，Q_i 为区域第 i 个产业部门的产值，E 为区域产业的总产值，P_i 为第 i 个产业部门的资金利税率，P 为区域各产业部门的平均资金利税率。当 $G > 0$ 时，i 产业结构趋优，其经济效益也较高；当 $G < 0$ 时，i 产业结构恶化，其经济效益较低。如与前一个时期的某一时点相比，G 值上升，则产业结构效益提高，区域产业结构优化；反之，产业结构效益降低，区域产业结构恶化。

2. 结构影响指数

假定以资金利税率作为计算经济效益的基础指标，则结构影响指数 K 的

① 李永禄、龙茂发：《中国产业经济研究》，西南财经法学出版社 2002 年版，第 45 页。
② 崔功豪等：《区域分析与规划》，高等教育出版社 1999 年版，第 73 页。

计算公式为：

$$K = \sum_{i=1}^{n} P_{ji} \cdot q_{ji} / \sum_{i=1}^{n} P_{ji} \cdot q_{oi}$$

式中，k 为产业结构影响指数，P_{ji} 为 j 区域 i 产业部门的资金利税率，q_{ji} 为 j 区域 i 产业部门的资金占 j 区域产业资金总额的比重，q_{oi} 为对比区域 o 的 i 产业部门资金占其全部产业部门资金总额的比重。$k>1$，则 j 区域产业结构素质高，其整体效益高于对比区域；$k<1$，则 j 区域产业结构素质差，其区域总体效益低于对比区域。

3. 效益超越系数

产业结构的效益超越系数主要是用来衡量区域产业结构素质，其计算公式如下：

$$F = r/R$$

式中，F 为效益超越系数，r 为区域净产值的增长率，R 为区域总产值的增长率。若 $F>1$，则区域产业结构素质好，其所产生的经济效益较大；若 $F<1$，则区域产业结构素质差，其所产生的经济效益较小。

4. 弹性系数

产业区域经济弹性系数是指产业的相对变化量与区域经济的相对变化量之比。它可以反映出产业的发展和萎缩过程，计算公式如下：

$$\eta = \left[\frac{\theta_{i,\,t+1}}{\theta_{i,\,t}} \right] \Big/ \left[\frac{\sum I\theta_{j,\,t+1}}{\sum I\theta_{j,\,t}} \right]$$

式中，η 为产业区域经济弹性系数，$\theta_{i,t}$ 为 i 产业在 t 年的产值，$\sum I\theta_{j,t}$ 为区域内 j 个产业在 t 年的总产值。$\eta>1$，则 i 产业的增长速度大于区域经济的增长速度，该产业处于增长阶段；$\eta=1$，则 i 产业的增长速度等于国民经济的增长速度，该产业与国民经济处于同步增长阶段；$\eta<1$，则 i 产业的增长速度低于区域经济的增长速度，该产业呈萎缩趋势。

5. 投资产出效果系数

产业投资产出效果系数可用下式表示：

$$Z_j = \sum_{i=1}^{n} \frac{1}{p_{ij}} / n = \left[\sum_{i=1}^{n} \frac{1}{a_{ij} + b_{ij} + c_{ij}} \right] / n$$

式中，Z_j 为 j 产业的投资产出效果系数；p_{ij} 为投资产出系数，即 j 产业每增加一个单位的产品产出所需的 i 产业的投资；a_{ij} 为流动资金投资产出系数，即 j 产业每增加一个单位的产出，所需要购买 i 产业的原料、材料、半成品的资金额；b_{ij} 为更新改造投资产出系数，即 j 产业每增加一个单位产出，用于购买 i 产业的产品作为固定资产的资金额；c_{ij} 为 j 产业每增加一个单位产出，用于购买 i 部门产品作为固定资产的基建资金。因此，$p_{ij} = a_{ij} + b_{ij} + c_{ij}$。$Z_j$ 越大，在相同投资的情况下，j 产业产出多于其他产业，或者在产业价值在相同的情况下，j 产业所需投资少于其他产业；Z_j 越小，则在相同投资的情况下，j 产业产出少于其他产业。

第六章　区域社会系统分析

与其他系统相比，区域社会系统是一个更为复杂的开放系统，其子系统众多，例如每个人、每个家庭、每个企事业单位、每个层次等都可以构成一个相对独立的系统。但在这些子系统中，比较大而且重要的系统一般有三个：一是由经济的社会形态组成的区域社会经济系统，二是由政治的社会形态组成的区域社会政治系统，三是由意识的社会形态组成的区域社会思想文化系统。这三个系统本身又极复杂，而且相互联系。这三个子系统也是本章分析的重点，由于第五章中已详细分析了区域经济系统，因此，在本章中我们将区域社会经济系统和区域社会政治系统合二为一，并重点分析其制度方面。

第一节　区域社会系统概述

一、区域社会系统的内涵

不同领域和不同场合中，区域社会系统的含义有所不同。

若把区域社会系统视为系统的一种界定，则其可定义为：相对独立于特定地域范围内的自然界的由人类及其活动组成的系统，在这个系统中，人是处于最重要和最中心的位置，是最活跃的因素。

若把区域社会系统视为一个实体系统，则其可定义为：与区域自然系统相对应的系统。区域自然系统是指特定地域范围内自然界的系统，而区域社会系统是指由特定地域范围内的人参与的系统，其中涉及三种关系，即决策者、系统的影响者以及研究者。决策者对系统的组织、结构、功能等起设计、组织和实施作用；系统的影响者对系统存在和系统运行产生影响；研究者则是站在与系统存在非利益关系的角度观察和研究系统。

本书从系统科学的角度研究区域社会系统，认为区域社会系统是一种以人为主体、要素众多、层次复杂、关系错综、目标功能多样的复杂开放巨系统，是一种概念系统。

二、区域社会系统的组成要素及其结构

区域社会系统是一个复杂的巨系统，其组成要素众多，既包括区域内人的要素，又包括物的要素和信息的要素，是区域人流、物流、信息流的动态集合；它既包括经济因素，又包括政治、军事、科技、文化、教育、宗教、艺术等多种因素。可以说区域社会发展就是各种社会要素"交互作用"的结果。

区域社会系统要素按照一定的关系组合起来就形成了区域社会系统的结构。区域社会系统结构是区域社会要素和区域社会系统的中间环节，不仅是区域社会系统的存在方式，也是其能够成为整体而显示有别于要素的性质、行为、功能的内在根据。同时，区域社会系统结构又是系统质的规定性与量的规定性的统一。结构的变化反映着系统质与量关系的变动，这种变动往往反映着系统内各要素间的矛盾与不协调。区域社会系统分析不仅要分析组成系统的要素，而且应该分析要素按一定关系组成的结构。区域社会系统结构可分为经济结构、政治结构、文化结构、管理结构等不同层次，每个层次都是一个子系统，又可分为更小的系统。

三、区域社会系统的特征

作为一种社会系统，区域社会系统既具有社会系统的普遍特征，又具有其自身的特有特征。区域社会系统的特征主要有：

（一）区域社会系统是一种自组织系统

区域社会系统是一种自组织系统，其自组织性主要表现在能够从环境中吸取能量和信息，以补偿自然增熵所失去的有序，无须外来指示便能使系统要素产生共同行为，能够从无组织到有组织，从低程度组织到高程度复杂组织进行演化。其自组织的动力来自于它对外的开放性和内部的自组织能力，在功能上具有自我复制循环的自维生特性，它的结构是远离平衡态的耗散结构，是一个

不断进化的系统。因此，也可以说区域社会系统是一个具有耗散结构的开放系统。区域社会系统通过不断地从环境输入能量和信息，不仅可以使其维持原有的有序、结构和稳定，而且还可以由于输入的增多，对原系统形成"偏离"、"涨落"和"扰动"，当它达到一定的阈值，便使系统逐步离开它的平衡态，原有的结构因失去维持自身的能力而瓦解，为新的结构所取代，形成新的有序和稳定即耗散结构。

（二）区域社会系统是一种开放系统

现代系统科学从系统与环境是否发生关系的角度把系统分为孤立系统、封闭系统、开放系统。所谓孤立系统就是与周围环境之间不存在任何物质、能量、信息交换的系统；所谓封闭系统就是与环境之间只存在能量交换的系统；所谓开放系统则是与周围环境进行着物质、能量、信息交换的系统。

区域社会系统也具有上述开放性，因为：从微观方面来看，①构成区域社会系统的基本要素——人，不断地从外界摄取各种物质以维持其正常的生存、生活、休闲、享受和发展，同时又不断地向外界排泄废弃物。②区域社会系统的子系统——企业、乡村、城市等，也源源不断地从外界输入各种原材料、能源等以发展其经济，同时向外界输出各种产品及废弃物；从宏观方面来看：区域社会系统与自然界之间以及区际之间均存在着物质、能量、信息等交换和交流。通过上述宏观和微观两方面与系统环境的相互作用，区域社会系统才得以引入负熵流，从而克服其内部熵增的自组织能力，使得社会系统的发展成为可能，才有了今天的农业机械化、工业现代化和经济全球化等。

区域社会系统是开放系统，这是就其客观本质来说的。由于人为原因（社会、历史原因）的影响，区域社会系统并不一定都是开放系统。那些由于某种原因而变成孤立的、封闭的区域社会系统的情况在社会历史上并不少见。区域社会系统与环境之间究竟是封闭还是开放的问题可以表现为不同的方面、不同的层次。那些虽然同自然环境之间进行着物质、能量、信息的交换，但同其他区域社会系统没有任何联系的区域社会系统可以看作是对其他区域社会系统关系上的一种封闭系统。同时，我们也可以就生产、经济、科学技术、信息等的某个方面来谈论一个区域社会系统是封闭的还是开放的。

（三）区域社会系统是一种复杂系统

1. 区域社会系统的复杂性在于它的组成因素多而复杂

区域社会系统不仅组成因素众多，而且每一个因素本身又往往包含很多因素，具有各种状态或表现；加之这些因素、状态往往又有多种变态，变态之中又有大、中、小的不同程度，从而极大地增加了区域社会系统的因素。在各种复杂因素中，最复杂的因素是人。人也是社会系统的中心，是其中最重要、最活跃的因素。在某种程度上可以说人及其活动的复杂性导致了区域社会系统的复杂性，因为区域社会系统的复杂性不同于一般的复杂性，它并非一般系统的运行，而是由人参与并支配的。

2. 区域社会系统的复杂性还在于系统因素之间存在着复杂的相互作用和相互关系

在区域社会系统中，每种因素既是其他因素变化的原因，也是其他因素变化的结果，它们在改变其他因素的同时，也被其他因素所改变着。各因素之间的因果关系交叉叠加、复杂化为诸因素之间互为因果的作用关系。这种相互作用关系从数学定量的观点来看，是极其复杂多样的，有线性的、非线性的，也有确定的、不确定的、随机的；作为变量来描述的因素，可能是集中的、连续的，也可能是分散的、离散的，数量界限可能是清楚的也可能是模糊的。这种情况无疑说明了区域社会系统的复杂性。

3. 区域社会系统的复杂性还表现在其目标、功能具有多样性

区域社会系统包含着诸多子系统，每个子系统的目标、功能迥异，随着这些子系统的充分发育和完善，必然造成系统目标和功能的多样化。随着区域社会系统的发展，系统内各个组成要素越来越难以协作，从而导致系统分化，功能多样化，导致社会系统越加复杂。

4. 区域社会系统的复杂性还在于其外部环境的复杂性

一方面区域社会系统处于一定的自然环境中，不断变化的自然生态环境构成了其外部环境。生态环境本身又是一个复杂的物质系统，是由诸多彼此相干的自然因素交互作用的复杂网络构成的非线性系统，处于非均衡状态。另一方面区域社会系统还处于周围区域系统的环绕之中，并与它们发生着物质、能量和信息的交换，而周围区域系统却是一个更加复杂和不确定的系统。自然环境和周围环绕区域，共同构成了区域社会系统的外部环境，两者相互依存、相互制约、相互影响、相互作用。外部环境的复杂性必然会造成区域社会系统的复杂性。

（四）区域社会系统是一个不断发展变化着的系统

区域社会系统发展和社会系统的发展一样是在人类实践活动的基础上进行的。人类实践活动具有既依赖现实又改造现实，并创造新的现实条件的特点，使得社会系统的存在和发展一方面总是依赖于一定的前提，另一方面又必然超

出前提。每当它上升到新的阶段后，那些在发展中居于主导地位的前提，作为一种条件被包含到社会系统之中，而由前提获得的结果成为进一步发展的新前提。正是通过这种更迭，人类社会才实现了从低级到高级、从简单到复杂，并最终向着越来越高级复杂，也越来越全球化、整体化的趋势发展演变。在此过程中，社会系统发展的轴心、决定因素、推动力量也逐渐由人的体力（原始时代）到政治权力（奴隶社会、封建社会），到金钱资本（资本主义社会），最后向科技知识和人的智力转移。尤其是在当代，在以信息技术、智能技术、生物技术等为代表形式的高科技，已经成为社会系统变化的决定性推动力量。

四、区域社会系统的协调

所谓区域社会系统的协调，是指组成区域社会系统的各子系统之间在结构、功能和运作方式等方面相互适应、相互匹配、相互一致和相互促进的关系。除此之外，区域社会系统的协调还意味着各子系统能够在适宜的条件下各司其职，充分发挥各自的社会功能，从而有力地促进系统整体的良性互动。如果子系统之间在结构、功能和运作方式上互不协调，或某个子系统不能充分发挥其正常功能，那么必然会引发各种不正常的社会现象，从而阻碍区域社会的进步。

区域社会系统内的协调形式是多种多样的，不过概括起来主要有三种形式：结构协调、功能协调和运作方式协调。[①]

（一）结构协调

结构协调是指各子系统之间的联系方式具有较高的有序性和稳定性，构成比例具有合理性。这种协调关系是区域社会系统保持其内部协调的关键，因为只有子系统的组织形式相互一致，机构设置相互配套，人员配置的比例适当才能保证社会系统结构的有序性、整体性和最优性。同时，结构协调必须以经济结构为核心，必须围绕经济结构来实现，否则社会必定是一种畸形社会。

（二）功能协调

功能协调是指各子系统在所起的作用上相互适应、相互匹配和相互促进，并在此基础上有效地调节社会各方面的利益关系和人们的行为方式，促进社会的良性互动。功能协调要求区域社会各部门各司其职、紧密配合。职责范围既

---

① 钱兆华：《社会系统协调论》，载《系统辩证学学报》1999 年第 7 卷第 2 期，第 16—19 页。

不相互重叠，又不相互冲突，并能充分发挥各自的社会功能。同时，功能协调还要求系统与周围环境之间在功能上能相互协调，因为按照系统论的观点，任何系统的功能不仅取决于系统内部的结构，而且还受周围环境（由与之相互联系和相互作用的其他系统构成）的影响，环境不同，系统与环境相互作用的方式也不同，系统的功能当然也就随之改变。系统与周围环境之间在功能上能相互协调是它发挥其特定功能的重要前提。

（三）运作方式协调

运作方式协调是指区域社会各部门在运行规范、运行效率、运行过程等方面必须相互适应和相互一致。由于区域社会系统中的各子系统的运作方式在很大程度上受人的主观意志的影响，因而类似的结构可能会出现不同的运作方式。如同样是医院，但办事的方式和效益可能会大相径庭。这就要求有关部门在调整人们的相互关系和处理各种事务时不仅要提高办事效率，还要遵守一定的程序和规范，客观、公正、快速地处理好每一件事。此外，各子系统还必须遵守各自的"角色原则"。如法律部门必须遵守公正的原则，商业部门必须遵守公平交易的原则等。子系统之间的这些运作方式的协调不仅是保证各子系统正常发挥其社会功能的重要因素，同时也是一个区域社会整体保持和谐和有活力的重要因素。

第二节　区域制度分析

一、制度的内涵

（一）制度的经济学含义

尽管制度在经济学中是一个使用频率非常高的词，但是关于制度的定义，目前还没有一个公认的完整表述，不同的经济学派，甚至是同一学派的不同经济学家赋予制度的含义都不完全一致。

凡勃伦是最早给制度下定义的旧制度经济学家，他在 1899 年出版的《有闲阶级论》一书中将制度定义为："制度实质上就是个人或社会对有关的某些关系或某些作用的一般思想习惯；而生活方式所构成的是在某一时期或社会发展的某一阶段通行的制度的综合，因此从心理学的方面来说，可以概括地把它说成是一种流行的精神态度或一种流行的生活理论。如果就其一般特征来说，则这种精神状态或生活理论，说到底可以归纳为性格上的一种流行类型。"①凡勃伦在这里所讲的制度实际上指的是道德观念、风俗习惯以及意识形态等层次上的对人们行为所产生的无形的约束，他所讲的"一般思想习惯"或者"流行的精神态度"，其实就是规范个人行为的各种规则。

在旧制度经济学家中，另一个代表人物康芒斯也给制度下了定义。他在《制度经济学》一书中指出："如果我们要找出一种普遍的原则，适用一切所谓属于制度的行为，我们可以把制度解释为集体行动控制个体行动。集体行动的种类和范围很广，从无组织的习俗到那许多有组织的所谓运动中的机构，例如家庭、公司、控股公司、同业协会、工会、联邦储备银行以及国家。大家所共有的原则或多或少是个体行动受集体行动的控制。"②康芒斯认为集体行动控制个体行动，靠的是"业务规则"。他认为："业务规则在一种制度的历史上是不断改变的，包括国家和一切私人组织在内，对不同的制度，业务规则不同。它们有时候叫做行为的规则。亚当·斯密把它们叫做课税的原则。最高法院把它们叫做合理的标准，或是合法的程序。可是不管它们有什么不同以及用什么不同的名义，却有这一点相同：它们指出个人能或不能做，必须这样或不这样做，可以做或不可以做的事，由集体行动使其实现。"③

舒尔茨认为："我将一种制度定义为一种行为规则，这些规则涉及社会、政治及经济行为。例如，它们包括管束结婚与离婚的规则，支配政治权力的配置与使用的宪法中所包含的规则，以及确立由市场资本主义或政府来分配资源与收入的规则。"④舒尔茨还将制度进行了经典的分类：①用于降低交易费用的制度，如货币、期货市场等。②用于影响生产要素的所有者之间配置风险的制度，如合约、分成制、合作社、公司、保险、公共社会安全计划等。③用于提供职能组织与个人收入流之间的联系的制度，如财产包括遗产法、资历和劳动者的其他权力等。④用于确立公共品和服务的生产与分配的框架制度，如高

①　凡勃伦：《有闲阶级论》，商务印书馆1964年版，第139—140页。

②　康芒斯：《制度经济学》（上册），商务印书馆1962年版，第87—89页。

③　同上书，第86页。

④　舒尔茨：《制度与人的经济价值的不断提高》，载《财产权利与制度变迁——产权学派与新制度学派译文》，上海三联书店1994年版，第253页。

速公路、飞机场、学校和农业试验站等。①

诺斯对制度有着多种定义，他在《经济史中的结构与变迁》一书中指出："制度提供了人类互相影响的框架，它们建立了构成一个社会，或确切地说一种经济秩序的合作与竞争关系。""制度是一系列被制定出来的规则、守法秩序和行为道德、伦理规范，它旨在约束主体福利或效应最大化利益的个人行为。"② 在《制度、制度变迁与经济绩效》一书中，他又认为："制度是一个社会的游戏规则，更规范地说，它们是为决定人们的相互关系而人为设定的一些制约。制度是有非正式约束（道德约束、禁忌、习惯、传统和行为准则）和正式法规（宪法、法令、产权）组成。"③ 尽管诺思对制度有着多种描述，但这些描述的实质都是一样的，都是说明制度是"规范人的行为的规则"，而他所讲的"决定人们相互关系"也是以约束人的行为为基础的，同样可以属于人的行为范畴。

拉坦和速水认为，"制度是社会或组织的规则。这种规则通过帮助人们在与别人交往中形成合理的预期来对人际关系进行协调。它们反映了在不同的社会中有关相对于人们自己的行为和他人的行为的个人和集体行为而演化出来的行为准则。……制度提供了对于别人行动的保证，并在经济关系这一复杂和不确定的世界中给予预期以秩序和稳定性"。④

青木昌彦从博弈论的角度出发，认为："制度是关于博弈如何进行的共有信念的一个自我维系系统。制度的本质是对均衡博弈路径显著和固定特征的一种浓缩性表征，该表征被相关领域几乎所有参与人所感知，认为是与他们策略的决策相关。这样，制度就以一种自我实施的方式制约着参与人的策略行动，并反过来又被他们在连续变化的环境下的实际决策不断再生产出来。"⑤ 他还通过把经济活动类比于博弈过程，归纳了经济学家们所持有的三种制度观，即把制度看作是博弈的参与者、博弈规则和博弈过程中参与人的均衡策略。

另外，中国学者也对制度进行了定义，其代表学者有林毅夫和张宇燕等。

---

① 舒尔茨：《制度与人的经济价值的不断提高》，载《财产权利与制度变迁——产权学派与新制度学派译文》，上海三联书店 1994 年版，第 253 页。

② 诺斯：《经济史中的结构与变迁》，上海三联书店 1994 年版，第 225—226 页。

③ 同上书，第 226 页。

④ 丹尼尔·W. 布罗姆利：《经济利益与经济制度——公共政策的理论基础》，上海三联书店 1996 年版，第 23 页。

⑤ 青木昌彦：《比较制度分析》，上海远东出版社 2001 年版，第 28 页。

林毅夫认为，制度是社会中个人所遵循的行为规则。^① 根据他的理解，在任何社会，个人都面临着不确定性和发生灾难的可能性。此外，人的生命又是有限的，他希望活下去，并能实现高层次的满足。为此，人类需要制度。制度是被设计出来以帮助人类对付不确定性和增加个人效用的手段。制度，无论是市场的，还是非市场的，都可以提供有用的服务。

张宇燕在其《经济发展与制度选择——对制度的经济分析》一书中，则是将前人有关制度内涵的研究成果概括和总结为 12 个方面：^②

（1）制度是人类适应外界环境的结果，用汤因比的历史观表述，那就是制度是人类应付外界挑战的结果，这里的应战似乎具有更多的被动性质。这一陈述的一个派生推论为，制度是一种人工产品。

（2）制度的主要表现形式之一，是人们习以为常的习惯或规范化的行为方式。它们都同特定的文化模式和社会过程密切相关。这至少暗示了人们的行为是相互影响的。

（3）规则为制度的另一核心内容。它的主要特征之一在于其具有强制性或约束性，并主要由法律法规、组织安排和政策来得到表现。

（4）制度是历史进程令人类行为的沉淀物，换言之，它是由过去决定的，或它一旦形成，便具有历史惯性。作为一种推论，制度虽可能随时随地而变，但却会深深打上"历史"的烙印。换句话说，今天的决策是受历史影响的，有所谓"路径依赖"之说。

（5）制度为某社会中的众多人所接受或遵守。同时，这种遵守可能既是自觉自愿的（或无组织的），也可能是被迫的（或有组织的）。换言之，制度是一种一致赞同的结果，尽管赞同本身有自愿和非自愿之分。

（6）制度具有某些功能或是一种工具，否则它（们）不会被人为地创造出来。制度为人们之间的交往、合作及交易的顺利进行提供了必不可少的保障，因为它至少使个人对他人行为进行预期成为可能（在这里，制度又同未来发生了联系）。由于制度的建立，可大大降低外部性的影响，而这被认为是环境问题产生的根源。

（7）制度通过各种习惯和规则为处于其中的人提供奖励或制裁，当人们遵

---

① 林毅夫：《关于制度变迁的经济学理论》，载《财产权利与制度变迁》，上海三联书店 1991 年版，第 375 页。

② 张宇燕：《经济发展与制度选择——对制度的经济分析》，中国人民大学出版社 1992 年版，第 117—119 页。

守或违犯它们的时候；换言之，制度限定了什么是可以做或必须做的，使人们有所节制并要求他们放弃某种权力以便使他人或社会受益，制约人们在各种选择方案中进行选择的能力。制度所提供的奖励或制裁，无异于为人们增加或减少了某种机会成为可能性。

（8）维护和施行制度意味着某种"外在"权力或权威的存在，国家大概是这种权力的典型。"外在"在此指的是独立于或超越了个人影响的外界因素。

（9）交易是对制度进行分析的基本单位，不单是习惯和规则职能体现于人们之间的交易中，而且又因为交易的各种具体形式为描述不同的制度创造了条件。这里需要说明的是交易的对象不仅仅是商品。

（10）财产权是集体行动控制个人行动的主要手段，因此，它同制度亦密不可分。实际上，财产权作为一种权力安排，既体现了规则又包含习惯，其本身就是制度的同义词。

（11）制度本身是不能独立的，而必须有其实际承载体，比如说家庭、企业（或公司）、国家等。反过来，像企业这样的合作组织，本身就是由制度来支撑和维系的，更不用说一个国家了。

（12）制度是观察和理解人类经济活动或行为的钥匙或范式，如果不是唯一的但至少也是最重要的。

以上对制度的解释尽管表述不同，但都有一个共同点，那就是都把制度视为一种规范和约束人的行为的各种规则，制度的形成和发展都是服务于人的，是人在不确定的环境下达到既定目标的手段。基于此，我们在这里把制度就简单地定义为规范和约束人的行为的一套规则。由于人类行为的多样性，使得规范其行为的规则即制度也具有多样性，如政治制度、经济制度、文化制度、道德伦理制度，等等。

（二）制度的特征

通过上面的分析我们可以看出，制度是具有十分丰富的内涵和特征的，主要表现在以下几个方面：

1. 制度是一种公共产品

制度是公共产品，它是为全社会或某一个集体而不是为某一个人制定的。制度和其他公共产品存在着某些共性，即具有非排他性和非竞争性，但同时又存在着一定的差别，其差别主要表现在：①制度是无形的，表现在法律、规则、风俗习惯等方面，而一般的公共产品都是有形的，表现为具体的物品，如市政建设工程等；②人们在消费制度过程中并不像消费其他公共产品一样都能获得利益或满足，某些制度在执行的过程中可能会出现只对一部分人有利而对其他人不利的情况，但即使这样，制度仍具有非排他性，因为这种制度并不是只规范那部分获得利益的人，即使蒙受了损失的成员，也依然在这种制度的约束和规范之下。

2. 制度具有区域性特征

几乎任何一种制度无论在内容还是形式上都有显著的地域差异，它或者受地域性因素影响，或者受非地域性因素影响，或同时受地域性和非地域性两种因素影响，如人们的风俗、习惯具有地域性特点，而经济制度、管理制度虽然受非地域性因素的影响，在大范围内具有非地域性特征，但在局部地区也会受地域性因素的影响，呈现地域性分布的特征。制度的地域差异（区域性）不但表现在不同区域的同一种制度在内容和形式上存在差别，而且还表现在不同区域的各种制度在种类和组合上的差异，这两个方面的差别，都会对区域经济和社会发展产生重大影响。

3. 整体性

一个区域的各种制度之间都存在着某种联系，形成一个系统整体，即制度系统。其中一种制度的变化，就可能引起系统中其他制度或制度要素的连锁反应。制度的这种整体性特征，要求人们在制度的研究和制定中，必须坚持全面和综合的原则。

（三）制度的构成

新制度经济学中的制度，包含着一个制度体系，由不同的制度构成。从制度的产生方式来看，制度可以分为正式制度和非正式制度。

正式制度又叫正式规则或硬制度，指的是人们（主要是国家或政府）有意识地制定各种制度安排，具有强制性。诺斯认为，正式制度包括政治规则、经济规则和契约。这些规则构成一种等级结构，从宪法到成文法与普通法，再到明确的细则，最后到个别契约等，它们共同约束着人们的行为。[①] 正式制度总是与惩罚联系在一起，它不仅可以防止经济活动中的"搭便车"现象，还可以化解"囚徒困境"，是保障经济正常运行的必要条件。

非正式制度又叫非正式规则，它是指对人的行为不成文的限制，是人们在长期的社会生活过程中逐步形成的、不依赖于人们主观意志的文化传统和行为习惯，如社会的价值观念、伦理规范、文化传统、习惯习俗、意识形态等，是

---

① 诺斯：《制度、制度变迁与经济绩效》，上海三联书店 1994 年版，第 64 页。

文化遗产的一部分。在人类历史的长河中，非正式制度在维护社会秩序方面起到了不可替代的作用，并且这一作用还将继续。研究非正式制度具有重要意义：①在经济交往中，非正式制度是市场低成本运转的保障。②非正式制度决定了经济发展过程中的"路径依赖"，也就是说区域的价值观、风俗、传统等决定着其经济发展所采取的模式。不同区域的不同发展模式或发展特色，在很大程度上都是由当地的特殊的非正式制度所决定。③非正式制度还能降低制度的执行成本。④弥补正式制度的不足。

正式制度和非正式制度相互依存、相互补充，共同构成有效的社会约束体系。任何正式制度都需要一定的非正式制度的辅助，才能有效地发挥作用，其制度安排上的局限性也只有通过非正式制度来进行补充。同样，非正式制度则需要一定的强制性的正式制度的支持，才能有效地实现其约束力，尤其是在涉及各种复杂的经济关系和社会问题方面，更需要正式制度的强制作用。从制度的起源来看，正式制度是在非正式制度的基础上产生的，而后又逐渐形成新的非正式制度。因此，可以说一个区域制度健全与否，不仅要看其正式制度是否完善，还要看其正式制度与非正式制度之间的配合是否和谐、默契。

二、区域经济发展中的制度变迁与创新

（一）区域制度变迁的动因分析

对区域制度变迁的动因，我们主要从三个方面进行分析：

第一，从区域内的个人角度分析，无论是把制度变迁认为是为了适应新的稀缺性、技术性机会、再分配和偏好等经济和社会条件的变化，对已有制度安排的修正，还是由于人们对特殊集团的利益的偏好，导致了制度交易、引起制度变迁，或者认为制度供求的非均衡产生潜在的制度需求和潜在的制度供给，从而引起制度创新和制度变迁的可能性。这几种分析实质上都离不开对人们的利益偏好与选择的分析。

作为制度变迁主体的区域内个人或企业，其从事制度变迁的决定性内在动因就是为了追求效用的最大化，获得最大的"潜在利益"或"外部利润"。当现行的制度安排无法实现其获利目的时，也就是说实行制度变迁对其有利可图、具有潜在利润时，他们就会发动制度变迁。正如诺斯所说的，如果预期收益超过预期成本，一项制度安排才有可能被创新。所以在某种程度上可以说，对自身利益最大化的追求是制度创新的终极动力。因此，当外界条件发生变

化，如市场规模的扩大、生产技术的进步、一定的利益集团对自己的收入预期有改变等，而出现了新的潜在利益的机会时，就会出现制度的变迁。尤其是技术进步，对制度变迁主体的成本和收益有着非常重要的影响。

第二，从区域政府角度来考虑，在市场经济和全球化条件下，各区域之间的竞争，主要是区域政府之间进行制度创新的竞争。而制度创新是经济增长和制度变迁的动力。对各区域政府来讲，其进行制度创新的动力源泉主要来源于以下几方面：①

区域政府官员对个人政绩的追求。无论是在民主国家还是集权国家，政府官员都希望有政绩。政绩不仅可以体现执政官员的能力，在有些国家，甚至和提拔与任命官员直接挂钩。作为理性经济人的政府官员，无论是为了实现自我价值，还是为了争取下一届的提拔机会，在追求良好的政绩时，必然希望以最小的成本取得。当某一区域环境中存在着制度创新的潜在利益时，该区域的政府官员就会努力进行制度创新，以捕捉这个获利机会。但是，由政府官员推动这种制度创新一般具有短期性，他们都希望在自己的任期内能够完成制度创新，否则，就不愿或没有动力来推动制度的创新，这就需要通过改变对区域政府官员的约束规则来逐步改善，如推行绿色 GDP 考核指标等。

区域政府对区域经济发展的追求。推进区域经济发展是一个区域政府的根本职能，也是其存在的义理所在，甚至可以说经济发展是区域政府追求的首要目标。

第三，从区域系统整体来看，对一个开放的区域系统来讲，区域周围的环境变化也会对区域自身的制度变迁产生不可忽视的影响。如果区域周围的环境不发生变化，则人们只需要建立一套行之有效的制度就可以了，制度变迁也不会发生，但是，环境是变化着的，其所具有不确定性必然要求人们适时调整和改变已有的行为规则以使自身利益最大化。

（二）制度变迁的方式比较分析

从不同的角度制度变迁方式可以做不同的划分：

1. 根据制度变迁的性质，制度变迁可以分为自发演进的制度变迁和人为设计的制度变迁

这种关于制度变迁的方式划分影响最深远，也是最传统的划分。自发演进的制度变迁方式就是制度的变迁并不是人们有意识的、能预期准确结果的行动

---

① 邓宇鹏：《论区域制度创新》，载《财经理论与实践》2005 年第 26 卷第 134 期，第 22—25 页。

造成的，或者从结果上看，制度变迁的结果是参与者都未预期到的，而人为设计方式刚好相反。将制度变迁区分为自发演进和人为设计的优点在于符合经济自由主义的传统。但是这种划分从理论的角度看，并无多大实际意义，因为研究制度变迁的意义在于指出制度为什么重要，制度变迁怎样产生以及制度变化后对经济产生什么样的影响。而对经济影响较大的首先是人为设计出来或引进的正式制度。对于我们所熟悉的社会来说，大多数规则或规范以及习俗将自发地发展。将制度变迁粗略地划分为自发演进和人为设计，无法深入而具体地说明人为设计的制度有多少不同。

2. 根据制度内容划分，制度变迁可分为正式制度变迁和非正式制度变迁

正式制度变迁是指具体制度安排的变迁，需要创新者花时间、精力去组织、谈判并得到一群（个）人的一致性意见，因此制度变迁要付出一定的组织成本和谈判成本。一般来讲，正式制度变迁还会碰到外部效果和"搭便车"问题。

非正式制度变迁是一般意识形态、道德观念、风俗习惯等的转变。非正式制度安排中不包含群体行动，所以尽管它还有外部性，但却没有"搭便车"问题。新规则的接受完全取决于创新所带来的效益和成本的计算。个人认为新规则对自己有利就接受，否则就不接受。因为非正式制度安排的执行主要取决于社会的相互作用，所以创新者的费用主要来自围绕着他的社会压力。非正式制度深深地植根于一个国家、一个地区、一个民族代代相承的文化之中，而且只有当社会中的大多数放弃了原来的制度安排并接受新制度安排时，制度变迁才发生。因此，非正式制度的变迁往往滞后于正式制度的变迁，即使有政府所谓"移风易俗"等行动，这种变迁也不容易发生。尽管如此，非正式制度变迁依然遵循制度变迁的基本原则，即当制度不均衡所带来的预期收益大到足以抵消潜在费用时，个人会努力接受新的价值观、道德和习惯而不管这些规则看上去是如何的根深蒂固。而且区域中成员的流动性越大，人们就越容易放弃传统制度安排和接受新的制度安排。

3. 根据制度变迁主体来划分，制度变迁可分为诱致性变迁和强制性变迁

诱致性制度变迁指的是现行制度安排的变更或替代，或者新制度安排的创造，是由个人或一群（个）人，在响应获利机会时自发倡导、组织和实行。诱致性制度变迁具有如下特征：①营利性。营利性是执行制度变迁的前提，只有制度变迁的预期收益大于预期成本时，有关创新群体才会推进制度变迁。②自发性。诱致性制度变迁是制度变迁主体在外在利润的诱惑下，对制度不均衡所

产生的一种自发性反应。③渐进性。诱致性制度变迁是一种自下而上、从局部到整体的制度变迁过程。制度的转换、替代、扩散都需要时间，是一个缓慢的渐进过程。

强制性制度变迁的概念是由林毅夫提出来的，他认为不是所有的制度变迁都是自发产生的，都是在原有制度安排下无法得到的获利机会引起的。为了对不同的利益集团进行收入再分配，不可能通过人们的自发性制度变迁，即诱致性制度变迁就能实现的，必须要通过政府的命令和法律，这些命令和法律所构成的新的规则，就是强制性的制度变迁。但是，强制性变迁的有效性受许多因素的制约，其中主要有：统治者的偏好和有限理性、意识形态刚性、官僚政治、集团利益冲突和社会科学知识的局限性、国家的生存危机等。国家经过努力可能降低一些不利因素对制度变迁的影响，但是并不能克服其他不利因素对制度变迁的约束。① 与诱致性制度变迁不同，强制性制度变迁可以纯粹因在不同选民集团之间对现有收入进行再分配而发生。

4. 从制度变迁的速度来划分，制度变迁可分为渐进式制度变迁与激进式制度变迁

这种划分主要是针对前社会主义国家从计划经济向市场经济转轨的问题提出来的。所谓渐进式变迁，新是采取分阶段、分部门、分地区、分群体的方式，在较长时间内，从局部到全局，从部分到整体，从一部分人到全体人，从体制（体制也即制度）外到体制内，从增量到存量等逐步推进改革的，它具有时间长，但社会震动小、社会冲突弱、风险小、阻力相对较小等特点。

激进式制度变迁又叫"大爆炸"（Big Bang）或"休克疗法"（Shock Therapy），即通过政治变革，自上而下地在短期内完成整个社会、经济制度变革，从旧制度的抛弃、崩溃到新制度的建立不需要长时间的过渡。然而这种划分存在明显的缺陷：它主要是针对转轨国家的制度变迁而言，不具有经济学理论意义上的普遍性，而且主要是研究一个国家或地区整体经济制度的变迁而不是单个制度的变迁，没有也不可能具体深入地分析单一制度是如何变迁的。

5. 从制度变迁的规模来划分，制度变迁可分为整体制度变迁和局部制度变迁

---

① Justin, Yifu Lin., 1989（2），An Economic of Institutional Change：Induced and Imposed Change，Cato Journal，pp. 35—50.

整体制度变迁是指特定区域范围内整个制度体系的变革，又称宏观制度变迁。局部变迁是指某个方面或某个层次的制度的变革。严格地说，整体制度变迁几乎是不可能的，因为即使正式制度可以进行整体性变迁，但非正式制度却难以进行。

6. 从对制度变迁的态度来划分，制度变迁可分为主动式制度变迁和被动式制度变迁

主动式制度变迁是一个（些）利益集团发现制度不均衡而存在获利机会时，从自身利益出发对现存制度进行的主动创新。当其他利益集团已经发动并实施制度变迁时，制度结构进而利益结构就会发生变化，那些不存在潜在收益、缺乏制度创新动力的集团也会因此受到变革的影响和冲击，如果不适应制度的变迁就会遭受损失，此时也不得不进行制度变迁，这种变迁就是被动式变迁。

（三）制度创新与制度变迁

1. 制度创新的条件

制度创新是有条件的，假定原制度存在于 $t_0 - t_1$ 时期，新制度存在于 $t_2 - t_3$ 时期，制度创新发生于 $t_1 - t_2$ 时期，这时的制度称之为过渡性制度。$t_0 - t_1$ 为基期，$t_1 - t_2$ 和 $t_2 - t_3$ 为可预期时期。$STR_{t_1-t_2}^{T}$ 为过渡性体制总纯收益（总收益减去总成本的余额），$STR_{t_2-t_3}^{N}$ 为新体制总纯收益，$SIC_{t_1-t_2}$ 为体制创新成本，$STR_{t_1-t_2, t_2-t_3}^{P}$ 为原制度在可预期时期内的总纯收益。那么，制度创新的条件就是：

$$STR_{t_1-t_2}^{T} + STR_{t_2-t_3}^{N} > STR_{t_1-t_2, t_2-t_3}^{P} + SIC_{t_1-t_2} \qquad (6.1)$$

也就是说，只有当可预期时期内过渡性制度与新制度的总纯收益之和大于同一时期内原制度总纯收益与制度创新成本之和时，制度创新才可能实际发生。我们称之为制度创新的充分条件。在可预期时期内，新旧两种制度效率存在差异，即：

$STR_{t_2-t_3}^{N} > STR_{t_2-t_3}^{P}$ 是制度创新的必要条件。

也就是说，如果制度创新成本过高或过渡性制度总纯收益过低，制度创新仍不能实际发生。

2. 制度创新的类型①

区域制度创新可分为六种类型：

---

① 邓宇鹏：《论区域制度创新》，载《财经理论与实践》2005 年第 26 卷第 134 期，第 23—25 页。

（1）区位潜在利益诱致型。经济区位可分为农业区位、工业区位、商业区位。不同的区位其潜在的获利机会是不同的。因而，不同区位的区域制度创新的倾向是不同的。例如深圳、珠海等沿海城市，便于与香港、澳门联系，存在较大的工业和进出口贸易区位潜在利益。正是这种区位潜在利益的吸引，才使它们成为中国改革开放的第一批特区。

（2）资源潜在利益诱致型。资源有类型，无论什么不同类型的资源，都潜存着经济利益，关键在于人类如何设计适合的制度去开发和利用资源。制度设计得好，资源可以变成财富，反之，则会变成负担。直到今天，为那些资源匮乏甚至没有资源的区域设计合理的制度，以促进这些区域经济社会的发展仍是人们不懈追求的目标，并且已经取得了巨大的成就，如亚洲"四小龙"和日本就是明显的例子。而资源丰富但并不富裕的区域依然很多，如尼日利亚、赞比亚、沙特等，深陷于"资源诅咒"的泥潭而无法自拔。

（3）技术潜在利益诱致型。研究硅谷的学者希望从不同的角度来挖掘硅谷成功的原因。但我们认为硅谷成功的原因首先是区域的技术潜在利益诱致型制度创新的结果。硅谷由最初的斯坦福研究公园，到具有一定规模的高技术产业园，再到今天的长70公里、宽15公里的美国高新技术摇篮和世界各国半导体工业聚集区，它是沿着研究公园的路走过来的。美国《商业史评论》1996年冬季刊指出："这种在大学校园内开设高技术园区的努力在建立学界和产业界合作方面是最早的，或许也是最成功的。"它的成功就在于发现有技术力量存在的时候及时进行了区域的制度创新，建立了研究公园。

（4）文化内力推动型。文化是非正式制度的主要组成部分，是制度的最基础的层次。一个区域的文化如何，它将推动一个区域的制度创新表现出它的特点。如在瓯越文化的熏陶下，温州人讲究功利，务实进取，善于学习，敢于冒险，注重发展工商业，具有勤奋苦干的精神。在改革初期，温州精神很快地表现出来，如创造了"挂户经营"，以避免私有企业制度创新的阻力；家族企业以股份合作制企业的形式向银行申请贷款等。这些措施是在传统体制下进行的制度创新，它降低了制度创新的成本，使温州这个位置偏僻、交通不便（1997年才通火车）的地区私有经济发展走在了全国的前列。

（5）利益集团推动型。利益集团就是经济利益一致的群体，一个区域政府、投资者和企业、私有企业员工、被拆迁私房的房主等都是利益集团。区域政府虽是制度创新的主体，但它也是经济人，追求政治利益和经济利益的动机使得其有可能在制度设计时被一些利益集团说服，设计出对利益集团有利的政策、法规和管制行为，这方面比较明显的例子是城市改造中区域政府当了开发商的俘虏，对居民私房实行强制拆迁。总的来说，利益集团推动的区域制度创新是区域政府和利益集团之间双方或多方博弈的结果。

（6）区域行政长官意识推动型。在集权国家，区域行政长官在他管辖的区域进行制度创新是具有相当大的决定作用。而且往往按照行政长官的意志来设计和推动所管区域的制度创新。这种类型的案例很多，如山西省长治市市委书记吕日周把新闻监督制度发挥得淋漓尽致；又如湖北省咸宁市咸安区委书记宋亚平推动机关干部南下打工、学习等。这些案例都取得了一定的效果。但是这种类型的制度创新如果行政长官的认识不正确，就可能导致制度创新的失败或产生负绩效。

3. 制度创新与制度变迁的关系

制度创新与制度变迁之间具有密切的关系。一方面，制度创新是制度变迁的前提。制度创新是"创造性的破坏"，即实现旧制度安排的瓦解并建立起新的制度安排。没有制度创新，制度变迁就没有前进的方向，没有所要达到的目标，其实这也就意味着不可能发生制度变迁。因此，制度创新最重要的任务就是设计并确定制度变迁的目标模式。另一方面，制度创新与制度变迁又相互影响、相互作用。制度创新所带来的企业组织形式、管理方式的变化，以及社会的交易方式、文化交流方式、知识传递方式等一系列变化，将会带来制度变迁。而制度变迁又为制度创新的出现提供了新的制度支持，成为进一步推动创新的动力。因此，可以说，制度创新是制度变迁的原因，也是制度变迁的结果（但是，并不是所有的制度变迁都能成为一种创新，起到推动经济增长的作用，只有变迁的成本小于潜在的收益，制度变迁才有可能成为制度创新），而制度变迁既是制度创新的起点，又是其终点。

三、区域经济社会发展与制度

制度与经济社会发展的关系不仅是新制度经济学关注的重要问题之一，也是我们本节研究的重点。有效率的制度能促进经济增长，而无效率的制度则会抑制甚至阻碍经济增长。从某种意义上讲，制度的起源、制度变迁与创新、制度的供给和需求等都与经济发展有关。

（一）制度与区域经济增长

制度与区域经济增长具有互动性。一方面，新的制度约束和激励能极大地推动区域经济增长；另一方面，区域经济增长又会反过来影响制度安排的效率，进而产生制度创新的必然性。

1. 制度对区域经济增长的推动

制度对区域经济发展的推动作用主要表现在以下几方面：

第一，改变区域内资源配置的可能性

区域制度创新通过设定新规则，使区域资源从生产效率低的部门转移到生产效率高的部门，改变资源配置的原有路径。这种创新虽然不能改变区域资源禀赋的状况，但却由于把资源引导到生产效率高的财富创造部门，而向外移动了生产可能性曲线，在不改变区域资源总量的情况下，增加了区域经济产出与积累。制度创新还能把人们的努力从争夺既定财富的分配的斗争引领到争相创造财富的有序竞争中，这种过程可以看成是一种帕累托改进。

第二，改变收入分配结构

制度创新通过改变收入分配结构，可以塑造出新的激励和动力机制，调动人们的生产积极性，从而促进区域经济增长。对区域而言，收入分配的目标同样是经济增长、刺激效率、平衡资源、社会公正和稳定物价等具体内容，概括为效率与公平两个方面。制度创新对改变收入分配能起很大作用，其能保证在效率优先、兼顾公平的前提条件下促进经济增长。由于制度创新的作用，我们能够找出经济增长、效率、公平三者中的最佳均衡点。

第三，提供激励机制

区域经济发展说到底是人的行为活动的结果，或者说是人的有效劳动所创造的。因此，如何激励人们的创造性生产行为，是经济增长的关键。而生产激励主要是由区域制度结构决定的。对制度而言，其基本功能首先就是形成人们行为及人与人之间关系的基本结构，降低行为的不确定性，使人们对自己的行为能够形成稳定的预期，即人们能够通过成本收益的计算去有效地选择自己的行为，从而激发人们对经济活动进行投入的积极性。有效的制度之所以能够激励人们生产活动的积极性，就是因为它能够保证使个人收益率接近社会收益率，没有外部性或把外部性减少到最低限度，这也就是说人们投入资源的效益外溢影响很少，别人无法无偿占有自己的劳动成果，这就促使人们进行积极的生产投入和提高效率，从而促进经济的发展。

第四，降低交易成本

交易成本是包括一切不直接发生在物质生产过程中的成本，其主要用于交易过程中人与人之间交易行为的协调，既包括直接耗费在处理人与人交易关系中的各种信息成本、谈判成本、协调成本、监督成本、契约成本等，也包括由于人与人之间关系的影响而造成的其他各种间接成本或间接损耗。由于交易成本不用于直接生产过程，因而在产出既定的条件下，交易成本的大小可以反映一个区域的经济体系的效率。

第五，为合作创造条件

如果说竞争能够给人们带来活力与效率的话，那么合作则能够给人们带来和谐、稳定的秩序与高效率，它们是一对矛盾的统一体。由于主体行为的有限理性和信息不对称等方面的原因，主体自身不可能处理好竞争与合作的关系。从这个意义上讲，制度可以理解为主体在社会分工与协作过程中经过多次博弈而达成的一系列契约的总和，它能为广泛的社会分工和人际交往中的合作提供一个基本的框架，为行为主体的责、权、利的明确划分提供了强制规范，使每个行为主体的目的、手段及与之伴随的后果之间具有客观的因果关系，使每个行为主体的行为不仅具有最大程度的可预知性、可计算性，而且具有相对的稳定性，给主体间的合作创造条件。在区域开发中，从本区域的比较优势出发选择具有不可替代性和区域特色的主导产业带动区域发展，各区域相互提供市场，区域与区域间进行分工与合作，必然能共同分享经济繁荣，当然这有赖于政府提供一套区域产业选择与发展的制度。所以，制度的基本作用之一就是规范主体之间的相互关系，减少信息成本和不确定性，把阻碍合作得以进行的因素减少到最低限度。

第六，引导生产要素流向

区域经济的发展离不开资本、劳动力、技术等要素的投入，否则经济增长就成了一句空话。尤其是区域资本，其存量多寡，形成快慢往往是促进或限制区域经济增长的基本因素。但是，制度所蕴涵的拉力空间和获利机会吸引着资本、劳动力和其他生产性要素的流动。在制度安排上具有优势的区域，相对于那些在制度安排上具有劣势的区域，其生产要素具有更大的获利机会，因而会对制度安排具有劣势的区域的生产要素产生巨大的拉力作用，在该拉力足够大时就会导致劣势区域生产要素向优势区域的跨区域流动，从而促进优势区域的经济发展。典型的例子就是增长极区域对其周围不发达区域的极化效应。增长极区域有效的制度安排吸引其周围不发达区域的生产要素流入增长极区域，形成极化效应，推动了增长极区域经济的快速发展。

2. 区域经济增长对制度创新的影响[1]

区域经济增长对制度创新既有推动又有制约。其推动作用主要表现为：

第一，区域经济增长必然要求制度创新。一方面，经济发展必然会在区域内产生新的利益集团，这些新生利益集团为了保护自己的既得利益，就会积极推动区域内的制度创新。同时为了保证自己的未来收益，新生利益集团还必然对具有效率的权利进行界定，对区域的激励机制、竞争机制进行规定，进而改变制度结构，使其朝着有利于自己的方向运行，最终推动体制创新。另一方面，经济增长在使区域社会收益增加的同时，必然使一部分利益主体或集团的利益遭受损失，使社会矛盾加剧。因此，为了对受损主体或集团进行补偿以缓和社会矛盾，也同样有必要推动制度变革。

第二，区域经济增长为制度创新提供经济条件。区域经济增长可以不断地为制度创新提供物质条件和制度条件，以此推动制度创新。

第三，区域经济增长不断对制度变迁提出新的要求。区域经济增长一方面由于产生新的稀缺性，产生了新的获利机会，因而对配置资源机制和激励机制提出新的需求；另一方面由于产生了新的技术创新机会，需要新的制度安排来界定产权，以克服技术创新的外部性，从而对产权界定也产生新的需求。当对制度变迁的需求多过制度创新的供给时，两者就失去了均衡，供需的矛盾必然要求新的制度供给来满足新的制度需求。

区域经济增长虽然可以推动制度创新，在某些情况下，其对制度创新也具有阻碍作用，主要体现在以下两方面：

第一，当区域内的利益集团在经济增长过程中变得足够强大时，就会利用政治上、经济上的优势对权利的界定、利益配置等进行有利于自己的制度安排，从而形成社会上的统治集团，成为既得利益集团。此时，他们不仅自己丧失对制度变迁的热情，满足于现状，还会阻止一切不利于自己的制度变迁的发生，从而使制度变迁处于刚性状态。例如，在苏联的私有制改革中，利益支配权、经济资源支配权、政治支配权都被一些少数的金融寡头、投机家和政治家所攫取。在极具诱惑力的巨大利益面前，他们肯定会心甘情愿地保持制度现状而反对制度创新。

第二，区域经济增长的过程伴随着不同利益集团的兴衰更迭过程，如上所述，当制度变迁处于刚性状态时，原来的制度创新集团由制度的创新者转变为既

---

[1]　陈娟堂：《制度变迁与经济增长互动关系探析》，载《经济与社会发展》2004 年第 2 卷第 7 期，第 11—14 页。

得利益的保护者（旧利益集团），随着新的创新利益集团的发展、壮大，两者之间必然进行激烈的斗争。当区域内制度创新利益集团与旧利益集团的实力大致相当时，可能会导致制度变迁处于相对僵持阶段，使改革进程停滞甚至倒退。

3. 构建区域经济发展的制度基础[①]

知识和技术存量规定了人们活动的上限，但它们本身并不能决定在这种限度内人类如何取得成功。政治和经济组织的结构决定着一个经济的实绩及知识和技术存量的增长率。人类发展中的合作与竞争形式以及组织人类活动的规则引导和确定了经济活动的激励与非激励系统。17 世纪欧洲各国出现不同的经济增长率，从每个国家建立的产权性质中可以找到答案。产权激励使人们在区域开发中更有效地使用资源，并把资源配置到更有效率的产业和区域。

区域经济发展的制度结构包括三项内容：①区域经济发展的法律制度；②区域经济发展的激励制度；③区域经济发展的约束制度。法律制度涵盖了区域经济发展的目标、程序、路径、产权保护、市场秩序、交易规则等；激励制度则包含了各种优惠政策和激励的机制；约束制度包括了区域经济发展中的一些限制性行为和开发的条件。

由于制度能刺激经济发展，也能阻碍经济发展。因此，经济要不断发展，就必须不断地促进制度变迁和制度创新。诺思和托马斯在《西方世界的兴起》一书中建立了一个制度变迁模式的分析框架，即在现行制度结构下，当外部性、规模经济、不确定性等因素使得收入的潜在增加不能内在化时，一种新的制度创新可能应运而生。所以，区域经济发展是在创造性破坏中推进的。

第三节　区域文化分析

一、区域文化的内涵

（一）区域文化定义及其研究意义

文化实际上就是人类为其生存和发展而认识和改变自然界所创造的物质财

---

① 卢正惠：《制度创新与区域经济发展》，载《经济问题探索》2001 年第 11 期，第 14—17 页。

富和精神财富的总和，它包含了以下三种情况：

第一是物质文化或者说是器物文化，这是通过实物来展现的文化，是文化最基础的层面。一个地区的街道、建筑以及相应的外在形象都是物质文化的范畴。

第二是制度文化，这是通过人与人之间的一种行为规范体现出来的一种文化气质，包含了正规的制度安排和非正规的制度安排两个部分。前者如正式的法律、法规、命令、条例等；后者主要是道德伦理、风土人情、乡规民约等等。

第三是精神文化，这是通过宗教、艺术、文学、科学等所表达出来的文化要素。这也是文化中最为核心的部分。

经济活动归根结底是人们的行为之一。这种行为在一定观念和由此决定的心理状态、心理素质支配下，必然导致不同的行业引起不同的经济活动结果。从上述文化的定义和内涵可以看出，文化既是人类创造的，同时又极大地影响着人类的行为。人们的价值观念、思维方式、生活方式和交往方式等，无一不渗透着文化的影响，或者其本身就是文化的组成。因此，"人类行为是文化的函数"。文化对人类行为的决定性作用，主要表现在三个方面：一是给人以认同感，大到一个国家、民族，小到一个地区、一个企业，通过文化可以形成人们统一的价值观和目标；二是文化可以使人们相互沟通、交流、协调、建立适应社会化大生产的关系，提高经济效率；三是文化可以形成和影响组织文化。一个国家或地区，一个企业和单位，都有自己的宗旨、理想、作风和制度，这种亚文化可以形成组织的形象和组织行为，促进组织目标的实现。文化的这三种功能在宏观上便形成了文化圈，即分布在一定地理空间内的由若干文化元素或物质组成的文化簇，于是形成了各具特色的区域文化。[①]

区域文化的产生和形成，既脱离不了环境和历史这两大要素，也脱离不了时间—空间的一体化结构。在时—空范畴中，侧重于时间的表现为文化史；侧重于空间的则表现为文化地域。然而，对于区域文化而言，"时间形式是事件之间最原始而基本的关系"，[②] 即使侧重于空间的文化地域也必须经过不断的发展才能成为区域文化。这个过程使时间成为过客而将历史上产生的文化沉淀

---

① 曾令泰、卢明纯：《论区域文化在区域经济发展中的作用》，载《经济师》2006 年第 8 期，第254 页。

② ［美］怀特：《文化科学——人和文明的研究》，浙江人民出版社 1988 年版，第 7 页。

在某一区域中，从而使区域文化更加成型稳定。我们中华民族经过历史演化，就形成诸如三晋文化、吴越文化、岭南文化、齐鲁文化、关中文化、荆楚文化、湖湘文化、巴蜀文化等各具特色的区域文化。文化因其深厚的底蕴使得各个地域的人文资源在历史的发展中逐渐形成并保留了各自的特征。

（二）区域文化的特征

区域文化虽然具有明显的地域性，但不同的区域文化之间仍然具有一些共同的特征：

1. 时空上的传承性和兼容性

无论何种类型的区域文化，都具有继承自我传统文化的天然特性。区域文化中的传统文化是区域文化得以形成的基础，很多区域文化其实都是在继承原有传统文化的基础上又融合了新的外来文化而形成的。区域文化系统的开放性决定了区域文化对外来文化的兼容性，甚至在一定程度上可以说没有一种区域文化是完全排外的。事实上，一种区域文化的兼容性越强，它就越能吸收其他先进文化的长处，在市场经济条件下，这个区域的竞争力就会越强。对自我传统文化的继承保持了区域文化的独特性，而对外来文化的吸收则又使区域文化保持着发展和变化，两者是造成区域文化差异的主要原因。

2. 本质上的地域性和同化力

由于自然条件、社会环境的差异，所形成的人的实践方式和思维方式也不尽相同，使得不同区域具有不同的区域文化，即区域文化的地域性。这种地域性特征表现在区域内的行为人身上就是居住在不同区域的人，其个性带有一定的地域性，根据这种地域性，你能很直观地感受到他的身份、地位甚至明白他更多的地方特征。文化的地域性表现在经济方面就是由独特的区域文化而形成的区域特色产业，最典型的例子就是不同区域文化形成的不同区域特色的饮食产业。

3. 内容和形式上的可塑性和创造性

任何一种系统都具有开放性，区域文化系统也不例外。正是区域文化系统的开放性，才促使了区域文化的不断发展，具体表现为：物质文化领域不断扩大，样式和内容不断地日益丰富；制度文化领域不断拓展，内容的日趋合理；精神文化领域不断深化，理念不断升级。可以说正是区域文化系统的这种开放性决定了区域文化的可塑性和创造性。可塑性和创造性是区域文化的根本属性之一，为我们在主观上引导和创新区域文化提供了理论基础和实践保证。区域文化的这一属性对落后地区而言尤其具有重大意义，落后地区可以通过成功地塑造一种先进的、有利于经济发展的文化，作为发展区域经济的一种战略。

二、区域文化与经济的关系

（一）区域文化与经济关系的两种模式

经济基础决定上层建筑，文化是上层建筑的一部分，必然受经济基础的制约。从文化与经济的发展历程来看，两者之间存在着一定的线性关系，即：有什么样的经济形态，便有什么样的文化类型，如农业经济对应着农业文化，工业经济对应着工业文化，知识经济对应着信息文化等。当然这只是二者在成熟稳定时期，相对于同一地域其内在联系在理论上的抽象，它表明了经济形态与文化类型在某一特定地域中的简单对应。实际上，区域内经济和文化的发展往往是彼前此后，表现为二维运动的过程，在时序上二者都有超前或滞后的现象。区域经济与文化之间的关系一般可以概括为以下两种模式：[①]

1. 经济先导模式

从历史上来看，任何一个地区都是先有人类群居，逐渐发展经济，最后才在经济的基础上发展出相应的文化。因此，每一种区域文化都是由该地区特定的地域经济状况和发展过程决定的。也就是说，区域经济是区域文化发展的基础，它决定了区域文化发展水平的高低，只有在经济基础发展到一定程度时，才可能产生相应的比较成熟的文化。在经济先导模式下，多数地域都表现为文化受制于经济，即经济为先导，以经济实力开拓文化、发展文化，但文化事业的发展反过来又促使经济的进一步增长。这一模式是多数国家和地区在常规运行机制下产生的。

在经济先导模式下，区域经济对区域文化的基础性作用主要表现在以下两个方面，即区域文化的硬件及软件建设上。对特定区域来讲，只有具备了良好的经济基础和条件，才有可能为文化设施建设提供最起码的财力和物力。而经济基础的薄弱对软文化建设也起着决定性的影响。如在一些落后的地区，婚姻制度和婚姻观念相对比较混乱，早婚、早育，甚至一夫多妻，买卖婚姻等现象时有出现。

---

① 陈忠祥、李宗录：《试论区域文化对区域经济发展的影响》，载《人文地理》1995 年第 10 卷第 4 期，第 31—32 页。

2. 文化先导模式

经济先导模式是按照经济与文化发展的一般规律而形成的关系模式，但是如果事物都按自身发展的一般规律运行，那么世界上便没有捷径可言了。事实上，情况也确非如此。虽然说经济是文化的基础，但通过文化移入或文化融汇，选择吸收外来文化的精髓，同样会使经济产生飞跃，例如第二次世界大战后的日本，通过有目地引入欧美文化和科技，很快赶上和超过了他的西方对手。这种通过移入吸收外来文化以振兴本国经济的，可称之为文化先导模式。这一模式在部分国家非常规发展中表现突出。对于发展中区域而言，要想尽快走上工业化道路，运用文化先导模式、引进吸收工业化国家的文化、科技，以推动经济快速增长也不失为一条捷径。

区域文化，尤其是技术文化如果落后于经济发展水平，往往为区域经济的长远发展埋下隐患。在现代，随着知识经济的兴起和信息技术的发展，文化和经济出现了加快融合的趋势。在现实生活中，人们甚至很难把经济活动和文化活动截然分开。对经济活动而言，其本身就是人类所特有的文化活动，而文化的特性又渗透于整个经济活动之中。一方面，文化是经济活动的一种动力和灵魂，是其发展不可或缺的一种资源，为增强经济综合竞争力提供精神动力、智力支持和文化氛围。可以说，文化的这种看不见、摸不着的底蕴作用，构成了经济发展中所隐含的深层次的动力；另一方面，经济是文化发展的基础，并对文化发展起着主要作用。经济和文化相互交融、相互依托、相得益彰，迸发出巨大的创造力，产生巨大的经济和社会效益，从而推动生产力的加速发展。

（二）区域经济对文化的制约和决定作用

在区域文化与经济的关系模式中，经济先导模式说明区域经济对文化具有一定程度的作用和影响，该作用和影响主要表现为两方面：[①]

1. 区域经济发展水平制约着区域文化发展水平

首先，经济是文化发展的基础，对文化发展起支撑作用。因为文化的发展以社会文化消费需求的存在和增长为前提，文化发展在一定程度上靠文化消费需求的刺激和拉动来实现，而文化消费需求的形成和增长又以一定的居民收入水平为支撑。随着人们收入水平不断提高，当温饱等物质消费需求基本满足后就必然会产生更高层次的需求，人们开始注重生活质量，开始讲究生活品位，

---

① 王海霞：《区域经济与区域文化的关系刍议》，载《湖北经济学院学报》2006 年第 4 卷第 3 期，第 79—80 页。

生活中的文化消费需求就不断增长，实用功能型消费必然向文化审美型消费转变。

其次，经济发展为文化发展奠定坚实的物质基础。文化的发展需要较多的投入，无论是文化基础设施的建设、文化产品和文化服务的供给，还是文化人才的培养，都需要资本的投入。只有经济发展水平达到一定的高度，才能为文化发展提供充足的财力、物力。所以，区域文化发展的不平衡是区域经济发展不平衡的必然结果。

2. 区域经济发展过程决定着区域文化发展的结构、类型

人们的经济活动虽然以追求物质利益为目的，但在其深层次和全过程中渗透着文化。经济活动目的的确定、过程的设计、手段的选择、结果的评判，经济活动中牵涉到的各种关系的展开和协调，都涉及文化因素。经济发展水平不同、发展思路不同，对文化发展的投入不同，文化发展的规模和集约化程度就不同，传统文化和现代文化的结构也不同，文化创新的要求也不同，文化的服务能力和文化产业的发展水平必然不同。

（三）区域文化对区域经济发展的影响

1. 区域文化影响区域经济的中介

文化对区域经济发展的影响，主要是通过区域发展主体这个中介来实现的。作为知识技术载体和社会变革能动力量，人是区域发展的主体。区域发展主体是个总称，具体包括作为劳动力资源的一般社会成员——个人、扮演经济发展中重要角色的社会成员——能人、企业家以及由这些社会成员组成的具有重要功能的组织，如企业、政府等。这些个别的、具体的微观性主体的"集体无意识"，组成具有一定共同文化特征的区域发展主体。区域发展主体的中介功能具体表现在：①发挥组织整合功能，使文化得以影响社会经济发展各环节，构成区域经济发展的基础。②充当文化与经济的中介，将文化对经济的渗透作用放大，使文化参与区域经济循环，成为区域经济持续发展的重要因素。①

2. 区域文化对区域经济微观方面的影响

对个人而言，区域文化对其影响主要表现在以下三方面：

第一，区域文化影响人们的行为标准和价值取向，使得当区域传统文化在与客体文化的自然接触和碰撞时，人们并不会真正地将客体文化全部吸收与融

---

① 渠爱雪、孟召宜：《区域文化递进创新与区域经济持续发展》，2004年第24卷第2期，第149—153页。

入，而是首先根据自身的价值标准进行判断，对于符合传统文化的部分给予吸收，对于不相符的部分则给予修改或完全放弃，从而形成一种区域固有文化对新型文化的选择性吸收现象，即区域"文化定式"。[①] 这种现象影响和制约着区域间经济、技术的交流与吸收，尤其是对区外经济发展的先进经验的吸收和借鉴，从而影响区域经济发展。

第二，区域文化环境影响人们的经济意识。作为区域经济发展主体的个人总是生活在特定的区域文化环境中。特定的文化环境形成个人的价值观念和精神风貌，使个人感悟到经济发展的内在逻辑和时代风尚。这种文化规约必定会或明或暗、或深或浅促成人们的经济意识，从而影响到区域经济发展。例如东亚国家深受儒教文化的影响，儒家倡导的吃苦耐劳、勤奋努力、节俭储蓄、敬业自律等传统美德对东亚经济发展产生了有益的影响。在1997年以前的近30年时间内，东亚国家和地区的经济高速增长，创造了著名的"东亚奇迹"。东亚模式成功的因素之一就是在东亚儒文化影响下，这一区域的国家和地区一直保持了高储蓄率和高投资率（平均在30%以上）。

第三，区域文化能够影响整个经济系统中生产要素的质量，尤其影响作为生产要素中最重要的因素——创业者和普通劳动者的素质，这种作用可以从世界经济发展的历史过程中得到佐证。

对企业而言，区域文化影响区域内企业文化的形成，具体表现在以下几方面：

第一，企业文化是一种亚文化，在形成过程中就不可避免地要受到地区文化的影响，从而制约和影响着企业的管理和组织模式、用人特点及其产业选择等诸多因素。

第二，区域文化对企业家精神的孕育、形成、发展、发挥以及对政府的行为和人们的认知水平有着重大影响。作为企业劳动力资源的个人、企业调控者的政府以及企业决策者的能人、企业家等发展主体在企业这一微观经济主体上联系、结合时，在不同的区域文化环境下，就会形成不同的管理模式和关系模式，影响企业的竞争力和活力，进而影响区域经济的发展。如，我国温州模式中的小政府、大社会；南街村模式中的政府主导、能人参与、民众服从等都体现着不同的区域文化力量，促进了区域经济的发展。

第三，在企业内部，企业的产权安排、劳资关系、人事管理等方面也因区

---

① 夏丽丽：《文化因素对区域经济发展影响初探》，载《人文地理》2000年第15卷第4期，第57页。

域文化的不同而表现出极大差异，这在我国当前多样化的企业运行形态中就有表现，尤其是在一些中小企业特别是家族企业里，表现更为明显。在这些企业里，传统的习俗、惯例、血缘关系等文化因素对企业运行有很大影响。这些因素一方面赋予企业凝聚力，可以在起始阶段使企业低成本建立、运转、发展，另一方面也带来明显弊端，如管理上重伦理亲情，轻制度规章，用人上任人唯亲而排斥外来人才，对市场开发缺少长期规划等等问题，由此带来企业发展障碍，进而影响到区域经济发展。

对政府而言，区域文化主要是影响政府的组织创新和制度创新，但在其作用过程中，还渗透着对政府决策的影响，因为政府进行宏观规划时要依据区域的实际状况，做到因地制宜，而区域的发展状况一直都受地方文化的影响，这种累积效应对地方所产生的影响力往往是不容忽视的。此外，区域文化还能通过企业、个人等其他经济主体对政府产生影响，而对于政府来说，这种长期沉积在人们心底的观念往往关系到一项新决策的未来走势，以致它在整个经济系统中所发挥的作用。

3. 区域文化对区域经济宏观方面的影响

区域文化对区域经济宏观层面的影响主要表现在对区域经济系统和区域创新的影响。

区域文化对经济系统的影响主要表现在以下两方面：

第一，区域文化影响经济系统的结构。区域经济系统结构包括产业结构、产品结构、经济空间结构等内容，其结构状态不仅仅取决于区域的资源、劳动力、资本、技术等要素，而且还与其文化个性或文化特点有关。例如，保守型文化一般对应着内向型产业结构，产品结构比较单一，生产多是自给自足、自产自销，而开放型区域文化的经济结构则注重多元化、商品化和开放性；重人文的文化，往往满足于资源型产业和初级产品的加工，不大注重产品的升级换代和产品的科技含量，而重科技的文化则更注重资源的深度开发与产品的更新换代。区域之间经济水平与经济结构差异悬殊的实质还是因为区域文化的差异，这样的事例在现实世界中可以说比比皆是。

第二，区域文化影响区域经济系统的运行。经济系统的运行包括经济运行的方式及其动态变化、经济活动的模式、各种经济利益关系的处理及协调方式等。[①]

---

① 陈忠祥、李宗录：《试论区域文化对区域经济发展的影响》，载《人文地理》1995年第10卷第4期，第34页。

自古以来文化对经济的运行形态都有着深刻的影响，例如强调集体、义务和奉献，追求平衡、统一和协调，这种重视个人修养和道德完善的文化适合于集体的经济活动形式，同时呈现统一性、协调性等突出特征；而与之相对的强调自我意识、个人独立、并追求多样性、差异性的文化，则较适合于个体经济活动形式，相应地反映个体性和竞争性等显著特征。

创新是区域发展的不竭动力和源泉，而区域文化是创新的源泉、基础、前提和背景，对区域创新具有重要作用。区域文化通过影响区域创新主体、环境、模式、内容及潜力、活力与能力等，影响区域经济的持续发展。区域文化对创新的影响主要表现为：[①]

第一，从文化的角度而言，文化中所包含的信仰、理性、价值等的发展和变化决定了人的活动是否能够"创新"，它表现为人们对创新活动的态度。一种适宜创新的文化其自身也必定是一种创新，它使人有一种广博的思维视角，有一种海纳百川的宽广胸怀，从而使人具有博采众长的技艺。此外，文化中还包含着创新活动的社会环境，它是创新活动的外在动力。创新活动不仅仅是技术活动，它更主要地表现为创新人群的社会活动。创新人群所处的社会环境，如政策、法规、渠道、市场等等的变化可以影响到其是否能形成创新活动的"吸引子"，产生创新活动，聚集创新人才，放大创新活动即创新成果的影响。因此区域文化是否适应创新，决定了该区域能否成为创新活动的温室。

第二，从创新角度而言，创新包括理论创新、制度创新、科技创新、文化创新等。理论创新是区域经济发展的前提，制度创新是区域经济发展的保证，科技创新和文化创新是区域经济发展的精神动力和智力支持。显然，这四种创新都在区域文化的作用范围之内，所以创新是有地域性的。蓝德沃尔甚至认为，创新是"一个社会性的、地域性的、嵌入的互动过程，一个不考虑其制度和文化背景就无法理解的过程"。创新的地域性，不但使进行创新活动的主体和它赖以进行创新的地域背景一起构成了区域创新系统，而且使创新具有明显的区域特色和文化烙印。

第三，就文化对于创新的作用而言，文化是一个自变量——文化氛围的好坏直接影响到创新的绩效。但文化又受制于政治体制、经济和社会等多重因素的影响，就此而论，文化又不是一个独立的变量，而是一个因变量，它需要通

---

① 金吾伦：《创新文化的内涵及其意义》，载《光明日报》，2004年。

过与之相关的环境条件的改变加以营造，需要通过创新活动使之成为一个独立变量。

三、加强文化建设，促进区域经济发展

（一）构建现代区域文化识别系统[①]

构建区域文化识别系统主要包括以下几个方面：（1）构建区域核心文化理念识别系统。区域核心文化理念由区域文化所追求的宗旨和所倡导的核心价值观、伦理道德、宗教信仰等要素构成，是区域文化的深层本质与核心，是区域彼此间区别的内核因素。构建该识别系统应立足于区域传统文化，发扬其优秀成分，并进一步与当前的时代精神相结合，使其成为充满生机和活力的新的区域文化的有机组成部分。（2）构建区域文化物态识别系统。区域物态文化是区域文化理念的物质载体，是区域文化建设的硬件。构建区域文化物态识别系统，就是要大力加强区域文化基础设施建设，在区域核心文化理念识别系统的导引下，把区域文化规划与区域文化基础设施建设规划紧密联系起来。（3）构建区域文化形象传播系统。区域文化形象传播是指对区域文化精神和区域文化特色所做的外在化形象标志设计、传播和推广。区域文化形象传播系统是现代区域文化识别系统的外显系统，属于静态信息传播符号，主要由广告宣传、公关活动、新闻运作、市场促销等内容所构成，是层面最广、效果最直接的向社会传递信息的部分。区域文化信息要实现在更大的时空范围里传播、交流，就必须使形象中所包含的文化精神得到社会广泛的接受和认同，创造社会经济双重效益，同时积极推动传播手段的升级换代，从而推动区域文化的更快发展。

（二）大力发展现代区域文化产业，促进区域文化与区域经济的结合

1. 树立正确的文化产业观

树立正确的文化产业观，首先，应正确区分文化产业和文化事业。一般来说，文化产业主要是面向市场、依法经营、自我积累、自我发展、依靠政策宏观调控；而文化事业则主要靠政府扶持、社会赞助。这一区分对文化产业和文化事业的发展均具有重大意义。其次，要正确处理文化的经济效益与社会效益的关系。就文化产品本身来讲，其社会效益仍然是第一位的。最后，要充分认识区域文化产业在区域经济发展中的战略意义。不仅要把区域文化产业放在区

[①]　覃萍：《现代区域文化建设探析》，载《桂海论丛》2005 年第 21 卷第 3 期，第 83—85 页。

域文化建设的全局上加以研究，而且应当将其置于区域经济结构调整和产业结构升级换代的战略高度加以对待。

2. 不断提高文化产业的科技含量，增强竞争力

科技是文化产业发展的重要基础。文化产品的生产、存储、传播及对文化产业各个环节的管理都需要技术支持。正是以数字化、信息化和网络化为主要标志的现代高新技术深入应用于文化产品的开发和传播，给文化产业的存在形态和发展趋势带来革命性的变化，才促成了现代文化产业的形成和发展。同时，引导高新技术进入文化产业，提高文化产业的科技含量，还能提升文化产业和产品的品质，增强其市场竞争力。因此，必须重视高新技术在文化产业中的应用，在强化自我发展能力的同时，以高新技术改造和提升文化产业，提高文化产品的科技含量，增强竞争能力；积极运用现代传播工具和营销方式，促进文化产品的流通；培养和引进文化产业人才，建设文化产业经营和管理队伍，同时建立和完善人才激励机制，充分调动各类文化人才的积极性。

3. 建设具有地方特色的文化产业

文化具有鲜明的地方特色。对文化而言，它首先具有个性，然后才有共性；首先是民族的，然后才是世界的。故宫、金字塔、泰姬陵等世界文物之所以世界闻名，靠的就是地域文化、民族文化。一定程度上可以说，物化和非物化的历史文化资源和地方特色文化资源均为区域的优势，应当充分利用这种优势，坚定不移地走建设有地方特色的文化产业发展道路，实现文化内容（文化理念、价值观、审美观、故事、任务原型、符号等）民族化，文化形式（体制、机制、包装）现代化，积极探索将民族文化资源转化为产业实力的发展之路。也就是说，要因地制宜地发展，充分利用、发掘本地的文化资源，发展有特色的文化产业和文化产品，做到人无你有、人有你特，使本地独特的自然景观和人文景观、文化遗址以及民俗文化焕发出新的光彩和活力。

4. 深化文化体制改革，健全文化产业政策法规，规范文化市场

要实现政府与文化单位的完全脱钩，建立"产权明晰、权责明确、政企分开、管理科学"的现代文化企业制度。建立文化产业多元投资机制，广泛吸纳有远见的民营企业家加盟文化产业，从而形成民营、合资等多渠道投资主体和竞争主体。政府对文化产业在经济政策尤其是在财政税收和融资政策方面应给予扶持。在文化经济布局上，政府应坚持有进有退，有所为有所不为，要根据文化产业实际，健全文化产业发展的政策法规，规范文化产业市场，为文化产业的迅速发展提供政策指导和法制保障。

（三）促进区域文化创新，推动区域经济发展

促进区域文化创新，应从以下几方面着手：

（1）应营造创新的社会文化环境。社会文化环境包括三个层次：介质环境（人们的文化水平、心理素质、价值、社会风气等）、机构环境（各种为区域创新主体之间建立联系的机构和制度）和调控环境（政府的宏观调控作用）。[①]社会文化环境是区域文化创新的重要软环境，它直接影响着区域可持续发展的能力和水平。

（2）应加强文化理论、观念和体制的创新。实现区域文化创新，必须站在时代的前沿，广泛吸收全人类的优秀文化成果，以理论创新为核心，以观念创新为先导，以体制创新为保障，通过理论创新推动观念和体制创新。

（3）应加强区域间的文化交流。促进区域文化创新应该在科学继承自身传统文化的基础上，大胆借鉴外来文化，通过接触、传播与交融，适时地、多维地、创造性地将对方的优秀文化要素转化为自身发展的营养，从而扩充和丰富自己的文化特质，赋予自身文化形态以新的内容和功能，使自身具有更为强大的生命力。

（4）充分吸收各个领域的有益成果。要兼容并蓄，充分吸收经济、科技等其他领域中有利于文化发展的观念和手段，吸收相关科学中能为发展文化所用的有益成果。大量事实证明，高科技融入民族文化的创新与发展是铸造民族文化的重要元素，科技创新已经成为文化创新的核心内容。

（5）把文化生态建设作为区域文化创新的重要课题，正确处理民族文化与外来文化、主流文化与多元文化、现代文化与传统文化、都市文化与乡村文化、公益性文化与经营性文化等之间的关系，使其和谐共存，良性互动，优势互补，相得益彰，以文化的生态平衡保证文化的健康发展。

---

① 王缉慈等：《创新的空间——企业集群与区域发展》，北京大学出版社 2001 年版，第 337—338 页。

第七章 区域系统的协调发展分析

正如在第一章中所述，区域系统是一个复合系统，其发展的目标应是良性循环型区域系统，而要对区域系统相互作用的机理、机制进行分析和研究，以一定的调控手段，使区域系统逐渐形成良性循环型区域系统，就有必要研究区域系统的协调发展问题。因此，对区域系统的协调特性进行研究，具有重要的理论意义和实际应用价值。

第一节 区域系统协调发展的内涵

一、系统角度的协调和发展的含义

（一）协调和区域系统协调

可以说协调是一个很熟悉的词汇，它也是一个在学术研究和应用中被广泛使用的概念，多种学科领域，如系统学、控制论、经济学、管理学、并行计算及人工智能等出于不同的研究角度和目的对其均有涉及，但遗憾的是，至今对其却没有给出一个十分明确的定义。由于区域系统包含若干相互矛盾或相互制约的子系统，或者其具有存在利益冲突的多个独立个体或因素，或者其包含有对各个目标有不同评价标准的参与者，这些都需要进行系统协调，以便能够通过某种方法来组织和调控系统，寻求解决矛盾或冲突的方案，使系统从无序转换到有序，达到协同或和谐的状态。因此，在本书中，将着重从系统的角度进行分析、定义和研究协调，以便减少区域系统的负效应，提高其整体输出功能和整体效应。

我们认为，从系统的角度讨论协调不能简单地把协调等同于平衡，把协调范畴仅仅归结为系统结构的静态比例关系。而应当把协调视为系统动态发展演化的一种规定，是对系统的各种因素和属性之间的动态相互作用关系及其程度的反映。在这种认识的基础上，我们认为应从以下两方面来全面理解协调：第一，协调就是通过某些手段、措施来解决矛盾或冲突，这个时候它作为一种调节手段，或一种管理和控制的智能而存在；第二，作为一种状态表明各子系统或各系统要素之间、系统各功能之间、结构或目标之间的融合关系，从而描述系统整体效应如何。这种状态下的协调概念有时与和谐、协同等概念是密切联系在一起的。①

"协调"不仅表示人类对自身与环境关系发展的主张与一般期望，而且还是对区域可持续发展的本质特征和实施可持续发展战略的方法论的全面概括，其基本范畴可概括为以下三方面：②

1. 表示区域系统存在与发展的本质状态

如在第一章中所述，区域系统是一个复杂的巨系统，该系统内部存在着各种不同性质的关系，既有线性关系，也有非线性关系；既有可量比的关系，也有不可量比的关系；既有量比相等的均衡关系，也有量比不等的非均衡关系；还有均衡与非均衡之间的关系以及可量比事物与不可量比事物之间的关系等。区域系统存在与发展的状态不是由系统的某一种或两种关系的作用决定的，而是由系统的各种关系的共同作用决定的。协调作为人的思维对客观事物或系统普遍本质概括的一个范畴，在区域系统中反映的正是各种不同性质关系共同作用所表现出的相互联系、相互依存、相互制约、彼此适应的和谐状态。

2. 表示考察区域系统发展的基本观点

既然区域系统存在与发展的状态不是由系统的某一两种关系的作用决定的，而是由系统的各种不同性质的关系共同作用决定的，那么考察区域系统发展的基本观点就不应是只反映系统中某种局部关系的观点（如均衡观点或非均衡观点等），而应能全面反映系统各种不同性质关系相互制约、彼此适应状态的协调观点。只反映系统某种局部关系的观点，不仅不能全面揭示系统的内在联系和运行规律，认识系统的整体特征，而且容易把复杂的系统过程看得过于

①　曾珍香、顾培亮：《可持续发展的系统分析与评价》，科学出版社 2000 年版，第 64—65 页。
②　黄以柱：《论区域可持续发展中的协调问题》，载《区域可持续发展理论、方法与应用研究》，河南大学出版社 1997 年版，第 30—34 页。

简单。而用协调的观点来考察区域，则不仅能全面揭示区域系统的内在联系和运行规律，认识区域系统整体的本质特征，而且还能充分考虑系统中的局部关系，使区域系统发展的目标必然放在追求区域系统的和谐发展上。

3. 表示处理区域系统发展问题的基本方法

既然区域系统内在关系的性质多种多样，那么处理区域系统发展问题的方法也必然是多种多样的。在这些方法中具有指导作用的却是综合协调方法，这不仅是因为制约区域发展的各种因素中有许多因素（如社会政治、民族意识、宗教信仰、文化素质、行为管理等）无法量比，只能用协调的方法进行处理，而且还因为区域发展中各种可量比的问题（如资源配置、福利分配、生态环境对人类社会经济发展的承受能力等）在其研究过程中，尤其是在最后决策时，也都必须以实现区域整体和谐发展为准则进行综合协调。所以，协调作为一种解决问题的方法，理应是对区域系统进行调节、控制和引导的基本方法。

区域系统协调的对象是区域系统，它的协调任务就认识世界而言，则是揭示该系统的内在联系及其演变规律；就改造世界而言，则是依据该系统的内在联系及其演变规律，按照人类需求增长的既定目标，在时间上和空间上处理好系统内部以及系统与环境之间的各种关系，使之持续、稳定、协调发展。显然，这是一项极其复杂的任务，它不仅涉及区域系统之间的关系，而且涉及到区域系统内部诸系统、诸要素之间的关系，以及不同国家、不同地区、不同时期人类社会各种需求之间的关系等。不过，从区域系统的内在联系与区域可持续发展的要求看，关键在于处理好人口、资源、环境、经济与社会系统及其内部各方面的关系。因为，任何区域的发展首先是指居住在该区域的人类的生存与发展，而人类的生存与发展必须以经济、社会活动的发展为基础，并且人类经济、社会活动的发展又必须以资源及环境的开发、利用为前提。

（二）发　展

"发展"是一个具有普遍意义的范畴，是世界和平与发展的两大主题之一。但在其发展的初期往往陷入一个比较狭窄的学科范畴，在这一时期对发展的研究的特点是：一是以经济增长理论为依据，常常把增长与发展相提并论；二是把研究的重点放置在经济均衡上，专以分析经济均衡机制为中心；三是并不重视经济发展的研究。

发展主要体现在经济和社会系统发展两个方面，两者紧密相连。其中，经济系统发展起着主导作用。从产业角度考虑，经济支柱的产业构成包含了工农业初级产业、加工工业和流通服务行业，即生产、加工、流动体系。这一配套体系越完善，效益越明显。经济系统发展将促进社会系统发展，促进文化、教育、卫生、福利事业的改善和人文环境的进步。

由于发展是系统或系统的组成元素本身的一种深化过程，在这一过程中，可能以破坏甚至毁灭其他系统或元素为其发展条件，而这样的发展，显然是一种狭隘、片面的发展。随着社会的进步，我们必须树立一种兼顾各方、"和平共处"和共同提高的多元发展观，即树立协调的观念，以保证系统的可持续发展。

（三）协调发展

协调发展是一种理想的模式，也就是说：①协调发展要符合人类整体价值目标，能体现人类对资源、环境、经济和社会的全方位、平衡、整体、完善的要求，满足人类生存、繁衍、享受等物质和精神全面的需要以及近期与长远全过程的需要。②理想模式。既然是理想，就会或就应在一定程度上超越现实、高于现实，具有理想化特征。因此，一般情况下，只能达到相近或相似的境界。③理想模式是相对于其他不理想的状态或状况而言的。理想模式为人们提供借鉴，指出奋斗方向，从而使人类发展不发生方向性的错误。因此，它起着规范人类行为的作用，起着指明人类发展方向和选择正确发展道路的灯塔作用。

二、区域系统协调发展的内容及其实现

（一）区域系统协调发展的内容

所谓协调发展，就是区域系统中各要素和谐地、合理地、最大程度地实现系统目标的发展，具体应包括以下四方面的内容：[①]

（1）在自然资源和生态环境的承载能力之内区域经济应获得最大限度的发展。资源环境承载力指某一资源环境状态和结构在对人类生存发展不发生不利变化的前提下，所能承受的人类社会经济活动在规模、强度和速度上的限值。一方面，发展经济是使区域系统协调发展的最根本、最有效和最有力的手段，但应在区域自然资源和生态环境的承载力之内，即要防止经济发展过热。因为经济发展过热，使自然资源的消耗急剧上升，污染物急剧增加，生态环境不断

[①] 冯玉广、王华东：《区域 PRED 系统协调发展的定量描述》，载《环境科学学报》1997 年第 17 卷第 4 期，第 488—491 页。

恶化，最终不利于区域系统的协调，反过来又影响经济发展；另一方面，经济实现持续的最大限度的发展，还要不断认识资源环境对发展的支持与约束规律，突破原有资源环境的承载力，在发展经济的同时，采取一定的措施提高资源环境系统对经济系统发展的承载能力。

（2）人口规模及增长率同经济发展相适合，并自觉控制在最佳环境容量与最佳资源开采量及开发方式之内，即人口的规模及增长率应与经济、资源、环境相适应。只有这样，人们才能够享受较高的生活水平和生活质量，才能够受到良好的教育，才能够实现或接近充分的就业；也只有这样，人口的素质及人口的年龄结构、城乡结构、就业结构才能与经济发展相协调。

（3）合理地开发利用自然资源。使不可再生资源的利用效益最大限度地提高，最大限度地发现和利用替代资源。对可再生资源的利用应以不破坏其再生机制为前提，只有这样，维持经济发展的自然资源基础才不会被削弱和破坏，经济发展才能继续。

（4）人的一切活动对环境的负影响应在环境的承载能力之内。对区域的开发、对资源的利用、对生产的发展及对废物的处理等均应维持在环境的允许容量之内。尤其是在发展生产方面，要力争做到新产品的设计与开发同健康生活方式的设计与发展的需要相吻合。寻找和选择适宜的自然物质进行合理加工，并使之在消费后能合理地在自然界中分解还原，不污染环境，以此不断淘汰旧产品。只有这样，环境恶化和生态破坏的趋势才能得以控制，自然生态平衡和生物多样性才能得以维持。

（5）要具备良好的基础设施保障条件，对资源开发利用、生态环境保护、经济增长和人口发展建立完善的法规与政策，以便合理改造自然和社会，使物质文明同精神文明协调发展，实现环境质量、生活质量、知识水平、伦理修养水平、健康水平普遍的提高以及人口充分就业、社会安定祥和、文化生活丰富多彩，最终实现人与自然的和谐统一，为区域系统的协调发展提供保障。

作为一个系统，区域系统的协调发展必然意味着其在以下方面的协调：[①]

（1）结构协调。结构协调是指区域系统子系统之间的内在联系是严密的、多层次的组织构成恰当的函数关系，具有高度的有序性，它是区域系统正常运转所应达到的最基本的协调性。区域系统结构不合理，会使区域系统的相互作

---

① 白华、韩文秀：《复合系统及其协调的一般理论》，载《运筹与管理》2000 年第 9 卷第 3 期，第 4—5 页。

用关系发生"扭曲"，区域系统整体效益无法正常发挥。结构合理包括结构各要素在空间上的有机结合、相互渗透、相互制约、相互促进和在时间上的相互衔接。

（2）功能协调。功能协调是指区域系统中各子系统的相互配合与相互促进，是系统运行状态和发展过程的标志和体现。区域系统的总体功能是由子系统的功能实现的，尽管各个子系统功能的性能和特征不一，重要程度不一，但对于整体功能都是不可缺少的，其衰弱或残缺都会影响整体功能的发挥。通过子系统间的最优组合，能够实现系统整体功能最优，负效应最小。

（3）目标协调。区域系统的总目标与各个子系统的目标未必一致，而且往往是有矛盾的，通过区域系统的多种反馈控制机制，纠正或削弱片面的导致不协调的子目标，以全面协调的目标代替它，从而使复合系统的总目标得以最大程度地实现。

（4）组织管理协调。组织管理协调是就系统管理而言的主体与客体的协调。在区域系统的协调过程中，需要解决的问题按其性质和在区域系统中所处的位置，分属于区域系统的不同层次，驾驭区域系统运动过程的管理系统，其机构、职能及层次的划分和所赋权力的大小，应该与客观存在的区域系统协调管理对象的层次、结构及内在联系相一致，并且管理系统自身的结构和性能能够根据复合系统的变化而适度变化，这就是区域系统的组织管理协调。通过协调管理策略，使区域系统横向同一层次子系统和活动间相互协调、相互配合，并促使不同层次子系统和活动间有机联系，保证各种信息的畅通。

（5）外部环境协调。任何区域系统都处在一定的时间、空间和与它相关的环境中，与外界环境存在着多种作用关系，当这种关系受到阻碍时，会影响区域系统内部的正常运转。因此区域系统必须具有较强的自适应机制，以维持其发展与外部环境相适应，使外部环境促使其发展，实现区域系统内部与外部的协调。

（二）区域系统协调发展目标的实现过程

区域系统协调发展的内容决定了其协调发展目标的实现必然是一个复杂多变的过程。如何在复杂性中寻找规律、在无序中找寻有序、在冲突中实现和谐、在竞争中开展协作，是推动和促进区域系统协调发展的核心和关键。为实现这一目标，应从以下几个方面做起：

1. 应充分重视人的参与的特性，建立以人为中心的区域协调发展体系，以可持续发展的价值观、发展观和协调发展的要求来维护、调控和推动区域系统的协调发展。

人在区域系统处于中心地位，它是区域复合系统的主体、组织者、参与者和调控者，也是区域系统协调发展的核心。为了实现区域协调发展和可持续发展的目标，有必要将社会中的理性人培养成有利于系统协调发展运行的人。通过教育和培养，使其树立起协调发展特别是可持续的发展观和价值观，全面接受可持续发展关于社会、经济和生态环境的平衡发展，局部与整体利益的平衡发展以及当代人利益与后代人权利平衡发展的生态理念，并自觉用相应的行为来规范一切社会活动，即成为理性的生态人。在此基础上，还可以引入边干边学（learning-by-doing）机制，鼓励理性生态人进行创新，使其具备高度的创新能力、管理能力和专业技术能力，即成为区域协调发展需要的理性智能生态人，从而更科学地实现协调发展的目标。

2. 应重视发展过程中的学习和创新，用系统学的思想和科学方法选择区域系统协调发展的最佳路径。

最佳的发展路径实质上是要求系统能在平衡的基础上保持和谐、在分工的基础上充分协作、在制度的基础上适度调控，最终实现协调发展目标。和谐既包括人口、资源、环境、经济与社会子系统之间的协调发展，也包括这些子系统内部冲突、矛盾和过度竞争的解决。平衡是关键，协调发展即要求发展在经济、社会与环境等子系统之间保持平衡，同时还要求空间利益的平衡以及局部与整体利益的平衡。建立在分工基础上的协作是系统提高效率的关键，各子系统之间明确分工，保持鲜明的结构性和功能性特征不仅可以缓解复杂系统运行过程中"熵"增引起的无序竞争、冲突乃至对抗，还有利于子系统发挥优势、相互补偿不足、共同促进、共同发展，使整个复合系统成为互惠共生的系统。建立在制度基础上的适度调控对于缓解区域发展中不可避免的矛盾、冲突，建立协调发展的激励机制是非常必要的，对区域协调发展起到跨越式的推进作用。因此，我们需要认真学习，勇于创新，树立协调发展观，使区域系统协调发展沿着最佳发展路径前进。

3. 充分重视在发展进程中建立合适的制度运行、调控机制，用协调发展观去设计和修正适合于区域系统协调发展的激励机制和制度，保证区域系统协调的发展和演化。

系统的协调发展是一个动态演化的复合系统过程，在达到某一层次的协调发展状态后，总是向着另一个更高层次的协调发展的均衡状态演化，如此循环往复地进行下去。因此，区域系统协调发展的实现路径也应当是一个循环往复的过程。在这一过程中，更高的发展目标要求系统行为主体"人"具备较高的素质、能力和创新观念，从而可以在更高的层次上实现更高的和谐、更充分的分工以及建立更加有效的制度和调控机制，实现协调的发展目标。

三、区域系统协调发展的特征[①]

（一）全方位性

区域系统协调发展具有充分的广度，其全方位性指的是功能协调、结构协调、目标协调、组织管理协调、内部外部协调的有机统一。只有功能、结构、目标、组织管理和内外部全方位实现了协调，才有区域系统的协调发展。同时，区域系统实现了协调发展则必然是系统全方位协调的结果。

（二）整体性

区域系统协调发展强调的是区域系统整体的发展。整体性是区域系统协调发展的一个重要特性，也是区别于区域均衡发展、区域非均衡发展的突出特点。区域系统协调发展是每个子系统协调发展的前提，而各个子系统的有序运行则是区域系统协调发展的基础，协调的相互统一构成了区域系统协调的整体结构。

（三）动态性

区域系统是一个动态演化的复合系统。根据系统论的观点，系统总是处在从一种均衡态开始，受到来自系统内部或外部的"扰动"，引发系统的变迁进入非均衡态，通过调整机制再次向新的均衡态演变的动态过程中。区域系统协调发展就是在区域系统演化过程中，建立在全方位协调基础上的一种良性循环状态，它不是一种静止状态，而是按照一定的方式有序地运动着的、体现为一种动态调控的过程。这相应地要求对区域系统协调发展的研究应采取动态的、富有弹性的方法，适时地对区域系统发展做出调控。

（四）空间层次性

空间层次性表现为区域系统外部环境与区域系统之间的协调、区域系统内各个子系统之间的协调、每个子系统内部各组成要素间的协调以及它们之间的层次排列关系。空间层次性的特征提示我们对区域系统协调发展的研究不能将

---

① 袁旭梅、韩文秀：《复合系统协调及其判定研究》，载《天津纺织工学院学报》1998 年第 17 卷第 1 期，第 16—21 页。

空间问题与区域协调发展的社会、经济及生态环境等问题相互割裂，将不同空间层次的协调发展问题相互割裂，而必须使空间结构与区域社会、经济子系统的发展相协调。

（五）复杂性

区域系统协调发展具有复杂性。如上文所述，区域系统由人口、资源、环境、经济与社会等若干子系统组成，各子系统又由为数众多的系统要素构成，这些构成要素有时很难认识清楚，而且每一个要素本身往往又包含很多因素，具有各种状态、各种表现。因素、状态、表现往往又有各种变态，变态又有大、中、小的不同程度，这就极大地增加了区域系统的要素。

（六）灰色性

灰色性是借用灰色系统中的灰色概念。在系统论中，常以颜色的深浅来形容信息的多少。比如，黑箱表示对系统的内部结构、参数、特征等一无所知，只能从系统的外部表象来研究这类系统，这里的黑就表示系统信息的缺乏；相反，白就表示系统信息充足，亦即对系统的内部特性全部确知；而灰则是介于白与黑之间，表示系统信息部分已知而部分未知，这也正是我们这里所使用的灰色的含义。对区域系统，我们虽然能够知道影响其协调发展的一些因素，如人口素质、技术水平、可利用资源量等，但却很难了解全部因素，更不用说找到生产与技术、人口与经济、社会与经济等因素之间的映射关系。因此，区域系统的协调发展中充满着大量的未知信息，具有灰色性。

第二节 区域系统协调发展的机理

一、区域系统实现协调发展的外在条件

区域复合系统是动态开放的大系统，在区域复合系统中存在着复杂的非线性作用机制，所以区域复合系统是非平衡复杂系统。根据最大熵原理，封闭系统会自发走向"熵增"和"减序"。因此，作为与外界不断发生物质、能量与信息"三大流"相互作用的开放系统，就必须保持从外界输入负熵流，以克服内部的熵增，才能使有序度不断提高。也就是说，从外界吸收"负熵流"使系

统维持一种"耗散结构"的状态，是系统走向有序和自组织的基础与前提，而这也是系统实现协调发展的外在条件。区域系统实现协调发展的过程可以描述如图7-1所示。

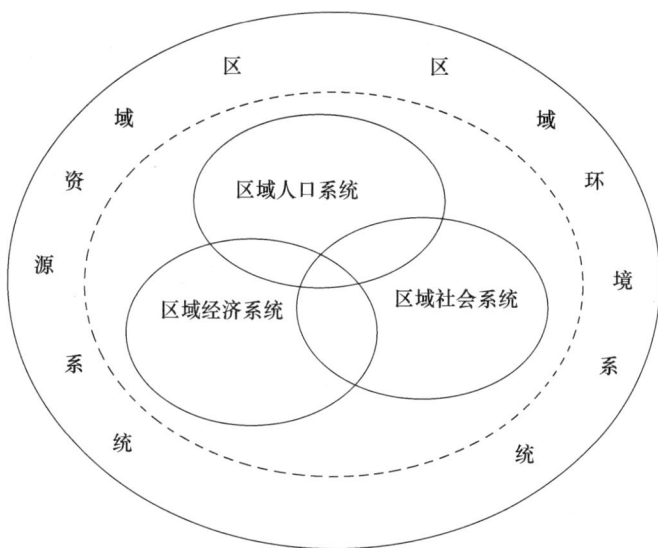

图7-1 区域复合系统耗散结构

设 dS、dS_i、dS_e 分别为区域复合系统，区域人口、经济、社会系统，区域资源、环境系统的熵增（减）。对区域复合系统来讲，其熵的变化（dS）包括区域人口、经济、社会系统熵的变化，亦即复合系统内部熵的变化（dS_i）和区域资源、环境系统熵的变化，亦即复合系统与外界环境相互作用产生的熵的变化（dS_e）。

由于区域复合系统是开放系统，因此，dS_e 可正可负。而根据最大熵原理，dS_i 总是大于零。所以，只有使 $dS_e < 0$ 且 $|dS_e| > S_i$，也就是区域复合系统必须不断从外界吸收负熵流，以克服系统内部的熵增，才能使区域复合系统的总熵减少（系统处于低熵状态），从而增加复合系统的有序性和自组织性，促进复合系统中的协同作用机制。否则，区域复合系统的总熵增加，无序度加大，导致系统退化或恶性循环。[①]

---

① 白华等：《复合系统及其协调的一般理论》，载《运筹与管理》2000年第9卷第3期，第2—5页。

对人口、经济、社会三大系统而言，它们在与资源、环境系统进行物质、能量和信息的交换时，在三大系统内均存在着不可逆过程，引起三大系统内部熵增的产生，并且总是在同一方向进行，即 dS_i 恒为正值。此时这三个系统必须与资源、环境系统进行熵交换，为人口、经济、社会系统提供资源和排放废弃物的场所，即给人口、经济、社会系统输入足够的负熵流，并且使整个区域复合系统的总熵形成熵减机制，即 $ds<0$，才能形成区域系统的有序状态，才能使区域系统的发展得以维持。如果由于资源和环境的承载力的有限，资源、环境系统无法供给人口、经济、社会系统足够的负熵流，那么这三个系统就会因资源枯竭和环境污染而出现熵增的无序状态，此时经济系统的发展难以为继。

对资源、环境系统而言，它们在人类的经济社会活动中扮演着主要角色，既要提供经济社会活动所需的一切资源，又要提供场所来消纳经济系统所产生的废物，因此，从熵的角度来看，人口、经济、社会系统的循环是以资源、环境系统的熵增为代价的，即提供资源、消纳废弃物等一系列不可逆过程造成的资源、环境系统内生熵的产生。如果经济社会系统不提供一定的资金和技术去开发新的资源和处理废弃物，即给环境系统输入足够的负熵流，使 $|dS_e| > dS_i$，$ds<0$，那么资源、环境状况就会恶化，其所能提供的负熵流的能力就越来越小，周而复始就会形成资源、环境与人口、经济、社会系统的恶性循环，使环境与经济系统出现失调。

二、系统协调发展的内在动因

区域系统中各子系统以及子系统的组成要素之间，存在着密切的联系，各个子系统和子系统内部要素之间相互联系、相互制约、互为存在的前提和依存，由此才构成了区域可持续发展系统，并使子系统和总系统呈现出各自特定的系统功能。因此，分析这些子系统之间以及子系统内部的相互关系，是认识和了解区域系统协调发展的重要环节。限于篇幅，这里仅对第一级子系统之间的关系进行简要分析。

区域子系统间存在着极其复杂的相互作用关系，要想全面、清楚地分析几乎是不可能的。但是这种复杂的相互作用关系却在系统自组织机制中起着至关重要的作用，并对系统的演化行为有着决定性意义，也是系统协调发展的内在动因。区域子系统间的相互作用表现在以下两个方面（见图 7-2）。

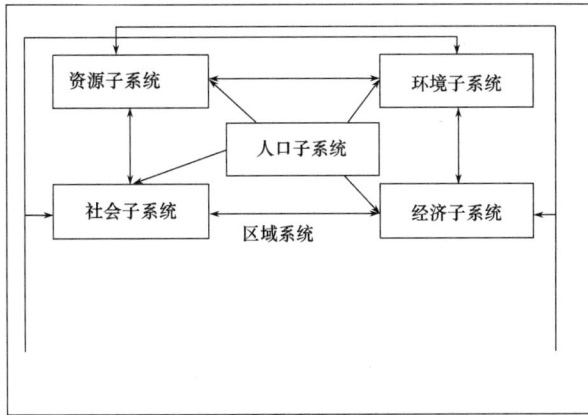

图 7-2 区域系统内部各子系统关系图

（一）两个子系统间的相互作用

区域系统的五个子系统间都普遍存在着两两相关的关系，这种关系通常还是非线性的，而且正向和负向作用形式同时存在，具体为：

1. 资源—人口系统

人口是自然资源的开发者和最终的利用者。因此，组成开发利用资源活动的人口的数量以及代表他们消费水平的人口素质状况和变动，就极大地影响着资源环境开发的深度和广度，从而影响着地球上的资源储量。反过来，资源为人口的存在和发展直接或间接地提供了物质的基础。包括直接生活的基础。一方面，自然资源经过加工，为人口提供各种生产和生活资料；另一方面，自然资源为人类提供了直接与生活相关的居住和道路用地、生活绿地等。资源基础条件通过这样一系列直接或间接的影响还决定着对人口的承载容量，并进而对人口的增长产生一系列的限制作用。

2. 资源—环境系统

从广义上讲，资源也可以看作是环境要素的一部分。资源在被利用、转化或运移过程中都会引起环境质量或大或小、或正或负的变化。环境的变化，也会使资源基础受到影响，例如水污染及土壤污染都将会使可利用的资源量减少。

3. 资源—经济系统

资源系统可以为经济子系统的正常运行提供自然基础，经济的发展要依赖于自然物质和能量的不断供应。没有资源，经济活动就不可能进行，而且，资源条件的好坏，还会直接影响经济活动的效果和经济的可持续性。经济系统则通过经济活动对资源环境进行利用和加工改造，使原有的资源储量和结构发生变化。经济发展可以增加对资源开发利用的广度和深度，会使不可再生的资源储量减少，如果伴随不合理的利用，还会使可再生资源的再生能力降低。资源基础条件的恶化，反过来则会制约经济的发展。

4. 资源—社会系统

良好的资源条件可以为社会可持续发展奠定基础条件。不同的社会发展水平从各种不同的观念、政策等方面会对资源的开发利用以及保护等产生极为不同的效果。一般而言，社会经济发展水平较低的区域，倾向于发展经济而轻视资源合理利用和保护，而社会经济发展水平高的区域则刚好与之相反。

5. 环境—人口系统

人口可以对环境施加影响，改善环境或者使环境恶化。而环境为人口提供最基本的生存条件，并且通过多种渠道对人口数量、质量等产生有利或者不利的影响。

6. 环境—经济系统

环境为经济的发展提供一定的场所和空间，是经济发展的基础条件。环境状况的优劣构成经济发展的前提条件。恶劣的环境，会使经济活动的成本增加，效益下降，不利于经济的发展。反之，优良的环境条件，则可以吸引投资，降低成本，促进经济发展；经济对环境也会产生影响：经济发展不当会引起环境的破坏，造成环境退化和污染，环境质量下降。经济发展又是环境治理和提高环境质量的物质基础，为环境治理提供必要的资金保障。

7. 环境—社会系统

良好的环境本身标志着社会的发展和文明的程度，是社会发展的必要条件之一，也是社会发展的标志；而社会发展通过提高人口的素质，主要是环保意识，将促进环境的保护和治理，同时为环境保护提供法律和政策上的保证。

8. 经济—人口系统

经济活动为人口提供基本的生活物质条件和就业条件，通过是否满足人口对生活消费和劳动就业的两大基本需求来影响人口数量、质量、结构、分布等多方面的状况和变动。而人口数量的多少、增长的快慢、素质的高低以及结构和空间分布变动状况等，则会对一个区域的经济发展情况产生一定的影响。

9. 经济—社会系统

经济系统是社会系统存在和发展的基础和手段，是促使社会发展的直接原因之一。没有经济的发展，人类社会的教育、文化、卫生、健康等的发展就失去了物质基础；社会系统的发展是经济系统得以发展的最终结果和目的，同时社会发展通过一系列法律制度、政策以及社会体制，还为经济发展提供基本的保障。

10. 社会—人口系统

社会系统可以为人口的发展提供一个基本的社会体制和保障，并通过社会系统的演进对人口出生、死亡、素质、分布、迁移等产生影响。而一定数量、质量的人口群体，是构成社会存在和发展的前提，同时也是社会发展进步的重要体现。同时，人口的数量、质量、结构和空间变动等也会对构成社会系统的各方面的因素产生各种关系。例如，人口规模、各种结构等，将会对民族关系、社会稳定等产生影响。人口素质的高低，直接关系着社会发展的程度和生活质量的高低。

（二）多个子系统间的相互作用

上述分析的只是区域系统内各子系统双方之间的相互作用关系，这些关系对区域系统的影响虽然是局部的或单向的，但是它们是区域系统中各种错综复杂的作用关系的基础，如果把它们综合起来考虑，就会发现在可持续发展区域系统中，存在着大量多重特性、连锁复杂的作用关系，这些往往涉及多个子系统。如经济系统通过消耗资源，为人口系统提供消费品，同时伴随工业废弃物的产生。当人口消费这些物质时，就会产生生活垃圾，这些工业废弃物和生活垃圾都将被排放到环境中去。当这些污染物在环境的承载力自我净化能力范围内时，环境状况就不会恶化，就可以把更多的资金用于经济发展，也不会影响可再生资源的再生能力，从而形成资源—经济—人口—环境系统的良性循环。这其实是一种正向的有利于系统协同合作的内部作用，而且一般会涉及多个子系统。然而，若污染物的排放超过了环境的承载能力时，便会对环境造成污染，环境污染进一步影响资源尤其是可再生资源的供应量，最终制约经济和人口系统的发展，形成资源—经济—人口—环境系统之间一个负向的恶性循环的作用关系。

区域系统内复杂的相互作用若产生正向的协同效应，就会形成良性循环，推动区域系统向有序化发展。协同作用决定了区域系统内部各子系统合作的能力，是区域系统的各子系统及元素耦合联系的中介，是区域系统结构具有有序化、稳定性的原因，它左右着系统相变（状态变化）的特征和规律。协同作用发挥得好，则有序化程度高，并且这种协同作用力能促使各个子系统、各种构成要素围绕着系统的总目标产生协同放大作用，使区域系统产生相干效应，即复合系统整体功能大于局部功能之和，最终达到区域系统的协调状态。

区域系统内复杂的相互作用若是负向的恶性循环关系，则这种负向作用力会破坏各个子系统及构成要素间的协调，产生反向放大作用，导致系统整体功能小于局部之和，促使系统向不协调状态演化，甚至出现系统的崩溃。这其实是区域系统中更应关注和协调的内容。

第三节　区域系统协调发展与可持续发展的关系

一、区域系统可持续发展的内涵

区域可持续发展既可以理解为"区域系统的可持续发展"，也可以理解为"可持续的区域系统发展"，而两者实质上说的都是区域系统发展的可持续性。对于"可持续性"，潘玉君等人认为它是从时间坐标来思考问题时所使用的概念，可以理解为：以某种恰当的时间尺度来度量的某事物的某特征在某一时间范围内的变化或变化趋势的不变性。之所以指出"某种恰当的时间尺度"，是因为同样的变化曲线，在选取不同的时间尺度去度量时得到的数据的大小关系可能是不相同的；之所以指出"某特征"是因为对于同一个事物变化的研究或描述可以有多种特征或指标，而选取的特征不同，其所反映出来的数据特征有较大的差别；之所以指出"某一时间范围"，是因为很多事物在不同的时间内有不同的特征。而 Robert Gilman 对"可持续性"的定义则是："可持续性是指社会系统、生态系统或任何其他不断发展中的系统继续正常运转到无限的将来而不会由于耗尽关键资源而被迫衰弱的一种能力。"

目前，人们对区域系统发展的可持续性的观点各有侧重，但主要还是指区域社会经济和资源环境的协调发展和人口的全面发展，主张任何区域都应在不牺牲本区域内未来人的利益的情况下经济或社会总量增加或不减少，本区域的要素结构和地域结构趋于优化或不劣化，而且要求本区域的发展不要牺牲或促进相关区域的发展的机会或条件。从系统的角度理解，可持续发展既不是单指经济发展或社会发展，也不是单指资源环境可持续，而是指"人口（P）—资源（R）—环境（Ev）—经济（Ec）—社会（S）"复合系统的可持续。因此，从该复合系统出发，可持续发展是指能动地调控"P-R-Ev-Ec-S"复合系统，使区域人口在不超越资源与环境承载能力的条件下，不损害别的区域发展能力的前提下，促进区域经济发展、保护资源永续利用和提高生活质量。这样理解的"区域系统可持续发展"，还避免了"可持续发展"经典概念中的公理破缺性——强调代际公平而忽视区域公平——的致命的缺点。

区域系统的可持续发展是可持续发展的重要内容，也是实现可持续发展的重要途径。

二、区域系统协调发展和可持续发展的关系

区域系统协调和可持续发展之间存在着密切的关系（见图7-3），主要表现为以下几方面：

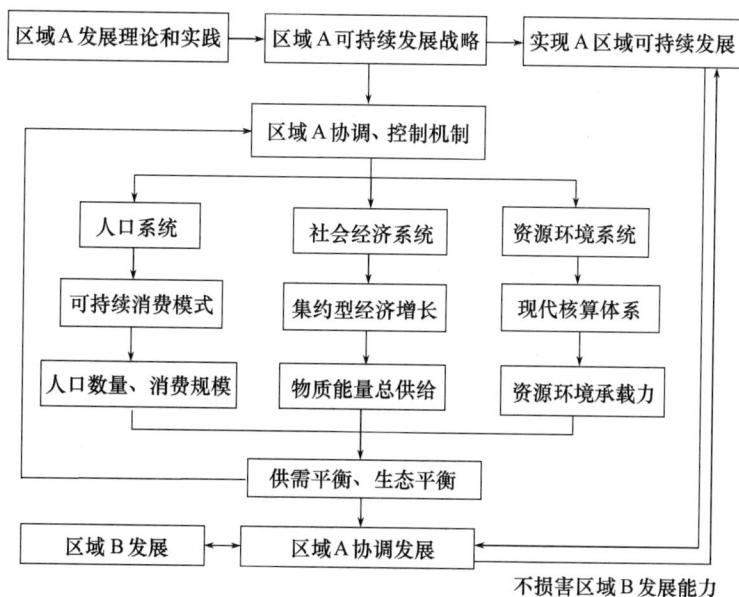

图7-3 区域系统协调发展和可持续发展的关系

首先，协调发展是区域可持续发展的过程和体现。区域系统的可持续发展是区域系统的诸多要素互相联系、互相作用、互相制约、全方位协调的过程。在时间上，它不是一时的短期行为和当代人的需求，而是长久永恒的行为和子孙后代发展的需求。在空间上，它不是个别的、局部的一个区域系统的可持续发展问题，而是全面的若干区域甚至全球的可持续发展问题。它不仅追求发展的可持续性，即发展对现代人和未来人需求的持续满足，实现现代人类与未来人类利益的统一，而且也追求发展的可协调性，即经济与人口发展必须限定在资源、环境的承载力之内，实现区域人口与资源、环境、经济、社会的协调发展。在一定时期内，区域系统的可持续发展是一个由起步期、成长期、成熟期、顶级期的渐进过程，其在时空上的稳定和有序程度，都可以由区域内人口、资源、环境、经济与社会之间的协调程度体现。

其次，区域系统的可持续发展与协调发展的关系体现了目的和手段的关系。区域可持续发展实现的手段是区域社会经济与人口、资源、环境的协调发展，即从传统的偏重数量增长的经济发展模式转向强调改善发展质量的协调发展模式。这需要通过产业结构的调整、合理布局、开发应用高新技术、实施清洁生产和文明消费、适度控制人口，以提高效益、节约资源和能源、减少废物排放，在发展经济的同时，切实保护人类赖以生存的环境和子孙后代发展所需的资源，从而实现人口、社会、经济、资源、环境之间协调发展，以达到整体效益最优。因此，可持续发展与协调发展的关系体现了目的和手段的关系，协调就是为了保证实现可持续性发展目标，凡一切偏离目标的行为都应以协调为手段进行调节和控制，在发展的同时使自然资源得到合理综合地开发和永续利用，使生态环境系统得到保护。

最后，区域系统的协调发展是区域系统可持续发展的必要条件，实现了可持续发展的区域系统其诸多要素必然保持着相互协调，但区域组成要素之间关系的协调却并不意味着区域系统实现了可持续发展，即区域系统协调发展不是可持续发展的充分条件。根据区域系统可持续发展的定义，区域社会经济与资源环境的协调发展和人口的全面发展并不是可持续发展的全部，区域可持续发展还要兼顾区际公平，也就是说区域可持续发展是在实现协调发展的基础上还不损害其他区域的发展能力的发展。

正是由于区域系统协调发展和可持续发展之间存在着上述关系，对区域系统协调发展的研究就有必要纳入可持续协调发展的思想框架体系之中，其目标是保证区域系统持续稳定地为人类生产和生活提供服务。

第四节　区域系统协调发展指标体系及其构建

一、区域系统协调发展指标体系的含义和作用

（一）指标和区域系统协调发展指标体系

度量和评价区域系统协调发展是一个涉及诸多因素和诸多方面的连续过程，具有变量多、变量间关系复杂等特点，只采用一两个或少数几个指标难以分析和评价区域系统协调发展状况。因此，对其进行全面的分析和评价就需要建立一个区域系统协调发展的指标体系。只有建立一套科学、严密、完整的指标体系，才能通过衡量的结果去了解目标达到的程度，才能对协调发展水平进行横向和纵向的比较，找出存在的不足，修正发展方向。通过建立协调发展指标体系，才能利用先进的研究方法和手段对协调发展系统进行监测和预测研究，为协调发展规划提供辅助决策，使系统运行不偏离协调发展的轨道。所谓指标体系，亦称为评价指标体系，是指为完成一定研究目的而由若干个相互联系的指标组成的指标群。而区域系统协调发展指标体系，就是把能直接或间接地反映区域系统协调发展的目标、内容和要求等不同属性特征的单项指标按属性相同或相关原则、分级与分层原则组成的一个有序集合，这一指标的集合与集成应同时具备对区域系统协调发展现状的描述功能、结果评价功能和未来发展预警导向功能等多项功能，并且能直接或间接地反映区域系统协调发展的目标、内容和要求。

（二）区域系统协调发展评价指标体系的主要作用

区域系统协调发展指标体系的作用主要体现在以下几点：①能以简明的方式全面地向决策者提供区域系统发展变化过程的综合评价手段，有利于其对区域系统的协调发展的主要方面和总体状况进行正确分析、判断和度量，为管理决策提供依据。②有助于决策者把注意力放在与区域系统协调发展相关的关键问题和优先发展领域，同时也能对这些问题的进展情况和状态进行及时、准确地把握。③促使和引导政策制定者及决策者在制定各项政策与决

策时，最大程度地以区域系统协调发展为目标或按区域系统协调发展的原则办事，避免各项政策之间的冲突。④能够简化和增进社会公众从系统角度来理解区域协调发展，从而有助于区域系统协调发展的相关计划及行动实施，减少执行阻力。⑤比较真实地反映区域系统协调发展的总体情况和相关政策的实施效果，使人们随时掌握区域系统协调发展的进程。同时，这些信息的反馈也有利于政策制定者和决策者及时评估政策的正确性和有效性，进而对政策加以改进或调整。⑥是决策者和管理者对区域整体发展过程进行调控的重要工具或预警手段之一。通过指标体系序列，决策者和管理者可以预测和掌握区域系统协调发展的总体态势和未来走向，以便有针对性地进行政策调控或系统结构的调整。

二、构建协调发展指标体系的原则

指标体系的建立是进行综合评价的重要基础。在进行区域"P－R－Ev－Ec－S"复合系统协调发展评价时，建立科学合理的评价指标体系关系到评价结果的正确性。目前，虽然已提出了一些综合发展、协调发展及可持续发展评价的指标体系，但是在评价指标的选择方面仍存在一些问题：一方面人们为追求指标体系的完备性，不断提出新指标，从而使指标种类增多、数目增大；另一方面由于缺乏科学有效的指标筛选方法，大都靠评价者的经验选择指标，存在很大的主观性。评价指标体系中普遍存在指标间的重叠，从而影响评价的准确性和科学性。因此，评价指标体系必须依据一定的设置原则和科学的筛选方法。从区域系统各子系统之间的关系，以及对协调发展指标体系构成的认识来看，协调发展指标体系的设置应遵循如下原则：

（一）简明全面性原则

指标体系是一个有机整体，应尽可能全面地反映和测度被评价区域的主要发展特征和发展状况。但是，任何指标体系的设计，如果不注意科学地筛选和压缩指标数量，就会产生指标数目过大的问题，使人们难以把握和采用。

（二）科学性原则

所谓科学性是指指标体系应建立在科学的基础上，且数据来源要准确、处理方法及对数据分析整理符合规范。也就是说，具体指标的选取应建立在充分认识和系统研究的科学基础之上，而指标体系则应能全面涵盖协调发展战略目标的内涵和实现程度。人口发展、资源的保护和利用水平、环境质量、社会进步和经济增长等主要构成要素都应在指标体系中得到反映。同时，指标选择与指标权重的确定、指标的计算与合成，必须以公认的科学方法（统计理论、基本数学原理等）为依据，这样才能保证结果的真实性与客观性。

（三）系统性原则

区域系统是一个复杂的巨系统，它由不同层次、不同要素组成，既有人类社会本身也包括与人类社会有关的各种基本要素、关系和行为。而且这些要素之间及要素与环境之间既相互关联，又相对独立，因而指标体系的构建必须在对区域各要素之间的相互关系作出准确、全面分析与描述的基础上，使指标体系满足区域协调发展的全面要求。

（四）可操作性原则

协调发展指标体系建立的最终目的是为决策管理服务的，因此，指标的选取要尽可能利用现有的统计资料（在实际调查评价中，指标数据易于通过对统计资料整理、抽样调查或典型调查而获得，或直接从有关部门，如科研部门和技术部门等获得），使其具有可测性和可比性，易于量化；指标的计算方法要符合科学原则；在选择方法和一定的数学模型进行量化分析时，一定要切实可行；指标体系结构的建立要有理论上的科学性等。

（五）层次性原则

区域系统具有层次性，它可以向下依次分解成许多子系统。故而系统的各级指标之间也存在着层次关系，越向上，指标越综合，越向下，指标越具体。因此，协调发展指标体系的建立应通过层次关系分析，以使指标体系结构清晰，便于使用。

（六）定量和定性相结合的原则

协调发展指标要尽可能地量化，但由于协调发展涉及的方面很多，有的变化可以用数量变化来反映，也有的变化难以通过数量指标来反映。对那些意义重大而又难以量化的指标可以用定性的方法来描述在通过专家咨询或用模糊集理论使其量化，以便于最后汇总。

（七）相对稳定性与绝对动态性相结合的原则

所谓相对稳定性主要是指指标体系一旦建立起来，其指标个数、类型及含义在一定的时期内应具有相对稳定的特性，没有特殊情况不要随意改变指标体系的结构和内容，以便比较和分析区域协调发展的动态过程，更好地预测其未来的发展趋势。然而由于协调发展是一个动态的过程，因此，指标体系也应充分考虑动态变化的特点，做到随时间推移和情况变化的动态调整，即允许指标体系中的部分指标伴随着时间的推移和环境的变化而有所改变，做到动静结合，以保证指标体系在不违反相对稳定原则的前提下具有一定的弹性。事实上，始终保持指标体系中的所有指标绝对不变是很难做到的，也是不符合实际和不必要的。

（八）协调性原则

协调是实现系统持续发展的关键，区域复合系统的协调发展是建立在与人口、资源、环境、经济、社会系统协调发展基础之上的，因此，建立协调发展评价指标体系除要遵循评价指标简明性、科学性、系统性及可操作性等一般设置原则外，还应充分体现协调发展的内涵；体现保护环境、资源的永续性；体现协调发展的前提；体现经济、资源与环境相互促进发展的协调性；体现发挥科学技术与管理调控对提高经济效益、改善环境状况、提高资源利用率以及实现经济、资源、环境协调发展的积极性。

三、区域系统协调发展指标体系的功能

区域系统协调发展指标体系对区域系统结构的合理性和有序性，以及各子系统相互之间的关系，具有描述、评价、解释、预警等功能性作用。

所谓描述功能，是指对评价对象的完整而系统的描述，以反映多层次的系统结构、框架和运行机制等。通过指标体系的描述，反映人口、资源、环境、经济和社会的现状，是开展统计调查搜集统计数据的框架和依据。

所谓评价功能，是指通过指标体系，能够对区域的人口、资源、环境、经济和社会的整体发展作出评价。评价结论正是通过对评价指标体系进行分析和利用评价模型进行计算的基础上得出的。

所谓解释功能，是指指标体系对区域系统协调发展的描述和评价而作出的解释，从而提供分析区域系统协调发展的状态和变化原因的逻辑线索。

所谓预警功能，是指指标体系可直接为宏观决策及监控服务，起到监控器的作用，为未来的经济与社会发展、自然资源的持续利用和环境保护提供预测和可行方案。

随着协调发展指标的理论研究和统计实践的发展，协调发展指标体系的各种功能将会更充分地得以显示和发挥，也将更好地指导区域系统协调发展的具

体实践。

四、区域系统协调发展评价指标体系的构建[①]

(一) 区域系统协调发展评价指标的选择方法

用指标体系测度区域系统协调发展这一综合性目标，其基本目的在于寻求一组具有典型代表意义、能全面反映这一综合性目标各方面的特征指标，这些指标及其组合能够恰当地表达人们对该综合性目标的定量判断。因此，指标的选择和设置主要基于两方面的考虑，一是能够基本反映研究的目的，二是数据的可得性。

在区域系统协调发展评价理论框架的基础上，通过"自上而下"与"自下而上"相结合的方法筛选指标。所谓自上而下，就是指标的选择要以区域系统协调发展的目标为依据，自上而下地进行评估目标的分解，每一个评估目标都对应区域系统的子系统，根据衡量各级子系统的原则和标准，形成可能的指标。所谓自下而上，就是根据数据的可获得性，在现有数据的基础上，通过数理统计等分析方法提取反映区域子系统发展的过程、成果、水平等方面的主要信息，确定并构建衡量各子系统属性的最适合的指标。这样，兼顾区域系统的特性和现有的数据基础，构建符合客观实际的区域系统协调发展评估指标体系。

(二) 协调发展评价指标体系的构建

人口、资源、环境、经济、社会等子系统之间相互渗透、交叉和互联，完全可以从各自领域找到其他领域的影响或作用。如经济发展、社会进步中存在着人口发展、资源开发、环境保护等因素，而人口发展中也渗透着经济、社会、环境等因素。发展的相关性和兼容性，使任何一个领域的发展都必然具有综合性特征。因此，建立协调发展指标体系，不应该对某一系统运行发展状态作出设计，而应在五大子系统运行发展状态的基础上，汇集并揭示它们的协调关系。为此，我们提出的协调发展指标体系构建总体思路是：首先对各子系统发展状态进行描述，然后在对各子系统发展状态描述的基础上建立反映子系统之间相互关联的统计指标，用以描述或评价区域复合系统的发展状态。

---

① 高波、朱英群：《区域系统协调发展评价体系建立与分析》，载《商场现代化》2006 年第 477 期，第 27—29 页。

为达到建立协调发展指标体系的目的，根据上述协调发展指标体系构建思路，按照自上而下和自下而上的选择方法，我们建立的协调发展指标体系层次结构为：目标层、基准层和指标层（见表7-1）。

表7-1　区域系统协调发展评价指标体系

目标层		基准层	指标层
区域系统协调发展水平	各子系统协调发展水平	人口系统协调发展水平 资源系统协调发展水平 环境系统协调发展水平 经济系统协调发展水平 社会系统协调发展水平	
	子系统间协调发展水平	各子系统"共同域"协调发展水平 区域系统整体协调发展程度	

1. 目标层

我们以"区域系统协调发展水平"作为总目标层，其又具体分为各子系统协调发展水平和子系统间协调发展水平两个一级指数，以综合表征区域系统协调发展态势。

2. 基准层

制约区域系统协调发展的因素有很多。对各子系统协调发展水平这个目标，我们主要采取人口系统协调发展水平、资源系统协调发展水平、环境系统协调发展水平、经济系统协调发展水平、社会系统协调发展水平作为其准则层的评判依据；对子系统间协调发展水平这个目标，我们主要采取各子系统"共同域"协调发展水平和区域系统整体协调发展程度作为其准则层的评判依据。

3. 指标层

指标层由一些具体的、可直接度量的指标构成，是区域系统协调发展评价指标体系最基本的层面，我们将在下文具体进行分析。

在该区域系统协调发展指标体系的设计过程中，始终坚持贯彻前述区域系统协调发展指标体系的设计原则、设计思想、设计方法，使这一指标体系具有如下显著特点：①涵盖面广、综合性强，涉及与区域系统协调发展目标有关的人口、资源、环境、经济、社会等领域，并在设计指标过程中始终把区域系统协调发展思想贯穿于指标体系的各层次之中，系统反映了目标与指标体系之间的支配关系；②指标体系着力突出协调发展的中心地位；③指标体系注重运用综合性指标和相对性指标，这些指标分别是由若干指标通过公式计算复合而成，易于计算、辨识和量化，因而有着较强的可比、可测和可操作性，同时大大增加了指标的信息量；④指标体系具有相对稳定性和一致性。

（三）协调发展评价指标体系的描述

1. 各子系统协调发展的指标体系

同样采用自上而下，逐层分解的方法，把子系统协调发展指标体系分为三个层次，每一层次都分别选择反映其主要特征的要素作为评估指标，以避免重要指标的遗漏和重复。然后按自下而上的方法，根据统计资料的可行性，结合专家的意见，选取一些评估指标，分别对人口、资源、环境、经济、社会系统进行分析、选择，力求反映准则层的主要特征基础，使指标具有较好的量化能力。第一层次是分目标层，以区域子系统协调发展水平的综合评估为目标，用以反映区域子系统的总体特征。第二层次是描述区域系统的五个子系统设立的准则层，即人口系统协调发展水平、资源系统协调发展水平、环境系统协调发展水平、经济系统协调发展水平、社会系统协调发展水平。描述各子系统协调发展水平，首先要对各子系统的发展规模、结构、效益等特征加以描述或反映，即需要建立人口系统指标体系、资源系统指标体系、环境指标体系、经济指标体系和社会指标体系，从而构成表征区域系统协调发展水平的基础指标体系。第三层次是技术层，选择一些具体指标，见图7-4所示。

人口子系统协调发展指标体系。人口是生活在一定社会生产方式下，在一定时间、一定地域内，由一定社会关系联系起来的，由一定数量和质量的有生命的个人所组成的不断运动的社会群体。人口是协调发展的主体和核心要素，也是最积极、最活跃的要素。人口增长对经济发展起着双重作用，它既可以促进也可以阻碍经济的增长和发展。人口系统协调发展指标主要用于描述协调发展系统主体的规模、结构和质量方面的情况。具体有以下指标：[1]

（1）存量指标3个：即总人口数、平均预期寿命、平均受教育年限；

（2）质量指标4个：即人口密度、男女人口比例、高低收入人口比例、人口文化素质；

（3）结构指标4个：即非农业人口占总人口比重、文盲率、城市人口占总人口比重、老龄人口占总人口比重；

（4）变动度指标2个：即人口自然增长率、受高等教育人口比例增长率。

资源子系统协调发展指标体系。自然资源是社会物质财富的源泉，是社会

---

　①　高波、朱英群：《区域系统协调发展评价体系建立与分析》，载《商业现代化》2006年第447期27—28页。

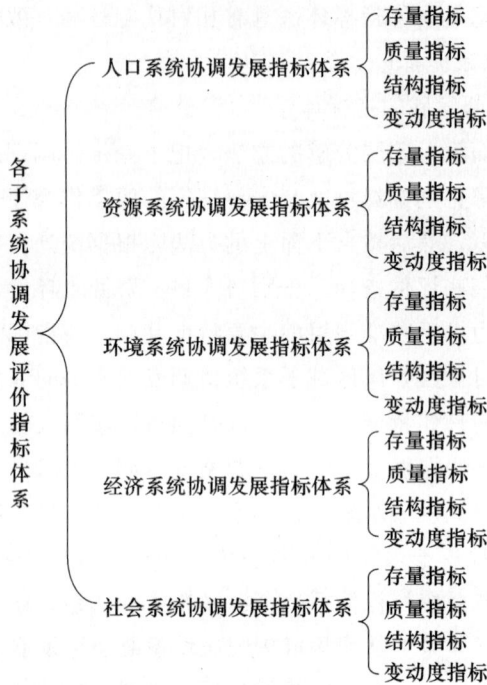

图 7-4 各子系统协调发展评价指标体系

在生产过程中不可或缺的物质要素，是人类赖以生存的自然基础。保护和节约使用各种自然资源，提高各种自然资源的使用效率，使各种自然资源能够永续地为人类的子孙后代所利用，是摆在当代人面前的一项十分紧迫而艰巨的任务。资源系统协调发展指标主要用于描述资源的拥有、利用和保护等方面的情况。具体有以下指标：

（1）资源存量指标8个：即人均耕地面积、人均水资源拥有量、人均石油保有储量、人均草地面积、人均煤保有储量、人均天然气保有储量、人均森林面积、人均矿产保有储量；

（2）资源质量指标6个：即森林采伐量占蓄积量比重、矿产开采量占保有储量平均比例、能源开采量占保有储量平均比例、资源利用效率、自然资源对工业贡献度、劳动力资源禀赋系数；

（3）资源结构指标2个：即森林覆盖率、清洁能源占总能源比例；

（4）资源变动度指标3个：即耕地减少率、森林覆盖率环比增加率、资源保有储量平均变动率。

环境子系统协调发展指标体系。优美适宜的生态环境可以为人类的可持续发展和进步提供有力的保障，而生态的破坏和环境的污染则会制约人类的发展。环境和生态的保护是实现可持续协调发展的前提，环境质量的好坏是可持续协调发展与否的主要标志。环境系统协调发展指标主要包括反映环境质量、环境治理状况及为人类生产和生活提供物质资源的资源利用指标，具体指标如下：

（1）存量指标 4 个：人均废水排放量、区域环境噪声平均值、人均环保投资额、城市生活垃圾排放量；

（2）质量指标 4 个：环保投资占 GDP 比重、亿元工业净产值固体废物排放量、亿元工业净产值废气排放量、亿元产值废水排放系数；

（3）结构指标 6 个：荒漠化土地占国土比例、水土流失面积占国土比例、城市生活垃圾无害处理率、工业"三废"处理率、污水回用率、荒漠化治理率；

（4）变动度指标 5 个：废水排放量降低率、亿元工业净产值固体废物排放量降低率、亿元产值废水排放系数降低率、工业"三废"处理率提高率、城市生活垃圾无害处理率提高率。

经济子系统协调发展指标体系。经济发展的目标就是为了发展生产，扩大生产规模，改善经济结构，提高生产率，提高经济效益，从而提高整体实力，为社会创造更多、更好的产品，更好地满足人们日益增长的物质和文化生活需要。经济系统协调发展指标主要包括生产和发展经济为主体的指标，反映经济发展总体水平、总量规模、经济结构、经济效益及人们生活质量的提高程度等等各个方面，主要包括以下具体指标：

（1）存量指标 6 个：人均国民生产总值、人均社会商品零售总额、人均固定资产投资、人均财政收入、人均消费支出、人均外汇储备额；

（2）质量指标 3 个：全社会劳动生产率、GDP 的能源消耗量、社会资金利税率；

（3）结构指标 3 个：第三产业净产值占 GDP 比重、产业结构变化指数、经济发展均衡度；

（4）变动度指标 5 个：GDP 增长率、社会商品零售总额增长率、财政收入增长率、社会劳动生产率增长率、社会资金利税率增长率。

社会子系统协调发展指标体系。促进人的全面发展是社会发展的根本目的，也是区域协调发展的重要目标。社会系统协调发展指标主要用于描述居民生活环境和生活状况，具体有以下指标：

（1）存量指标 5 个：人均可支配收入（纯收入）、人均居住面积、人均职

工社会保障支出、人均卫生保健支出、人均文体事业支出;

（2）质量指标 5 个：每万人医生数、平均寿命、每万人刑事案件发案率、基尼系数、城乡收入比例;

（3）结构指标 5 个：全社会恩格尔系数、失业率、社会保障覆盖率、婴儿死亡率、刑事案件破案率;

（4）变动度指标 2 个：人均收入增长率、人均生活支出增长率。

2. 子系统之间协调发展指标体系

各子系统协调发展指标体系主要用于描述子系统内部协调发展状况，而不能反映子系统间相互协调状况。因此，就有必要在各子系统协调发展指标体系的基础上构建子系统间协调发展指标体系。

采用自上而下和自下而上相结合的方法，将子系统间协调发展指标体系分为三个层次。第一层次是分目标层，以区域系统和子系统间协调发展水平的综合评估为目标，用以反映区域系统和子系统的总体特征；第二层次是描述区域系统子系统的"共同域"协调发展水平而设立的准则层；第三层次为一些具体指标，见图 7-5 所示。

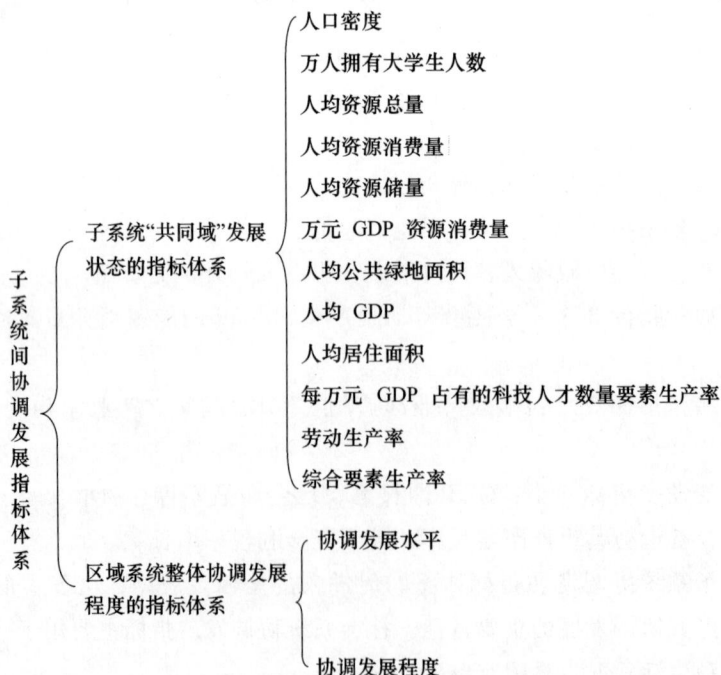

图 7-5 子系统间协调发展指标体系

用来描述各子系统"共同域"发展状态的指标体系。区域系统各子系统之间存在着复杂的相互作用，正是这种复杂的相互作用形成了新的复合系统，如经济系统和社会系统相互作用形成经济社会系统，人口系统和经济系统相互作用形成人口经济系统等，这些复合系统就是各子系统的"共同域"。表示这些"共同域"发展状态的指标主要有：人口密度、万人拥有大学生人数、人均资源总量、人均资源消费量、人均资源储量、万元国民生产总值资源消费量、人均公共绿地面积、人均国民生产总值、人均居住面积、每万元国民生产总值占有的科技人才数量、劳动生产率、综合要素生产率等指标。

用来评价区域系统整体协调发展程度的指标体系。该指标体系主要由协调发展水平、协调发展程度两大方面指标构成。协调发展水平是对协调发展规模的评价，而协调发展程度是对协调发展质量的评价。它们是在各子系统协调发展指标体系的基础上构建的，也是区域系统协调发展评价的最基本内容。关于其含义及计算方法将在后面评价方法中专门讨论研究。

第五节 区域系统协调发展评价

一、区域系统协调发展评价的指导思想

区域系统协调发展的核心是要求人和自然的发展相协调，也就是人口、资源、环境与经济社会的发展相协调，其协调评价必须体现这一宗旨。协调发展评价是一种政策导向，将影响到各个方面的思想和行为。区域协调发展系统评价的进行，要与区域经济和社会发展的基本战略相适应，与产业发展的总体战略相适应，与转变区域经济增长方式相适应。其指导思想体现在四个方面。

（一）坚持可持续发展观

可持续发展是区域系统协调发展评价指标体系设计的基本指导思想。可持续发展具有可持续性和协调性两个基本特征，是协调发展的目的。协调既包括区域社会进步和经济适度增长，也包括资源持续利用和环境良性循环，是区域经济社会发展与资源环境的和谐统一，是人与自然的协同进化。只有在可持续发展指导下进行协调发展评价，才能保证评价结果的客观性、准确性，才能为

管理决策者提供正确的决策依据。

（二）坚持资源环境是实现协调发展的基础的思想

协调发展强调资源环境在经济发展中的约束作用和基础作用，资源持续利用和环境良性循环是保障区域社会经济可持续协调发展的自然基础，协调发展主要依赖于区域资源环境的永续性。

（三）坚持经济、社会发展与生态环境相协调的思想

生态环境是人类生存和社会经济发展的物质基础，社会进步是人类社会一致追求的崇高目标。因此，区域协调发展必须谋求实现经济、社会发展与资源环境的协调发展，社会经济要在资源与环境的承载能力之内实现最大程度的发展。在进行区域系统协调发展评价时必须体现经济社会发展与资源环境相协调的思想。

（四）坚持社会公平思想

社会公平是实现协调发展的保障，社会公平要求公平合理地对待每个公民，使他们在享受经济发展、环境利益和社会利益、资源分配利益带来的好处等方面机会均等。社会公平在空间上体现为强调资源分配的区际公平性，即在各区域间公平分配有限资源；在时间上则体现为强调本代人的公平和代际间的公平。

二、区域系统协调发展评价的内容

（一）区域系统协调发展水平评价

区域系统协调发展水平是区域系统协调发展状况的综合反映，也是区域系统协调发展评价中一项最基本的内容。进行协调发展水平的时间序列评价，可以给出区域系统协调发展的演变趋势，从而为限制因子的辨识和系统的调控提供依据。而进行区域系统协调发展的空间地域评价，可以看出其内部协调发展水平的差异和各组成区域系统存在问题的差异，并以此为依据，对区域进行分区，有利于统一调控同一类型区的统一管理和不同类型区之间的合作与交流。

（二）区域系统的协调性评价

协调性评价是对区域系统内部运行状况的综合分析与评价。协调即系统各组成要素协同进化而使整体运行效率达到最优，是可持续发展实现的核心和关键。协调关键是经济社会发展与人口、资源、环境之间的综合协调。因此，协调性评价应综合体现经济社会与人口、资源、环境之间的相互作用。

区域系统各子系统协调发展水平和协调性评价也是区域系统协调发展评价的基本内容，但是，考虑到其可以在区域系统的协调发展水平和协调性评价中予以体现，所以我们在此没有单独列出。

三、区域系统协调发展评价方法

（一）子系统综合发展水平的计量方法

正如我们上文所说，区域系统各子系统协调发展水平评价也是区域系统协调发展评价的基本内容。子系统协调发展水平主要用综合发展水平来衡量，它在我们下文将要介绍的协调性和协调发展水平评价方法中也有涉及，为了便于下文的计算，我们在此对其进行详细分析。目前常用的确定综合水平的方法主要有以下几种。

1. 层次分析法（Analytic Hierarchy Process，AHP）

对于复杂的评估与决策问题，人们往往利用数学模型对实际问题进行抽象和简化。但是，在评估或决策中，人们无法忽视或回避评估者和决策者在选择的同时判断所起的决定作用，因为其中总有大量因素无法直接给出定量表示。为了解决这一问题，美国运筹学家、匹兹堡大学教授萨蒂（T. L. Saaty）在研究人们的选择、判断与决策的思维规律的基础上，于20世纪70年代提出了层次分析法。

层次分析法是一种定性与定量相结合的多目标评价决策方法，它将决策者对复杂系统的评价决策思维过程数学化。其基本原理是将复杂问题分解为若干层次和若干要素，通过二者比较重要程度构造判断矩阵而逐层进行判断评分，利用判断矩阵的特征向量，确定下层元素对上层元素的权重，从而得到基层元素对总体目标的权重结果。层次分析法能将不同专家和决策者的判断意见汇集起来，予以数量化和集中化的处理，利于集中不同类别专家的意见于一体，能较完善地反映问题的实际。区域协调发展系统是一个多目标系统，而且目前仍属于灰色系统，用层次分析法确定评价指标的权重，能较好地解决区域协调发展的水平与类型评价问题。

层次分析法思路简单清晰，能紧密的和决策者的主观判断和推理相联系，并将决策者的经验判断及其推理过程给予量化描述，从而使决策者在大部分情况下，可直接使用AHP进行决策，大大提高了决策的有效性及可行性。但在实际问题中，层次分析法由于受到专家水平、偏好等的影响，所得的结果并不十分准确，而且在操作过程中需多方面专家的参与指导，操作成本高。

2. 主成分分析法（Principal Component Analysis，PCA）

区域系统子系统所涉及的指标数很多，而且有的是正指标，有的是逆指标；有的是相对指标，有的是绝对指标，不便于分析系统发展变化规律，也无法综合研究系统间的比例关系，多指标之间也难免会具有一定的相关性，若直接对这些指标进行合成，必然会由于重叠信息的出现而导致结果的错误。主成分分析法则在这些方面显示了其独特的作用，其基本思想是用变量族的少数几个线性组合（新的变量族）来解释全部多维变量的协方差结构，挑选最佳变量子集，简化数据，揭示变量间关系的一种多元统计分析方法。新的变量之间不相关，新变量方差尽可能大，但新旧变量方差和保持不变。

3. 熵值法

熵（Entropy）原是统计物理和热力学中的一个物理概念，现已在信息论中被拓展与应用。设有 m 个待评价方案，n 项评价指标，形成原始指标数据矩阵，即 $X=(x_{ij})m.n$。对于某项指标 x_j，指标值 x_{ij} 的差距越大，则该指标在综合评价中所起的作用越大；若指标值 x_{ij} 全部相等，则该指标在综合评价中不起作用。在信息论中，信息熵为：

$$H(x) = -\sum_{i=1}^{m} p(X_i)\ln p(x_i)$$

表示系统的有序程度。一个系统的有序程度越高，则信息熵越大，反之，则信息熵越小。因此，我们可以根据各项指标数据值的差异程度，利用信息熵这个工具，计算出各指标的权重，为多指标综合评价提供依据。

（二）区域系统协调性评价方法

1. 求协调度的方法

协调度是指系统之间或系统要素之间在发展演化过程中彼此和谐一致的程度，体现系统由无序走向有序的趋势。协调度以环境与发展之间的平衡、效率与公平之间的平衡、物质与精神之间的平衡为其基本识别。同时，协调度还构成了可持续能力的"公正表征"，是可持续能力不断优化的调节者。

（1）子系统综合发展水平

我们利用在"子系统综合发展水平的计量方法"中的方法计量各子系统综合发展水平。各子系统综合发展水平为：

$$f = \sum_{i=1}^{n} w_i v_i$$

式中，f 为各子系统的综合发展水平，$0 \leqslant f \leqslant 1$；$i$ 为各子系统二级指标的个数；w_i 是各二级指标的权重；v_i 是各二级指标的综合发展水平，且 $0 \leqslant v_i \leqslant 1$。$v_i$ 的取值由下式给出：

$$v_i = \begin{cases} v_i'/\lambda_{\max} & \text{当指标 } v_i' \text{ 越大越好} \\ \lambda_{\max}/v_i' & \text{当指标 } v_i' \text{ 越小越好} \end{cases}$$

式中，v_i' 为指标体系中的三级指标，$\lambda_{\max}$ 为相应于指标 v_i' 的规划值、对比标准值、期望值或理想值。

（2）子系统间协调度

以经济和社会系统为例，设其综合发展水平函数分别为 f_e、f_s。根据前述对协调度概念的定义和分析可知，系统间的协调度越高，其离差就越小，用离差系数 C' 表示，即是 C' 越小系统间的协调度越好。C' 的计算公式如下：

$$C' = \frac{s}{\frac{1}{2}\left[f_e + f_s\right]} = \sqrt[2]{1 - \frac{f_e f_s}{\left[\dfrac{f_e + f_s}{2}\right]^2}}$$

式中，s 为标准差。因此，保证 C' 越小越好的充要条件为：

$$\frac{f_e f_s}{\left[\dfrac{f_e + f_s}{2}\right]^2} \text{ 越大越好}$$

于是经济、社会两系统的协调度公式[1]：

$$C = \left\{ \frac{f_e f_s}{\left[\dfrac{f_e + f_s}{2}\right]^2} \right\}^k \tag{7-1}$$

式中，C 为协调度，$0 \leqslant C \leqslant 1$；$k$ 为调节系数，$k \geqslant 2$。

式 7-1 反映了在经济和社会系统发展水平一定的条件下（即 f_e 与 f_s 之和一定），为使这两个系统的发展水平（即 f_e 与 f_s 之积）最大，其发展水平进行组合协调的数量程度。同理，可以求得经济和资源系统、人口和环境系统、资源和环境系统等的协调度。

不难证明，$0 \leqslant C \leqslant 1$，可使协调度 C 取值在 $0 \sim 1$ 之间，最大值亦即最佳协调状态；反之，协调度 C 越小，则越不协调。本文设定如下协调度的等级及其划分标准（见表 7-2）。

---

① 廖重斌：《环境与经济协调发展的定量评判及其分类体系——以珠江三角洲城市群为例》，载《热带地理》1999 年第 2 期，第 172—173 页。

表 7-2　协调等级的划分

协调度	0.90-1.00	0.80-0.89	0.70-0.79	0.60-0.69	0.50-0.59	0.40-0.49	0-0.39
协调等级	优质协调	良好协调	中级协调	初级协调	勉强协调	濒临失调	失调

（3）区域系统总体协调度

将式 7-1 计算两系统间的协调度公式推广到五个系统，即为区域系统总体的协调度，公式如下：

$$\bar{C}=\left\{\frac{f_p \cdot f_r \cdot f_{ev} \cdot f_{ec} \cdot f_s}{\left[\dfrac{f_p+f_r+f_{ev}+f_{ec}+f_s}{5}\right]^5}\right\}^k \qquad (7-2)$$

式中，$\bar{C}$ 为区域系统总体协调度，$0 \leqslant \bar{C} \leqslant 1$；$f_p$、$f_r$、$f_{ev}$、$f_{ec}$、$f_s$ 分别是人口、资源、环境、经济、社会的综合发展水平函数；k 为调节系数。

由式 7-2 可知，要想使总体协调度 C 达到最大，在五个子系统发展水平 f_p、f_r、f_{ev}、f_{ec}、f_s 之和一定的情况下，必须使它们的积达到最大，只有当 $f_p=f_r=f_{ev}=f_{ec}=f_s$ 时，即五个系统都同步发展时，C 才能达到最大值。任何一个系统的发展水平的偏低都会降低总体的协调度。[①]

2. 协调系数法

由于协调发展是一个内涵明确而外延不明确的模糊概念，因此，在评价时可以应用模糊集合论对它进行研究。在模糊数学中，描述论域中某一元素 X 隶属于模糊集 A 程度的是隶属度指标，它是一个 [0，1] 闭区间上的实数，称之为协调系数。协调系数是对系统协调程度的详细描述，可以用与协调值的接近程度来表示，借用模糊数学中隶属度函数的分布密度函数对协调系数进行定义，其计算公式为：

$$C\,(i/j)=\exp\,[-k_i\,(u_i-u_{ij})^2]$$

式中：$C\,(i/j)$ 表示第 i 系统对第 j 系统的协调系数，也就是第 i 系统的实际观测值与第 j 系统对其所要求的协调值的接近程度；u_i 表示第 i 系统的实际综合的发展水平；u_{ij} 表示第 i 系统与第 j 系统协调发展时，第 i 系统的协调发展水平；$k=2/s^2$，s^2 为方差。

根据上述公式，我们可以发现：

当 u_i 越接近 u_{ij} 时，协调系数 $C\,(i/j)$ 越大，系统 i 与系统 j 协调程度越

---

① 郭德泉：《区域经济社会发展协调度分析》，载《温州大学学报》，2007年第29卷第2期，第74—75页。

高；当 u_i 和 u_{ij} 完全接近，即 $u_i = u_{ij}$ 时，协调系数 $C(i/j) = 1$，系统 i 与系统 j 完全协调；当 u_i 越远离 u_{ij} 时，协调系数 $C(i/j)$ 越小，系统 i 与系统 j 协调程度越低；当 u_i 和 u_{ij} 无限远离，即 $u_i - u_{ij} = \infty$ 时，协调系数趋于零，系统 i 与系统 j 完全不协调。可见，$C(i/j)$ 在区间 $[0，1]$ 内变化，描述了 i 与 j 两子系统的协调程度。

下面将具体介绍协调系数的确定方法：

（1）第 i 系统的实际综合发展水平值 u_i 的确定。子系统的综合发展水平值有两种求法。

（2）协调值 u_{ij} 的确定。协调值实际上是系统协调发展水平的度量指标，u_{ij} 表示第 i 系统与第 j 系统协调发展时，第 i 系统的协调发展水平，即当第 j 系统发展水平为 u_j 时，为了保持与第 j 系统协调发展，第 i 系统所应达到的发展水平。协调值 u_{ij} 的大小由两个因素来决定：一是 u_i 的大小；二是 $i，j$ 两个系统之间综合发展水平的比例关系。要研究两个系统之间综合发展水平的比例关系，就要考察其数量依存关系。

区域系统是一个庞大而又复杂的系统，它包括人口、资源、环境、经济与社会五个子系统。在计算协调系数时，不仅有一个系统对另一个系统的协调系数，还有一个系统对另外多个系统的协调系数，所有这些协调系数构成一个协调系数体系，它不但能描述区域系统各子系统之间协调发展程度，还能综合反映整个系统的协调发展程度。区域系统协调系数体系主要包括：

$C(i/j)$ ——表示系统 i 对系统 j 的协调系数，即系统 i 的实际发展水平值与系统 $i，j$ 协调发展时系统 i 的协调值的接近程度；

$C(i/j，k)$ ——表示系统 i 对系统 j 和 k 两系统的协调系数，即系统 i 的实际发展水平值与系统 $i，j，k$ 协调发展时系统 i 的协调值的接近程度；

$C(i/j，k，l)$ ——表示系统 i 对系统 $j，k$ 和 l 三系统的协调系数，即系统 i 的实际发展水平值与系统 $i，j，k，l$ 协调发展时系统 i 的协调值的接近程度。

$C(i/j，k，l，m)$ ——表示系统 i 对系统 $j，k，l$ 和 m 四系统的协调系数，即系统 i 的实际发展水平值与系统 $i，j，k，l，m$ 协调发展时系统 i 的协调值的接近程度（$i，j，k，l，m$ 为区域系统的五个子系统）。

以上所介绍的协调系数均是描述一系统对另一个或多个系统的协调系数，并没有反映两个或多个（在本书中不超过 5 个）系统之间的协调程度，因此有

必要进一步介绍：[①]

两系统间的协调系数 $C(i, j)$，其计算公式为：

$$C(i, j) = \frac{[C(i/j) + C(j/i)]}{2}$$

三系统间的协调系数 $C(i, j, k)$，其计算公式为：

$$C(i, j, k) =$$
$$\frac{[C(i/j, k) C(j, k) + C(j/i, k) C(i, k) + C(k/i, j) C(i, j)]}{C(j, k) + C(i, k) + C(i, j)}$$

四系统及五系统间的协调系数的计算公式可以依照三系统间的协调系数公式类推。

（三）区域系统协调发展水平评价方法及模型[②]

1. 运动模型法

协调发展运动模型法实质上是通过计算协调发展指标体系中的各指标的数值及其发展速度来描述协调发展状况的。协调发展指标体系中的各个具体指标就是描述协调发展某一方面特性的变量。

假定我们已经确定了协调发展指标体系，并且用一些定量的概念来描述协调发展状况，用数学语言即是：

假设 P 是所有样本的集合即研究评价的总体，T 是时间间隔，R 是实数集合。

那么，我们可以用函数 $A_k(p, t)$（$k=1, 2, \cdots, n$）的值（$p \in P, t \in T$）描述的是样本 p 第 k 方面在时间 t 的发展水平。$A_k: P \times T \to R$

样本 p 在时间 t 的协调发展水平为：$A(p, t) = \begin{bmatrix} A_1(p, t) \\ A_2(p, t) \\ \cdots \\ A_n(p, t) \end{bmatrix}$

同样地，我们用 $R_k(p, t)$ 来描述 k 方面的变化率。

$$R_k(p, t) = \frac{\partial A_k(p, t)}{\partial t}$$

样本 p 在时间 t 各方面的发展变化率为：

① 刘小林：《区域人口、资源、环境与经济系统协调发展的定量评价》，《统计与决策》2007 年第 1 期，第 64—65 页。

② 王维国：《协调发展的理论与方法研究》，东北财经大学博士论文 1998 年，第 206 页。

$$R(p, t) = \begin{bmatrix} R_1(p, t) \\ R_2(p, t) \\ \cdots \\ R_n(p, t) \end{bmatrix}$$

样本在时间 t 的发展状况可以用一对有序数组 $[A(p, t), R(p, t)]$ 来表示。把它看成是一组向量，第一个分量表示发展水平，第二个分量表示发展速度。随着时间的持续变化，这个向量描述了样本的发展轨迹。

2. 综合指数法

综合指数法就是通过计算协调发展综合指数来反映协调发展水平。其计算步骤如下：

第一，选择代表性指标。指标体系包括反映区域系统协调发展水平的要素指标，以及形成这些要素指标的具体组成指标。在确定的协调发展指标体系中，每一类都选出少数具有代表性的指标，用于描述和评估该类的发展状况。假定区域系统 $X = \{X_i\}$，$i = 1, 2, \cdots, n$。在 X_i 系统中，选 X_{i1}，X_{i2}，$\cdots$，X_{im} 为其代表指标。

第二，确定基期。一般来说，基期是作为比较基础的时期。但这里的基期不一定就是一个时期，它也可以是一个地区或单位。基期的确定是计算指数的基础。我们用上标 0 代表基期，用上标 1 代表报告期。

第三，计算每一类各代表指标的指数。

$$K_{ij} = \frac{X_{ij}^1}{X_{ij}^0} \quad (i = 1, 2, 3, 4, 5; j = 1, 2, \cdots, m)$$

K_{ij} 为第 i 子系统第 j 指标的个体指数。

第四，根据协调发展指标体系中各分类指标和各单项指标在各分类及整体中的重要程度，分别确定其权重。权重的确定主要依靠专家的经验判断。在广泛征求有关专家的意见后，把收集到的意见和数据通过德尔菲法（或层次分析法）进行分析。我们用 W_i 表示第 i 子系统发展指数的权重，W_{ij} 表示第 i 子系统第 j 指标的权重。权重确立之后，一般应保持相对的稳定和适当的比重。

第五，计算每一类代表指标的指数。

$$K_i = \frac{\sum\limits_j K_{ij} W_{ij}}{\sum\limits_j W_{ij}}$$

式中，K_i 为第 i 系统的发展指数。

第六，在前几步的基础上，采用加权算术平均的公式计算综合指数。

$$K = \frac{\sum_i K_i W_i}{\sum_i W_i}$$

式中，K 为协调发展的综合指数。

3. 协调发展系数

系统协调发展系数是将协调系数与综合发展水平结合起来度量系统协调发展水平高低的定量指标，计算协调发展系数公式如下：

$$D(i, j) = \sqrt{C(i, j) u_i^\alpha u_j^\beta}$$

式中，$D(i, j)$ 表示系统 i 与系统 j 的协调发展系数；$C(i, j)$ 表示系统 i 与系统 j 的协调系数；u_i、u_j 分别表示系统 i 与系统 j 的综合发展水平；α、β 分别为 u_i、u_j 的权重，且 $\alpha+\beta=1$。

同理，对于三个系统，有：

$$D(i, j, k) = \sqrt[3]{C(i, j, k) u_i^\alpha u_j^\beta u_k^\gamma}$$

式中，α，β，γ 为权重，且 $\alpha+\beta+r=1$。

对于四个系统和五个系统的协调发展系数可以依此类推。

（四）对区域系统协调性和发展水平的综合评价方法模型

协调发展指数是协调发展指标体系经适当处理后的一种无量纲指标，它可以直接或间接反映整个大系统协调发展的总体性能，即系统的协调性和协调发展水平。

区域系统的协调发展应包括子系统内部的协调发展和子系统之间的协调发展两方面，因此，计算区域系统整体的协调发展指数应分为以下三步：[①]

首先，计算子系统内部协调发展系数。

不失一般性，把区域分为 m 个子系统，设 n_i 为第 i 个子系统的目标（指标）个数，Q_{ij} 为第 i 个子系统第 j 个子目标值，$i=1, 2, \cdots, m$；$j=1, 2, \cdots, n_i$。

对目标值 Q_{ij} 作如下规定（此规定是为下面的协调发展模型构建做准备）：当对应的发展目标为越大越好型，即所谓正指标时，Q_{ij} 为目标下限值；当对

---

① 曾珍香：《可持续发展协调性分析》，载《系统工程理论与实践》2001 年第 3 期，第 20—21 页。

应的发展目标为越小越好型，即所谓逆指标时，Q_{ij} 为目标上限值；当对应的发展目标为不大不小型，接近某一值为最佳，即所谓适度指标时，Q_{ij} 为最佳目标值。

用 S_{ij} 表示第 i 个子系统第 j 个指标变量的值，这里首先定义 U_{ij} 为第 i 个子系统第 j 个指标的功效系数，由下式给出：

$$U_{ij} = \begin{cases} U_{1ij} = \dfrac{1 - e^{k_1(O_{ij} - X_{ij})}}{1 + e^{k_1(O_{ij} - X_{ij})}} & \text{当 } X_{ij} \text{ 为正指标时} \\[3mm] U_{2ij} = \dfrac{1 - e^{k_2(X_{ij} - O_{ij})}}{1 + e^{k_2(X_{ij} - O_{ij})}} & \text{当 } X_{ij} \text{ 为逆指标时} \\[3mm] U_{3ij} = \dfrac{3 - e^{k_3(X_{ij} - O_{ij})^2}}{1 + e^{k_3(X_{ij} - O_{ij})^2}} & \text{当 } X_{ij} \text{ 为逆反指标时} \end{cases} \qquad (7-3)$$

式中，U_{ij} 表示了第 i 个子系统第 j 个指标对区域系统的功效贡献大小。按 7-3 构造的功效系数具有如下特点：U_{ij} 反映了各子系统指标达到目标的满意程度，U_{ij} 趋近 -1 为最不满意，U_{ij} 趋近 +1 为最满意程度。

当 $X_{ij} = O_{ij}$ 时，对于正、逆指标均有 $U_{ij} = 0$，表示达到了最基本要求；当 $X_{ij} = O_{ij}$ 时，对于适度指标，$U_{ij} = 1$，表示满意地达到了目标要求。U_{ij} 越大，功效越大，越满意，并且 $U_{ij} \in [-1, 1]$。

这里功效表示了区域系统实现其目标所具备的能力或效率。可以用来反映子系统内部协调发展状况。定义子系统内部协调发展系数为：

$$U_i = \sum_{j=1}^{n_i} \lambda_{ij} U_{ij} \quad i = 1, 2, \cdots, m$$

λ_{ij} 是指标权重，$\sum\limits_{j=1}^{n_i} \lambda_{ij} = 1$。

其次，计算子系统之间的协调发展系数。

我们认为区域系统各子系统之间的协调发展状况可以通过分析各子系统指标之间的相互影响，然后计算子系统之间的相互影响，进而考察子系统之间的协调发展情况来说明。具体模型通过以下步骤来说明。

第一，分析各子系统指标之间的相互影响。

设 α_{ij}^{pq} 表示第 i 个子系统的第 j 项指标受第 p 个子系统的第 q 项指标的影响系数（$p = 1, 2, \cdots, m$；$j = 1, 2, \cdots, n$）。α_{ij}^{pq} 可以通过专家定性分析或关联分析得到，且 $\alpha_{ij}^{pq} \in [-1, 1]$。$\alpha_{ij}^{pq} > 0$ 表示正的影响（促进作用）；$\alpha_{ij}^{pq} < 0$ 表示负的影响（抑制作用）；$\alpha_{ij}^{pq} = 0$ 表示无影响；特别是 $\alpha_{ij}^{pq} = 1$，并且 $\alpha_{ij}^{pq} \neq \alpha_{pq}^{ij}$，当 $i \neq p$，$q \neq j$ 时。

第二，计算各子系统指标受其他子系统的总影响。

用 α_{ij}^{pq} 来表示第 p 个子系统所有指标对第 i 个子系统的第 j 项指标的影响，

则：$\alpha_{ij}^{p} = \sum\limits_{q=1}^{n_p} \alpha_{ij}^{pq} X_{pq}$，那么，其他 $m-1$ 个子系统对第 i 个子系统的第 j 项指标的总影响可表示为：

$$\alpha_{ij} = \sum_{\substack{p=1 \\ p\neq 1}}^{m} \sum_{q=1}^{n_p} \alpha_{ij}^{pq} X_{pg} \quad (i = 1, 2, \cdots, m; j = 1, 2, \cdots, n_i)$$

第三，子系统指标受其他子系统的综合影响即子系统指标间协调发展系数。

子系统指标受其他子系统的综合影响即子系统指标间协调发展系数 C_{ij} 可用下式给出：

$$C_{ij} = a_{ij} \left/ \sum_{p=1}^{m} \sum_{q=1}^{n_p} \alpha_{pq} \right. \quad (i = 1, 2, \cdots, m; j = 1, 2, \cdots, n_i)$$

第四，子系统之间的协调发展系数。

在求得了 C_{ij} 的基础上，就可以计算子系统之间的协调发展系数 C_i：

$$C_i = \sum_{j=1}^{n_i} C_{ij} X_{ij} \quad (i = 1, 2, \cdots, m)$$

根据区域子系统内部的协调发展指数和子系统之间的协调发展系数，就可以考察整个区域系统协调发展的状况。

第五，计算区域系统整体协调发展指数。

区域系统整体协调发展指数为：

$$C = \sum \beta_i \left(\mu_{i_1} U_i + \mu_{i_2} C_i \right)$$

权重满足：$\sum\limits_{i=1}^{m} \beta_i = 1$，$\mu_{i_1} + \mu_{i_2} = 1$。

模型说明：模型本身对于数据虽然没有特殊要求，但是对目标值和观测值或预测值均为大于 0，并应该进行无量纲化处理；k_1、k_2 和 k_3 为系数，可以取大于 0 的常量。其作用是调整计算结果数据的灵敏度，k 值越大，结果的灵敏性越好。

参考文献

[1] 钱学森等：《论系统工程》，湖南科学技术出版社 1982 年版。

[2] L. V. 贝塔朗菲：《一般系统论》，社会科学文献出版社 1987 年版。

[3] 梁军、赵勇：《系统工程导论》，化学工业出版社 2005 年版。

[4] 伍进：《现代系统科学方法论及应用——优化方法与探索复杂性》，电子科技大学出版社 2005 年版。

[5] 杜瑞成、闫秀霞：《系统工程》，机械工业出版社 1999 年版。

[6] 谭跃进等：《系统工程原理》，国防科技大学出版社 1999 年版。

[7] 高洪深：《社会经济系统工程——理论方法案例》，社会科学文献出版社 1990 年版。

[8] 秦耀辰：《区域系统模型原理与应用》，社会科学出版社 2004 年版。

[9] 吴殿廷：《区域分析与规划高级教程》，高等教育出版社 2004 年版。

[10] 熊德国：《系统科学理论在区域可持续发展中的应用研究》，重庆大学博士论文，2004 年。

[11] 钱学森等：《再谈开放的复杂巨系统》，载《模式识别与人工智能》，1994 年第 4 期。

[12] 顾培亮：《系统分析与协调》，天津大学出版社 1998 年版。

[13] 李竞能：《人口理论新编》，中国人口出版社 2000 年版。

[14] 童玉芬：《人口与可持续发展：理论方法与抉择》，中国人口出版社 2001 年版。

[15] 佟新：《人口社会学》，北京大学出版社 2006 年版。

[16] 大渊宽、森冈仁著，张真宁等译：《经济人口学》，北京经济学院出版社 1989 年版。

[17] 彭松建：《现代西方人口经济学》，人民出版社 1992 年版。

[18] H. 莱宾斯坦：《经济落后与经济增长》，纽约 Wiley 公司 1957 年版。

[19] 赵锦辉：《中国人口死亡变化趋势的社会经济因素分析》，载《西北人口》，1994 年第 4 期。

[20] K. 戴维斯：《不发达地区死亡率的惊人下降》，载《美国经济评论》46（2），1956 年版第 305—318 页。

[21] 黄荣清、庄亚儿：《人口死亡水平的国际比较》，载《人口学刊》，2004 年第 6 期。

[22] 马尔萨斯：《人口论》，商务印书馆 2000 年版。

[23] 付晓东：《中国城市化与可持续发展》，新华出版社 2005 年版。

[24] 贺俊、刘庭、毕功兵：《经济增长、人口增长与人口政策》，载《江淮论坛》，2006 年第 5 期。

[25] 曹新：《人口增长与经济发展》，载《重庆社会科学》，2001 年第 3 期。

[26] 刘铮、丁金宏：《区域科学原理》，科学出版社 1994 年版。

[27] 向志强、孔令峰：《从人口数量经济理论到人口质量经济理论的演进——对西方学者关于人口与经济关系认识的回顾与评?》，载《人口学刊》，2003 年第 1 期。

[28] 毕世杰：《发展经济学》，高等教育出版社 1999 年版。

[29] "人口增长与经济发展"课题组、人口委员会：《人口增长与经济发展——对若干政策问题的思考》，商务印书馆 1995 年版。

[30] 杨云彦：《人口、资源与环境经济学》，中国经济出版社 1999 年版。

[31] 许常建：《河南省人口现代化探析》，载《西北人口》，2002 年第 2 期。

[32] 庄明：《人口控制与社会的可持续发展》，载《天府新论》，2004 年 12 月。

[33] 王智：《市场经济条件下的人口控制》，载《广东教育学院学报》，1996 年第 4 期。

[34] 王涤、李南寿：《21 世纪人口现代化问题的几点认识与思考》，载《市场与人口分析》，2000 年第 6 卷第 6 期。

[35] 张鸿：《统筹城乡发展，建设社会主义新农村》，载《经济师》，2007 年第 1 期。

[36] 成德宁：《城市化与经济发展》，科学出版社 2004 年版。

[37] 付晓东：《中国城市化与可持续发展》，新华出版社 2005 年版。

[38] 揭毅：《区域产业结构优化的理论与实证研究——以浙江省象山县为例》，华中师范大学出版社 2004 年版。

[39] 刘长茂：《人口结构学》，中国人口出版社 1991 年版。

[40] 叶静怡：《发展经济学》，北京大学出版社 2003 年版。

[41] 李玉江：《区域人力资本研究》，科学出版社 2000 年版。

[42] 西奥多·W. 舒尔茨：《论人力资本投资》，北京经济学院出版社 1990 年版。

[43] 铁水映、简新华：《人口、资源与环境经济学》，科学出版社 2005 年版。

[44] 洪银兴：《可持续发展经济学》，商务印书馆 2000 年版。

[45] 董银兰、周艳华、解鸿泉：《人口学概论》，科学出版社 2004 年版。

[46] 崔功豪等：《区域分析与规划》，高等教育出版社 1999 年版。

[47] 朱国宏：《人口质量的经济分析》，三联书店上海分店出版社 1994 年版。

[48] 阿尔弗雷·索维：《人口通论》（上册），商务印书馆 1983 年中译本。

[49] 李竞能、吴国存：《当代西方人口经济》，山西人民出版社 1992 年版。

[50] 王浣尘：《人口系统工程》，上海交通大学出版社 1985 年版。

[51] 沙吉才、胡伟：《浅谈人口素质》，辽宁人民出版社 1987 年版。

[52] 吴玉麟、李玉江：《人口地理学》（上册），山东人民出版社 2001 年版。

[53] 田雪原等：《中国沿海人口与经济可持续发展》，人民出版社 1996 年版。

[54] 肖若然：《经济发展与人口控制》，载《山东医科大学学报》，2000 年第 2 期。

[55] 王学义：《人口现代化研究》，西南财经大学博士学位论文，2003 年。

[56] 皮尔斯等：《世界无末日：经济学、环境与可持续发展》，中国财政经济出版社 1996 年版。

[57] 蒋正华：《人口与可持续发展》，载《中国人口·资源与环境》，1995 年第 2 期。

[58] 胡兆量等：《经济地理学导论》，商务印书馆 1987 年版。

[59] 杨艳琳：《资源经济发展》，科学出版社 2004 年版。

[60]　吴殿廷主编：《区域经济学》，科学出版社 2003 年版。

[61]　邓宏兵、张毅：《人口、资源与环境经济学》，科学出版社 2005 年版。

[62]　刘治兰：《关于自然资源价值理论的再认识》，载《北京行政学院学报》，2002 年第 5 期。

[63]　王庆礼、邓红兵、钱俊生：《略论自然资源的价值》，载《中国人口·资源与环境》，2001 年第 2 期。

[64]　晏智杰：《自然资源价值刍议》，载《北京大学学报》（哲学社会科学版），2004 年第 11 期。

[65]　陈征：《自然资源价值论》，载《经济评论》，2005 年第 1 期。

[66]　余福建、王文臣：《论自然资源与经济增长》，载《信阳师范学院学报》（哲学社会科学版），1989 年第 1 期。

[67]　谭崇台主编：《发展经济学的新发展》，武汉大学出版社 1999 年版。

[68]　谭荣、曲福田：《自然资源合理利用与经济可持续发展》，载《自然资源学报》，2005 年第 20 卷第 6 期。

[69]　聂华林、李泉、杨建国：《发展区域经济学通论》，中国社会科学出版社 2006 年版。

[70]　王声跃：《乡村自然资源开发利用初探》，载《玉溪师专学报》，1994 年第 10 卷第 3—4 期。

[71]　李霞，崔彬：《关于自然资源价值的思考》，载《中国矿业》，2006 年 8 月第 15 卷第 8 期。

[72]　赵海燕、赵宝刚、胡玉红：《自然资源的价值与价格》，载《黑龙江八一农垦大学学报》，2002 年第 14 卷第 2 期。

[73]　史忠良、肖四如：《资源经济学》，北京出版社 1993 年版。

[74]　薛平：《资源论》，地质出版社 2005 年版。

[75]　阿兰·兰德尔：《资源经济学》，商务印书馆 1989 年版。

[76]　梅多斯等：《增长的极限》，吉林人民出版社 1997 年版。

[78]　世界环境与发展委员会：《我们共同的未来》，吉林人民出版社 1997 年版。

[79]　张培刚：《发展经济学教程》，经济科学出版社 2001 年版。

[80]　陶文达：《发展经济学》，四川人民出版社 1990 年版。

[81]　安虎森：《区域经济学通论》，经济科学出版社 2004 年版。

[82]　陆大道：《区位论及区域研究方法》，科学出版社 1988 年版。

[83]　陆大道：《区域发展及其空间结构》，科学出版社 1995 年版。

[84]　陆大道：《中国区域发展的理论与实践》，科学出版社 2003 年版。

[85]　简新华：《产业经济学》，武汉大学出版社 2001 年版。

[86]　苏东水：《产业经济学》，高等教育出版社 2000 年版。

[87]　李悦：《产业经济学》，东北财经大学出版社 2002 年版。

[88]　陈才：《区域经济地理学》，科学出版社 2001 年版。

[89]　陈才：《区域经济地理学原理》，中国科学技术出版社 1991 年版。

[90]　张金锁、康凯：《区域经济学》，天津大学出版社 2003 年版。

[91]　周起业等：《区域经济学》，中国人民大学出版社 1989 年版。

[92]　宋健：《科学社会系统论》，山东科学技术出版社 1991 年版。

[94]　E. 拉兹洛：《用系统论的观点看世界》，中国社会科学出版社 1985 年版。

[95]　欧文·拉兹洛:《系统、结构和经验》,上海译文出版社 1987 年版。

[96]　D. G. 鲁恩伯杰:《社会动态系统引论》,上海科学技术文献出版社 1985 年版。

[97]　B. T. 阿法纳西耶夫:《社会系统性及其认识和管理》,黑龙江人民出版社 1986 年版。

[98]　H. 哈肯:《协同学》,载《自然杂志》,1978 年第 4 期。

[99]　H. 哈肯:《协同学及其最新应用领域》,载《自然杂志》,1983 年第 6 期。

[100]　R. M. 克郎:《系统分析和政策科学》,商务印书馆 1985 年版。

[101]　刘钊:《社会系统论——结构、能量与自组织》,四川人民出版社 1996 年版。

[102]　赵冬缓:《新发展经济学教程》,中国农业大学出版社 2001 年版。

[103]　牛文元:《持续发展导论》,科学出版社 1994 年版。

[104]　庇古:《福利经济学》,中国社会科学出版社 1999 年版。

[105]　曾凡银、冯宗宪:《环境资源问题的区域特征与调控机制研究》,载《软科学》,2000 年第 2 期。

[106]　李善同、刘勇:《环境与经济协调发展的经济学分析》,载《经济研究参考》,2002 年第 6 期。

[107]　姚建:《环境经济学》,西南财经大学出版社 2001 年版。

[108]　李宝元:《人本发展经济学》,经济科学出版社 2006 年版。

[109]　兰德尔:《资源经济学——从经济角度对自然资源和环境政策的探讨》,商务印书馆 1989 年版。

[110]　汤姆·泰坦伯格:《环境与自然资源经济学》,经济科学出版社 2003 年版。

[111]　于洪平:《发展经济学》,东北财经大学出版社 2003 年版。

[112]　速水佑次郎:《发展经济学——从贫困到富裕》,社会科学文献出版社 2003 年版。

[113]　巴尼:《公元 2000 年环境》,科学出版社 1986 年版。

[114]　罗杰·珀曼:《自然资源与环境经济学》,中国经济出版社 2002 年版。

[115]　张忠谊:《环境与经济发展学》,内蒙古大学出版社 1987 年版。

[116]　德怀特·H. 波金斯等:《发展经济学》,中国人民大学出版社 2005 年版。

[117]　霍斯特·西伯特著,蒋敏元译:《环境经济学》,中国林业出版社 2001 年版。

[118]　姚建:《环境经济学》,西南财经大学出版社 2001 年版。

[119]　原毅军:《环境经济学》,机械工业出版社 2005 年版。

[120]　张帆:《环境与自然资源经济学》,上海人民出版社 1998 年版。

[121]　丁疆华:《区域环境与经济发展评价》,载《生态经济》,2000 年第 3 期。

[122]　蔡宁、吴刚、许庆瑞:《论经济环境协调发展及其模式》,载《中国环境管理》,1995 年第 3 期。

[123]　厉以宁、章铮:《环境经济学》,中国计划出版社 1995 年版。

[124]　李金昌:《环境价值及其量化是综合决策的基础》,载《环境科学动态》,1995 年第 1 期。

[125]　曾勇、蒲富永:《环境价值评估方法综述》,载《上海环境科学》,2000 年第 1 期。

[126]　曾勇、蒲富永:《环境价值评估方法综述》,载《重庆环境科学》,2000 年第 4 期。

[127]　黄小赠:《环境资源价值评估手段》,载《陕西环境》,1995 年第 4 期。

[128]　王军:《可持续发展:一个一般理论及其对中国经济的应用分析》,中国发展出版社 1997

年版。

[129]　齐良书：《发展经济学》，中国教育出版社 2007 年版。

[130]　江小涓：《经济转轨时期的产业政策》，上海三联书店、上海人民出版社 1996 年版。

[131]　郝寿义、安虎森：《区域经济学》，经济科学出版社 1999 年版。

[132]　武友德、潘玉君等：《区域经济学导论》，中国社会科学出版社 2004 年版。

[133]　张敦富：《区域经济学原理》，中国轻工业出版社 1999 年版。

[134]　曾菊新：《空间经济：系统与结构》，武汉出版社 1996 年版。

[135]　党兴华：《产业经济学》，陕西人民出版社 1994 年版。

[136]　聂华林等：《区域发展战略学》，中国社会科学出版社 2006 年版。

[137]　臧旭恒等：《产业经济学》，经济科学出版社 2004 年版。

[138]　陆大道：《关于"点——轴"空间结构系统的形成机理分析》，载《地理科学》，2002 年第 22 卷第 1 期。

[139]　陆大道：《京津塘地区的区域发展与空间结构》，载《地理科学》，1985 年第 1 卷第 5 期。

[140]　厉以宁等：《区域发展新思路》，经济日报出版社 2000 年版。

[141]　埃德加·M. 胡佛：《区域经济学导论》，商务印书馆 1990 年版。

[142]　周年兴、俞孔坚、李迪华：《信息时代城市功能及其空间结构的变迁》，载《地理与地理信息科学》，2004 年第 2 期。

[143]　聂华林：《非平衡系统生态学》，兰州大学出版社 1992 年版。

[144]　H. 哈肯：《协同学——大自然构成的奥秘》，上海译文出版社 2001 年版。

[145]　B. H. 萨多夫斯机：《一般系统论》，人民出版社 1985 年版。

[146]　谷国锋、张秀英：《区域经济系统耗散结构的形成与演化机制研究》，载《东北师大学报》，2005 年第 3 期。

[147]　梁吉义、任家智：《区域经济系统复杂性探析》，载《系统辩证学学报》，2003 年第 2 期。

[148]　朱文斌：《区域经济系统的协调管理技术》，载《软科学》，1995 年第 2 期。

[149]　高佃恭、安成谋：《区域经济系统初探》，载《地域研究与开发》，1998 年第 17 卷（增刊）。

[150]　李翠兰、许婧婧：《区域经济系统的耗散结构特征分析》，载《广东财经职业学院学报》，2005 年第 6 期。

[151]　苗东升：《系统科学精要》，中国人民大学出版社 1999 年版。

[152]　张文合：《区域产业结构合理化探讨》，载《当代财经》，1990 年第 11 期。

[153]　蒋清海：《区域产业结构合理化探讨》，载《经济理论与经济管理》，1989 年第 5 期。

[154]　W. W. 罗斯托等著：《从起飞进入持续增长的经济学》，四川人民出版社 1988 年版。

[155]　汪丁丁：《制度分析基础》，社会科学文献出版社 2002 年版。

[156]　凡勃伦：《有闲阶级论》，商务印书馆 1964 年版中译本。

[157]　康芒斯：《制度经济学》（上册），商务印书馆 1962 年版中译本。

[158]　舒尔茨：《制度与人的经济价值的不断提高》，载科斯等著：《财产权利与制度变迁——产权学派与新制度学派译文集》，上海三联书店 1991 年版。

[159]　柯武刚、史漫飞著：《制度经济学：社会秩序与公共政策》，商务印书馆 2002 年版。

[160]　青木昌彦:《比较制度分析》,上海远东出版社 2001 年版。

[161]　张宇燕:《经济发展与制度选择——对制度的经济分析》,中国人民大学出版社 1992 年版。

[162]　李建德:《经济制度演进大纲》,中国财经出版社 2000 年版。

[163]　林毅夫:《关于制度变迁的经济学理论:诱致性变迁与强制性变迁》,载科斯等著:《财产权利与制度变迁——产权学派与新制度学派译文集》,上海三联书店 1991 年版。

[164]　科斯、诺思:《制度、契约与组织——从新制度经济学角度透视》,经济科学出版社 2003 年版。

[165]　李秀金:《试谈区域文化的区域经济效果》,载《求实》,2000 年第 2 期。

[166]　陈文言:《浅论区域创新及其系统的构建》,载《人文地理》,2001 年第 1 期。

[167]　渠爱雪、孟召宜:《区域文化递进创新与区域经济持续发展》,载《经济地理》,2004 年第 24 卷第 2 期。

[168]　陈娟堂:《制度变迁与经济增长互动关系探析》,载《经济与社会发展》,2004 年第 2 卷第 7 期。

[169]　科斯等:《契约经济学》,经济科学出版社 1999 年版。

[170]　斯韦托札尔·平乔维奇:《产权经济学——一种关于比较体制的理论》,经济科学出版社 1999 年版。

[171]　道格拉斯·诺思:《制度、制度变迁和经济绩效》,上海三联书店 1994 年版。

[172]　V. 奥斯特罗姆等:《制度分析和发展的反思》,商务印书馆 1992 年版。

[173]　贾根良:《劳动分工、制度变迁与经济发展》,南开大学出版社 1999 年版。

[174]　道格拉斯·诺思、罗伯特·托马斯:《西方世界的兴起》,华夏出版社 1989 年版。

[175]　思拉恩·埃格特森:《新制度经济学》,商务印书馆 1996 年版。

[176]　丹尼尔·W. 布罗姆利:《经济利益与经济制度》,上海三联书店、上海人民出版社 1996 年版。

[177]　曼库尔·奥尔森:《国家兴衰探源》,商务印书馆 1993 年版。

[178]　道格拉斯·C. 诺思:《经济史中的结构和变迁》,上海三联出版社 1994 年版。

[179]　阿瑟·刘易斯:《经济增长理论》,商务印书馆 1996 年版。

[180]　朱保华:《新经济增长理论》,上海财经大学出版社 1999 年版。

[181]　黄少安:《制度变迁主体角色转换假说及其对中国制度变革的解释》,载《经济研究》,1999 年第 1 期。

[182]　杨瑞龙:《我国制度变迁方式转换的三阶段论》,载《经济研究》,1998 年第 1 期。

[183]　金祥荣:《多种制度变迁方式并存和渐进转换的改革道路》,载《浙江大学学报》(人文社会科学版),2000 年第 4 期。

[184]　何自力等:《比较制度经济学》,南开大学出版社 2003 年版。

[185]　威廉姆森:《资本主义经济制度》,商务印书馆 2004 年版。

[186]　科斯等:《财产权利与制度变迁——产权学派与新制度学派译文集》,上海三联书店 1996 年版。

[187]　江佐中:《经济发展中的制度变迁——基于顺德的理论与实证研究》,中共中央党校出版

社 2000 年版。

[188]　安筱鹏、韩增林：《城市区域协调发展的制度变迁与组织创新》，经济科学出版社 2006 年版。

[189]　朱琴芬：《新制度经济学》，华东师范大学出版社 2006 年版。

[190]　国彦兵：《新制度经济学》，立信会计出版社 2006 年版。

[191]　苗东升：《系统科学精要》，中国人民大学出版社 1998 年版。

[192]　李习彬：《系统工程》，河北教育出版社 1991 年版。

[193]　赵栓亮：《社会系统及其"同构律"》，载《北京邮电大学学报》（社会科学版），2004 年第 6 卷第 2 期。

[194]　F. 贝塔朗菲：《一般系统论——基础·发展·应用》，社会科学文献出版社 1987 年版。

[195]　杨桂华：《人类社会与自组织系统理论》，载《教学与研究》，1998 年第 3 期。

[196]　孔繁玲：《论社会系统的开放性》，载《哈尔滨师专学报》，1994 年第 2 期。

[197]　王缉慈等：《创新的空间——企业集群与区域发展》，北京大学出版社 2001 年版。

[198]　阿马蒂亚·森：《贫困与饥荒》，商务印书馆 2002 年版。

[199]　王莲芬、许树柏：《层次分析法引论》，中国人民大学出版社 1990 年版。

[200]　徐建华：《现代地理学中的数学方法》，北京高等教育出版社 1993 年版。

[201]　秦寿康：《综合评价原理与应用》，电子工业出版社 2003 年版。

[202]　沈良峰、樊相如：《基于层次分析法的风险投资项目评价与决策》，载《基建优化》，2002 年第 4 期。

[203]　刘小林：《区域人口资源环境与经济系统协调发展的定量评价》，载《统计与决策》，2007 年第 1 期。

[204]　郭德泉：《区域经济社会发展协调度分析》，载《温州大学学报》（社会科学版），2007 年 3 月。

[205]　叶民强、张世英：《区域可持续发展系统及其目标实现过程》，载《科技进步与对策》，2001 年第 2 期。

[206]　隋映辉：《协调发展论》，青岛海洋大学出版社 1990 年版。

[207]　维纳：《控制论》（第 2 版），科学出版社 1985 年版。

[208]　曾健、张一方：《社会协同学》，科学出版社 2000 年版。

[209]　吴彤：《自组织方法论研究》，清华大学出版社 2001 年版。

[210]　曾国屏：《自组织的自然观》，北京大学出版社 1996 年版。

[211]　廖重斌：《环境与经济发展的定量评判及其分类体系》，载《热带地理》，1999 年第 2 期。

[212]　曾珍香：《可持续发展协调性分析》，载《系统工程理论与实践》，2001 年第 3 期。

[213]　袁旭梅：《协调发展指标体系与模糊分级评价方法研究》，载《统计与决策》，2001 年第 143 期。

[214]　蒙少东：《区域经济协调发展研究》，天津大学博士学位论文，2004 年。

[215]　中国地理学会：《区域可持续发展研究》，中国环境科学出版社 1997 年版。

[216]　崔和瑞：《区域农业可持续发展系统分析》，天津大学博士学位论文，2004 年。

[217]　何有成：《区域经济可持续协调发展研究》，天津大学硕士学位论文，2004 年。

［218］ 曲福田：《可持续发展的理论与政策选择》，中国经济出版社 2000 年版。

［219］ 张义生、李天威、董德明等：《协调发展原理探讨》，载《中国人口、资源与环境》（增刊），1994 年第 4 期。

［220］ 王维国：《论国民经济协调系数体系的建立》，载《统计研究》，1995 年第 4 期。

［221］ 曾嫌、魏一鸣等：《人口、资源、环境与经济协调发展系统分析》，载《系统工程理论与实践》，2000 年第 20 期。

［222］ 谢洪礼：《关于可持续发展指标体系的述评》，载《统计研究》，1999 年第 1 期。

［223］ 孙卫东：《区域国土资源复合系统可持续发展的系统研究》，天津大学博士学位论文，2002 年。

［224］ 孙建：《福建省区域系统协调发展研究及对策分析》，华侨大学硕士学位论文，2004 年。

［225］ 顾培亮：《系统分析与协调》，天津大学出版社 1998 年版。

［226］ 曾珍香等：《可持续发展系统及其定量描述》，载《数量经济与技术经济》，1998 年第 15 卷第 7 期。

［227］ 汤兵勇等：《协调发展指数模型》，载《系统工程理论方法应用》，1996 年第 15 卷第 3 期。

［228］ 李艳：《环境—经济系统协调发展分析与评价研究》，河北工业大学硕士论文，2002 年。

［229］ 全海娟：《区域经济协调发展评价指标体系及评价模型研究——以长江三角洲为实证研究》，河海大学硕士学位论文，2007 年。

［230］ 李胜芬、刘斐：《资源环境与社会经济协调发展探析》，载《地域研究与开发》，2002 年第 21 卷第 1 期。

［231］ 曾珍香、顾培亮、张闽：《可持续发展的概念及内涵的研究》，载《管理世界》，1998 年第 2 期。

［232］ 乌兰：《试论矿区系统协调评价》，载《内蒙古煤炭经济》，2007 年第 4 期。

［233］ 孙建：《区域系统协调发展评价研究》，载《内蒙古科技与经济》，2005 年第 2 期。

［234］ 聂华林等：《区域可持续发展经济学》，中国社会科学出版社 2007 年版。

［235］ 姜子青：《协调发展的理论探索》，载《环境保护》，1992 年第 1 期。

［236］ 梁吉义、梁枫：《论可持续发展系统整体和谐协调》，载《系统科学学报》，2007 年第 15 卷第 1 期。

［237］ D. 盖尔·约翰逊：《经济发展中的农业、农村、农民问题》，商务印书馆 2004 年版。

［238］ 潘学标：《经济地理与区域发展》，气象出版社 2003 年版。

［239］ Preston，Samuel H.，1975，Changing Relation between Morality and Level of Economic Development，Population Studies，29—2.

［240］ J. M. Keynes，Some Economic Consequences of a Declining Population，Eugenics Review，April 1937，pp. 13—17.

［241］ Lee，Everett S.，1966，A Theory of Migration，Demography 3 (1)：47—57.

［242］ Ravenstein，E. G.，1889，The Laws of Migration and Urban Unemployment in Less Developed Countries，American Economic Review，59：138—148.

［243］ Simon，j. The Ultimate Resource，Prenceton University Press，New Jersey，1981.

［244］　G. C. Daily and P. R. Ehrilich, Population, sustainability and Earth Carrying Capacity. Biosience. 1992, 42.

［245］　Hayek, F. A. Law, Legislation and Liberty Vol 3: The Political Order of a Free People. London: Routledge & Kegan Paul 1979.

［246］　Becker, Gary, 1960, An Economic Analysis of Fertility, in Demographic and Economic Change in Developed Countries. Conference of the Universities-National Bureau of Economic Research. Princeton University Press, pp. 209—240.